Veröffentlichungen der Gesellschaft für Freie Publizistik

IXXX

KONGRESS-REPORT 2014

Mißbrauchte Geschichte – Deutschland ewig am Pranger

Veröffentlichungen der Gesellschaft für Freie Publizistik e. V.
Bd. IXXX

Gesellschaft für Freie Publizistik e. V.

Mißbrauchte Geschichte

Deutschland ewig am Pranger

HOHENRAIN-TÜBINGEN

Herausgegeben vom Vorstand der Gesellschaft für Freie Publizistik e. V.
Sekretariat: D-63623 Bad Soden-Salmünster, Postfach 2136

Für den Inhalt der wiedergegebenen Vorträge sind naturgemäß die Vortragenden verantwortlich. Er stellt nicht in jedem Fall die Meinung der GFP dar.

Gesellschaft für Freie Publizistik (Hg.):
Mißbrauchte Geschichte/
Deutschland ewig am Pranger ;
Tübingen : Hohenrain-Verlag GmbH 2014
ISBN 978-3-890180-145-1

ISBN 978-3-89180-145-1

Postfach 1611, D-72006 Tübingen
www.hohenrain-verlag.de

Gedruckt in Deutschland

Inhaltsverzeichnis

Einleitung

Martin Pfeiffer

Die Gesellschaft für freie Publizistik (GfP) veranstaltete vom 23. bis 25. Mai 2014 in Thüringen ihre traditionelle Jahrestagung. Das Thema lautete diesmal »Mißbrauchte Geschichte – Deutschland ewig am Pranger«. Nach der Begrüßung durch den Vorsitzenden ergriff der Historiker Dr. Albrecht Jebens, der langjährige Geschäftsführer des ›Studienzentrums Weikersheim‹ und einstige persönliche Referent von Hans Filbinger, das Wort zum Thema »Die Julikrise 1914 – Die Hintergründe zum Kriegsausbruch«. Dabei rückte er die Verantwortung der Westmächte sowie Serbiens ins Blickfeld und relativierte die Kriegsschuld der Kaiserreiche Österreich-Ungarn und Deutschland.

Der russische Zar sei viel zu schwach gewesen, um sich gegen seine kriegslüsternden Einflüsterer zu wehren, während er – nicht zuletzt auf Grund seiner verwandtschaftlichen Beziehung zu Kaiser Wilhelm II. – durchaus 1914 bereit gewesen sei, einen Krieg mit Deutschland zu vermeiden. Vor allem Frankreich sei die treibende Kraft in der Julikrise gewesen, da Paris eine Eskalation in Richtung eines Krieges in Europa am Herzen gelegen sei. Als erschreckend bezeichnete der Referent die allgemeine Kriegsbegeisterung in fast allen europäischen Staaten im Sommer des Jahres 1914. Die Bevölkerung rechnete damals mit einem kurzen Waffengang und konnte sich nicht vorstellen, welch blutiges Gemetzel die nachfolgenden Jahre werden würden.

Als zweiter Redner trat der ehemalige Generalleutnant der Bundeswehr, der äußerst rüstige 86jährige Dr. Franz Uhle-Wettler, ans Rednerpult, um »Das anglo-amerikanische Denken und die fragwürdigen Folgen für uns« aufzuzeigen. Der Historiker und Autor zahlreicher Bücher, der noch Soldat im Zweiten Weltkrieg war, wies auf die verhängnisvolle Rolle der USA im Zweiten Weltkrieg hin, vor allem auf Zitate führender US-Offiziere, die ein Herrenmenschendenken offenbarten, das man in der veröffentlichten Meinung bisher nur den Deutschen zugeschrieben hatte.

Dies habe sich im Krieg gegen die Japaner in besonders fataler Weise gezeigt. Die Titulierung dieses Volkes als affenähnlich durch hohe US-Offiziere sei dabei keine Seltenheit gewesen. Der Referent erklärte die Hybris der US-Amerikaner gegen die Japaner sowie andere ihrer Kriegsgegner mit der religiösen Prägung, die von einem Auserwähltheitsdenken und Sendungsbewußtsein gekennzeichnet (gewesen) sei, was sich bei Uncle Sam etwa in dem Begriff von ›God's own country‹ zeige. Dieses Verhalten ziehe sich wie ein roter Faden bis in die Gegenwart. Der Gegner werde dabei stets stigmatisiert und dann als Verlierer als das Böse schlechthin verteufelt. Eine Begegnung auf Augenhöhe sei bei diesem Denken nie feststellbar.

Der dritte Referent, der Tscheche Pavel KAMAS, der mit dem Thema »Die Tschechei unter Hitler – eine Richtigstellung der Zeitgeschichte« angekündigt war, sagte am Vorabend ab, da es ihm nicht möglich war, rechtzeitig zum Veranstaltungsort zu kommen. Für ihn sprang spontan Alfred ZIPS ein, seines Zeichens Oberstleutnant der Bundeswehr a. D. und Verfasser von Büchern zur jüngsten Geschichte. Dieser hielt einen hochinteressanten Vortrag über die Behandlung von Kriegsgefangenen im Zweiten Weltkrieg, wobei er eine aufschlußreiche Gegenüberstellung vornahm.

In bezug auf die deutschen Kriegsgefangenen betonte der Redner, daß man den Briten am wenigsten Vorwürfe machen könne, dabei Verletzungen des Kriegsvölkerrechts und anderer Rechtsnormen begangen zu haben. Während seit langer Zeit bekannt sei, wie schlimm die Situation deutscher Soldaten nach Kriegsende in sowjetischen Lagern gewesen sei, gebe es nach wie vor in großen Teilen der Bevölkerung die irrige Ansicht, ›beim Amerikaner‹ sei es ja den Wehrmachtsoldaten recht gut gegangen.

Dabei werde jedoch geflissentlich übersehen, daß auf Grund von Befehlen von oben, wobei er den Namen von General Dwight

D. EISENHOWER erwähnte, deutsche Landser nicht selten ganz bewußt unter elendigen Bedingungen, zum Beispiel nahezu ohne Nahrung unter freiem Himmel hausend, von US-Truppen interniert worden seien. Als tragischstes Beispiel wurden die Rheinwiesen genannt, wo deutsche Soldaten massenhaft nach Kriegsende verhungerten.

Auf Grund einer plötzlichen schweren Erkrankung des berühmten kanadischen Publizisten James BACQUE konnte das vorgesehene Referat, das am Tag darauf gehalten werden sollte, nicht persönlich von dem 85jährigen Bestseller-Autor vorgetragen werden. Das GfP-Mitglied Ernst VON HEYDEBRAND hatte das Manuskript aber schon Wochen vorher ins Deutsche übersetzt und konnte somit die Gedanken BACQUES dem Auditorium mitteilen.

Dieser schilderte darin seinen langen Weg vom Saulus zum Paulus. Denn der Kanadier war durch die Kriegszeit, die er als Kind auf dem nordamerikanischen Kontinent fern des Kampfgeschehens erlebte, antideutsch und von der Propaganda der Westalliierten geprägt. Erst die intensive Auseinandersetzung mit bisher nicht ausgewerteten Quellen bezüglich der Behandlung deutscher Kriegsgefangener durch die USA öffneten BACQUE, der um die Erforschung der Wahrheit bemüht war, die Augen.

Auf diese Weise entstand im Jahre 1989 der weltweite Bestseller über dieses Thema, der im Deutschen den Titel *Der geplante Tod – Deutsche Kriegsgefangene in amerikanischen und französischen Lagern 1945–1946* trägt und damals im Ullstein-Verlag verlegt wurde. Im selben Verlag erschien übrigens 1995 sein Nachfolgewerk *Verschwiegene Schuld – Die alliierte Besatzungspolitik in Deutschland nach 1945*. Ungeachtet seines akribischen Quellenstudiums wird der Buchautor vielfach nach wie vor als Verschwörungstheoretiker mit NS-Sympathien diffamiert und damit in der internationalen Publizistik von der etablierten Historikerzunft kaum beachtet. Sein Fehler ist es also, daß er nicht mehr in den antideutschen Chor miteinstimmt.

Zweifellos den Höhepunkt der Tagung bildete sodann die Verleihung der Ulrich von Hutten-Medaille. Mit dieser hohen Auszeichnung der Gesellschaft für freie Publizistik ehrt der nonkonforme, im Jahre 1960 gegründete Verein jährlich solche Personen, die sich in ihrem Leben um die Freiheit der Meinung und des Wortes verdient gemacht haben. 2014 wurde dem ehemaligen Bundeswehrgeneral Gerd SCHULTZE-RHONHOF diese besondere Ehrung zuteil.

Denn der Mittsiebziger ergriff bereits in seiner Zeit als aktiver General als sogenannter ›Staatsbürger in Uniform‹ mutig das Wort, als das Bundesverfassungsgericht im Jahre 1995 das Urteil zum Ausspruch »Soldaten sind Mörder« gefällt und daran juristisch nicht Anstoß genommen hatte. Auch seine Kritik an der Verkürzung der Wehrdienstzeit brachte SCHULTZE-RHONHOF nicht nur eine schlechte Presse ein, sondern sogar das Mißtrauen der servilen, politisch an den Zeitgeist angepaßten militärischen Führung.

Aus diesem Grunde zog er schließlich 1996 die Konsequenzen und schied mit erst 57 Jahren freiwillig aus dem aktiven Dienst der Bundeswehr aus. Fortan nahm er sich viel Zeit für sein Steckenpferd, die Zeitgeschichte, und widmete sich akribisch der jüngsten deutschen Vergangenheit, indem er sich dazu auf bislang unbekannte Quellen in inländischen und ausländischen Archiven stützte und diese dann veröffentlichte.

Hierbei war es dem Militär mit preußischen Tugenden ein besonderes Anliegen, die Vorgeschichte des Zweiten Weltkriegs und die Frage der Kriegsschuld zu erforschen. Sein intensives Quellenstudium mündete nach einiger Zeit in sein erstes Buch mit dem Titel *1939 – der Krieg, der viele Väter hatte.* Dieses hervorragend recherchierte Werk, das bahnbrechende Erkenntnisse zeitigte, ist mittlerweile in 7. Auflage erschienen, wobei inzwischen über 50 000 Exemplare verkauft wurden.

Es folgte etwas später das Buch *Das tschechisch-deutsche Drama 1918–1939*, das – anknüpfend an sein erstes Werk – die Rolle der Tschechoslowakei im Vorfeld des Zweiten Weltkrieges beleuchtet. Für die GfP waren vor allem die genannten beiden Bücher, die Deutschlands Schuldanteil am Zweiten Weltkrieg relativieren

– und zwar nicht aus ideologischem Antrieb heraus, sondern auf Grund der Quellenlage – Anlaß genug, dem mutigen General die Hutten-Medaille zu verleihen.

Die Laudatio dazu hielt Oberstleutnant a. D. Alfred ZIPS, der sich als Buchautor schon lange mit der Zeit des Zweiten Weltkriegs beschäftigt. Der nahezu gleichaltrige Offizier gab dabei einen Überblick über das Leben des pensionierten Bundeswehrgenerals und schilderte das hohe Ansehen, das dieser bei zahlreichen berühmten Persönlichkeiten genießt.

Anläßlich dessen Würdigung verlas ZIPS einige »Grußbotschaften an den General«, so zum Beispiel vom Sohn des jüdischen Jahrhundert-Violinvirtuosen Yehudi MENUHIN, Gerard MENUHIN, und Prof. Dr. Franz W. SEIDLER, der als Militärhistoriker an der Bundeswehruniversität in München lehrte, oder von SCHULTZE-RHONHOFS Generalskameraden Reinhard GÜNZEL, den der BRD-Staat in schäbiger Weise aus dem Dienst entfernte.

Sie alle lobten das große Lebenswerk von Gerd SCHULTZE-RHONHOF und dessen unbeugsame und lautere Art, womit er den Prototypen des preußischen Offiziers verkörpere. Für ZIPS ist der Hutten-Preisträger des Jahres 2014 der lebendige Beweis dafür, daß es auch im 21. Jahrhundert in Deutschland noch aufrechte Patrioten gibt, die in herausragender Stellung sich nicht scheuten, Anfeindungen und Unannehmlichkeiten in Kauf zu nehmen, um nur der Wahrheit die Ehre zu erweisen und damit ihrem Vaterland zu dienen.

In seinen Dankesworten betonte SCHULTZE-RHONHOF, daß er bereits in seiner Jugend von den preußischen Tugenden beeinflußt worden sei und auch dank seiner protestantischen Prägung im besten Sinne eine Entwicklung genommen habe, die ihn zu dem Menschen gemacht habe, der er eben sei. Ihm gehe es um die historische Wahrheit und nicht um eine gänzliche Befreiung Deutschlands von der Schuld am Zweiten Weltkrieg.

Durch sein Ad-fontes-Gehen, also seine intensive Beschäftigung mit den Primärquellen, und nicht allein mit Sekundärliteratur, wie das viele Historiker aus Bequemlichkeit oder ideologischer Verblendung machen, ist es Gerd Schultze-Rhonhof schließlich gelungen, das seit 1945 einseitig festgelegte Geschichtsbild in bezug auf Deutschland im 20. Jahrhundert etwas zu revidieren. Mögen diese wichtigen Erkenntnisse einer breiteren Öffentlichkeit in Mitteleuropa und darüber hinaus zur Kenntnis gelangen! Die GfP versucht dadurch beizutragen, daß sie erstens dem Autor 2014 den Ulrich von Hutten-Preis verlieh und zweitens diese Kongreßbroschüre veröffentlicht.

Der Weg in den Ersten Weltkrieg

Nach 100 Jahren: Die Wahrheit bricht sich wieder Bahn

ALBRECHT JEBENS

»Die Ermordung des österreichischen Thronfolgers FRANZ FERDINAND am 28. Juni 1914 und der darauffolgende Erste Weltkrieg beendeten schlagartig eine mehr als vierzigjährige Epoche des Friedens. Dieser Friede hatte Europa zu einem Kontinent mit fast grenzenlos erscheinendem Wachstum, mit wissenschaftlichen Höchstleistungen, beachtlichem sozialen Fortschritt und kulturellem Glanz gemacht.

Die tödlichen Schüsse von Sarajewo bildeten den Auftakt zu einem Zivilisationsbruch, der nicht nur Europa, sondern die ganze Welt radikal veränderte. Diese Ur-Katastrophe begann als patriotischer Massentaumel und endete mit dem Tod von Millionen Soldaten auf den Schlachtfeldern, löste Revolutionen aus und führte zur Zerschlagung der europäischen Staatenwelt.«[1]

Mit diesen einprägsamen Worten beschreibt Heimo SCHWILK in seinem gerade erschienenen Buch über die Feldpostbriefe Ernst JÜNGERS den Beginn und die Folgen des Ersten Weltkriegs.

Diese »Ur-Katastrophe«, wie der US-amerikanische Diplomat und Historiker George F. KENNAN (1904–2005) den Ersten Weltkrieg bezeichnete, mündete für Deutschland nicht in einen, wie unter Monarchien und bis 1914 üblich, ausgehandelten Friedensvertrag, sondern in das demokratische Friedensdiktat von Versailles. Dieses Diktat war die Fortsetzung des Krieges mit den Mitteln der Außenpolitik, der Wirtschafts- und Finanzpolitik. Es war also ein Sieg ohne Frieden. Der britische Nationalökonom Maynard KEYNES kennzeichnete daher die alliierte Politik, die zu diesem Diktat geführt hatte, bereits 1922 wie folgt:

»Diese Politik der Erniedrigung von Millionen lebendiger Menschen wird zu einem Bankrott und Verfall Europas führen, der uns alle erreicht. Sie kann die geschlagenen Mittelmächte nicht wieder zu guten Nachbarn machen; sie zementiert den Haß und den Nationalismus, von denen die Völker Europas jetzt besessen sind.«

So wurde der Erste Weltkrieg zwanzig Jahre nach diesem Diktat im noch furchtbareren Zweiten Weltkrieg unter ideologischen Vorzeichen gegen Deutschland fortgeführt – als ›Zweiter 30jähriger Krieg‹ (1914–1945).

Dies ist bezeichnenderweise ein Begriff, den erstmals General DE GAULLE 1941, dann aber vor allem die britischen Premierminister CHURCHILL 1944 und MAJOR 1995 in Berlin verwendeten, weil die Briten beide Weltkriege als geschlossene Einheit im Kampf um die Vorherrschaft in Europa sahen und sehen, mit Folgen, unter denen nicht nur wir Deutsche, sondern ganz Europa noch heute leidet,

– weil die europäischen Mächte ihre Weltmachtstellung verloren haben und Europa, vor allem Deutschland, vom Subjekt nach 1945 zum Objekt, zum Protektorat der Weltmacht USA geworden ist,

– weil Europa seine bis 1914 vorhandene ethische Verbindung von Monarchie und Christentum verloren hat und zudem seine kulturelle Weltmachtstellung zugunsten der USA (›American Way of Life‹) eingebüßt hat,

– weil Europa nicht einmal mehr in der Lage ist, sich der Einwanderung kulturfremder Völker aus Afrika und Asien zu erwehren und damit unumkehrbar seine ethnische und kulturelle Identität preisgibt. Dies ist die Folge des 1914 erfolgen Bruchs der Kongo-Akte von 1885, in der die europäischen Kolonialmächte vereinbart hatten, im Falle eines Krieges in Europa ihre Kolonien nicht gegeneinander kämpfen zu lassen. Sie sollten neutral bleiben, damit die farbigen Kolonialvölker nicht gegen ihre weißen ›Herren‹ kämpften, damit also kein Tabubruch geschehe. Tatsächlich aber setzten die Franzosen schon ab dem 1. August 1914 afrikanische Kolonialtruppen und die Briten später indische Truppen an der Westfront gegen uns Deutsche ein, abgesehen vom Krieg in den deutschen Kolonien. Dieser Tabubruch führte langfristig zum Zusammenbruch der europäischen Kolonialreiche.

Um so faszinierender ist es, daß jetzt – 100 Jahre nach dem Kriegsausbruch – die Diskussion über diese Jahrhundertkatastrophe gerade vor allem durch ausländische, aber auch deutsche Historiker neu entbrannt ist, darüber hinaus aber auch im literarischen, künstlerischen, filmischen und musealen Bereich, in Rundfunk, Presse und Fernsehen dokumentiert wird.

So sind in diesem Jahr 2014 allein im deutschsprachigen Bereich in 31 Städten – von Berlin bis Wien, von Aachen bis Graz, von Dresden bis Eisenstadt, in Straßburg und Basel – insgesamt 45 Ausstellungen zum Thema ›Erster Weltkrieg‹ zu besichtigen, darunter acht in Berlin und sieben in Wien als den Hauptstädten der ehemaligen Mittelmächte.[2]

Es stellen sich daher die hier zu untersuchenden Fragen:

1. Welche Bedeutung hat das Versailler Friedensdiktat 1919 für die Kriegsschuldfrage?

2. Gibt es neue Sichtweisen zum Kriegsausbruch 1914?

3. Mußte die Julikrise 1914 zwangsläufig in den Krieg führen?

4. Welche Kriegsgründe hatten die kriegführenden Staaten, und bei wem liegt die Kriegsschuld?

Wirklich neue Tatsachen gibt es heute eigentlich kaum, aber viele ›wieder entdeckte‹, also noch vor kurzem bewußt vergessene oder unterdrückte Tatsachen, außerdem aber neue Sichtweisen durch die Überwindung einseitiger deutscher Schuld-Sichtweisen, die sich als Folge des Zweiten Weltkriegs verfestigt hatten.

So stellte Jasper von Altenbockum in der *FAZ* am 2. Januar 2014 in seinem Leitartikel »2014« fest, daß die Schuldfrage vom Kriegsausbruch 1914 heute nicht mehr so beantwortet werden könne wie bisher, daß die Kriegsschuld also nicht mehr nur bei Deutschland, sondern bei allen europäischen Großmächten liege; eine sehr vorsichtige Äußerung, dennoch Aufmerksamkeit erregend.

Es ist erstaunlich, daß sich nach 100 Jahren die Wahrheit über die Entstehung des Ersten Weltkriegs erneut Bahn bricht. Diese hatte sich größtenteils nämlich bereits gegen Ende der Weimarer Republik weitgehend durchgesetzt, wurde aber von den politischen Geschehnissen nach der Machtübernahme Adolf HITLERS regelrecht überholt, weil das neugegründete Dritte Reich die politische Widerlegung des Versailler Diktats offenbarte.

Welche Erkenntnisse über den Kriegsausbruch gab es also in der Zwischenkriegszeit von 1919 bis 1939 aus ausländischer Sicht?

1. Bedeutung des Versailler Friedensdiktats von 1919 für die Kriegsschuldfrage

Die Diskussion über die Kriegsschuldfrage begann sofort nach dem Abschluß des Waffenstillstands.

So kam der schweizerische Historiker Ernst SAUERBECK bereits 1919 zu der Erkenntnis, daß die Alliierten die Hauptverantwortung für den Ausbruch des Weltkriegs trügen und daß ihr Kriegswille auch dadurch bewiesen sei, daß sie alle Friedensvorschläge der Mittelmächte abgelehnt und selber keine gemacht hätten und daß das Versailler Diktat üble politische Folgen haben werde.

Auch der Sekretär der 1918 in Oslo eingerichteten Kommission zur Kriegsschuldfrage, Herman Harris AALL, bewies, daß nicht das Deutsche Reich, sondern das Zarenreich der ›agent provocateur‹ für den Krieg gewesen sei, England aber die entscheidende Verantwortung für die Ausweitung zum Weltkrieg gehabt habe.

Noch deutlicher erklärte das norwegische Kommissionsmitglied Axel DROLSUM, daß Deutschland 1914 als einzige Macht sich ehrlich und unaufhörlich für den Frieden eingesetzt habe.

Auch die US-amerikanischen Historiker Harry Elmer BARNES (*Die Ursachen des Weltkrieges*) und Sidney FAY (*Ursachen des Weltkriegs*) kamen 1924 und 1930 zu diesem gleichen Schluß. Diese Stimmen wurden jedoch von den Politikern geflissentlich überhört.

Nachdem die Mantelnote der Alliierten am 16. Juni 1919 bei der Überreichung des Friedensdiktats schon wie folgt gelautet hatte:

> »Der Krieg, der am 1. August 1914 zum Ausbruch gekommen ist, ist das größte Verbrechen gegen die Menschheit und gegen die Freiheit der Völker gewesen, welches eine sich für zivilisiert ausgebende Nation (= Deutschland) jemals mit Bewußtsein begangen hat«,

wurde von der ›Kommission für die Feststellung der Verantwortlichkeit der Urheber des Krieges und die aufzuerlegenden Strafen‹ vom 29. März 1919 beschlossen:

> »Der Krieg ist von den Zentralmächten (= Mittelmächten, A. J.) ebenso wie von ihren Verbündeten, der Türkei und Bulgarien, mit Vorbedacht geplant worden, und er ist das Ergebnis von Handlungen, die vorsätzlich und in der Absicht begangen wurden, ihn unabwendbar zu machen. In Übereinstimmung mit Österreich-Ungarn hat Deutschland vorsätzlich daran gearbeitet, die zahlreichen vermittelnden Vorschläge der Ententemächte auf die Seite zu schieben und ihre wiederholten Bemühungen, um den Krieg zu verhüten, zunichte zu machen.«[3]

Entsprechend wurde im Versailler Friedensdiktat der Art. 231 festgeschrieben, der das Herzstück des Vertrags war, weil er die Tributpflichten Deutschlands mit der Lüge von der deutschen Alleinschuld am Kriegsausbruch begründete. Er lautete:

> »Die alliierten und mit ihnen assoziierten Regierungen erklären und Deutschland erkennt an, daß Deutschland und seine Verbündeten als Urheber für alle Verluste und Schäden verantwortlich sind, die die alliierten... Regierungen... infolge des Krieges, der ihnen durch den Angriff Deutschlands und seiner Verbündeten aufgezwungen wurde, erlitten haben.«[4]

Dazu erklärte der britische Premierminister David LLOYD GEORGE zwei Jahre später, 1921, auf der Londoner Reparationskonferenz:

> »Für die Alliierten ist die deutsche Verantwortung grundlegend. Sie ist die Basis, auf der der Bau des Versailler Vertrages errichtet worden ist. Wenn dieses Eingeständnis abgelehnt oder aufgegeben wird, ist der Vertrag zerstört.«

Anhand dieser politischen Tatsachen wird deutlich, daß im Friedensdiktat von Versailles die Kriegsschuldfrage für alle Zeit festgeschrieben werden sollte, entgegen der bekannten, aber verschwiegenen Wahrheit, die sich dann aber doch Schritt um Schritt durchsetzte.

So erklärte LLOYD GEORGE bereits sieben Jahre nach der Londoner Reparationskonferenz am 7. Oktober 1928 auf einer Rede in der Guild Hall in London:[5]

> »Die gesamte Dokumentation, die uns gewisse unserer Alliierten vorgelegt haben, war erlogen und erschwindelt. Wir haben (in Versailles) auf Grund von Fälschungen entschieden.«

Die von den Alliierten dennoch nicht zurückgenommene Kriegsschuldlüge hatte verhängnisvolle Folgen, die bekannt sind. Doch im Unterschied zu den Verhältnissen nach 1945 haben *alle* 14 Reichsregierungen von 1919 bis 1933 durch zahlreiche Aktenveröffentlichungen dazu beigetragen, Deutschland vom Makel der Alleinkriegsschuld zu befreien. Außerdem waren *alle* im Reichstag vertretenen Parteien ebenfalls gegen die Kriegsschuldlüge zu Lasten Deutschlands.

So besteht das regierungsamtliche Werk *Die Große Politik der europäischen Kabinette* aus 57 Bänden mit 15889 Dokumenten über 300 Themenfelder.[6]

Deshalb brach nach 1919 im wahrsten Sinne des Wortes ein »Weltkrieg der Dokumente« (Bernhard SCHWERTFEGER, 1929) aus, den alle europäischen Mächte mit umfangreichen Quelleneditionen führten.

Diese Quelleneditionen bewirkten unter anderem, daß im Januar 1937 der damalige deutsche Reichskanzler die deutsche Unterschrift unter dem großenteils bereits gegenstandslos gewordenen Versailler Friedenvertrag zurückzog, um die Ehre der deutschen Nation wiederherzustellen. Von den ehemaligen Kriegsgegnern gab es bemerkenswerter Weise keine Proteste dagegen!

Um so peinlicher aber war es, als der damalige Bundeskanzler 1990 in erneuter Anerkenntnis der deutschen Kriegsschuld das

Versailler Diktat zu neuem Leben erweckte, so daß die Bundesrepublik bis 2010 wieder Reparationszinsen in Millionenhöhe zahlte, ohne daß die Öffentlichkeit davon wußte.

Daß die Alliierten 1919 aus politischen und finanziellen Gründen Deutschland mit seinen Verbündeten zum Alleinschuldigen des Krieges brandmarkten und damit die Geschichte fälschten, ist heute historisch unbestritten, doch im Zeitalter der antinationalen Ideologien noch nicht wieder Allgemeingut. Deshalb stellt sich die Frage nach den neuen Sichtweisen zum Kriegsausbruch 1914 und der Verantwortung dafür.

2. Neue Sichtweisen zum Kriegsausbruch 1914

Der Wahrheit jetzt, 100 Jahre nach 1914, erneut zum Durchbruch zu verhelfen, ist alles andere als leicht, weil sich durch die jahrzehntelange Umerziehung nach 1945 die deutsche Schuldneurose, sozusagen als Kennzeichen demokratischer Tugend, an beiden Weltkriegen unbedingt die Allein- oder zumindest die Hauptschuld zu tragen, mehr als verinnerlicht hat, geradezu ›heiliggeschrieben‹ wurde.

So verteidigen die Historikerinnen Christa PÖPPELMANN[7] und Annika MOMBAUER[8] als ›geschichtswissenschaftliche Enkelinnen‹ von Fritz FISCHER dessen Alleinkriegsschuldthesen (in *Griff nach der Weltmacht*) von 1961 in ihren jüngst erschienenen Publikationen erneut vehement. Sie ziehen also gegen die ausländischen und inländischen revisionistischen Historiker publizistisch zu Felde. Sich mit ihren aufgewärmten Uralt-Thesen zu beschäftigen, ist der Mühe nicht wert.

Sehr viel aussagekräftiger wäre es, die Kernaussagen der jüngst erschienenen Werke des Australiers Christopher CLARK, des Engländers Niall FERGUSON,[9] des Amerikaners Sean MCMEEKIN[10] und der deutschen Historiker Jörn LEONHARD,[11] Konrad CANIS,[12] Herfried MÜNKLER,[13] Bruno BANDULET,[14] Andreas ROSE[15] und Walter POST,[16] von Stefan SCHMIDT,[17] Hans FENSKE[18] sowie von Jörg FRIEDRICH[19] und Manfred RAUCHENSTEINER[20] darzustellen.

Das übereinstimmende Fazit der Veröffentlichungen dieser Historiker lautet, daß das Deutsche Kaiserreich am Ersten Weltkrieg weder die Alleinschuld noch die Hauptschuld getragen hat. Es ist hier nicht der Platz, den Stand der gesamten modernen Geschichtsforschung zum Ersten Weltkrieg wiederzugeben. Um aber die Tendenz herauszustellen, sollen herausragende Werke einiger Historiker skizziert werden, zunächst die bahnbrechenden ausländischen Bücher.

So hat vor allem durch die erstmalig intensive Auswertung serbischer Quellen der in Cambridge lehrende australische Historiker Christopher CLARK, dessen in fünf Jahren erarbeitetes Werk *Die Schlafwandler* 200 000 mal verkauft worden ist, eindeutig nachgewiesen, daß die Serben 1914 mit ihrem »kleinen Imperialismus« ausgesprochen machtgierig, aggressiv, militaristisch und kriegslüstern waren, um ihr Ziel der Vereinigung aller Serben in einem Staat zu erreichen, was nur kriegerisch möglich war, da fünf Millionen Serben in der k.u.k.-Monarchie und im Osmanischen Reich lebten. Er belegt damit ihren Anteil an der Entstehung des Krieges, mehr noch: Die europäischen Diplomaten und Regierungen, so CLARK, seien »Schlafwandler« gewesen, weil sie wachsam, aber blind, von Albträumen geplagt, aber unfähig waren, die Realität eines europäischen Großkrieges zu erkennen, um diesen zu verhindern. Nur die Deutschen hätten versucht, den Krieg mit allen Mitteln zu vermeiden oder ihn auf den Balkan zu beschränken. Es gebe keine Urkunden, die bewiesen, daß die Deutschen den Krieg gewollt hätten. CLARKS Fazit lautet, daß die Krise, die zum Krieg 1914 führte, die »Frucht einer gemeinsamen politischen Kultur« gewesen sei.[21] Der Erste Weltkrieg sei zum schlimmsten Szenario des 20. Jahrhunderts geworden, weil die Welt von 1913 mit ihrem globalen Handel, ihrem kulturellen Austausch, ihren friedlichen Veränderungen zertrümmert, vergiftet wurde mit der Giftdosis, die zum Zweiten Weltkrieg geführt habe.[22]

Der britische Historiker Niall FERGUSON geht noch weiter. Er hat bereits 1999 in seinem Buch *Der falsche Krieg* (man beachte den Titel!) festgehalten, daß es eher im britischen Interesse gelegen habe, sich nicht am Ersten Weltkrieg zu beteiligen und statt dessen das Deutsche Reich als europäische Vormacht zu akzeptieren, weil England ohne Krieg sein Empire nicht aufs Spiel gesetzt und nicht verloren hätte. Bemerkenswerterweise betonte er in einem Gespräch mit dem *BBC History Magazin*, daß England mit einem Sieg Deutschlands auch deshalb hätte leben können, weil das Kaiserreich demokratischer gewesen sei als das damalige Britannien. Schließlich dürfe man auch nicht vergessen, so FERGUSON, daß Österreich 1914 Unrecht geschehen sei und daß die Verbündeten Serbiens den Förderern des Terrorismus Vorschub geleistet hätten.[23]

Der amerikanische Historiker MCMEEKIN wird noch deutlicher, indem er anhand russischer Dokumente und Quellen nachweist, daß die russische Regierung 1914 den Krieg anstrebte, um mit Unterstützung ihrer westlichen Alliierten die Kontrolle über den Zugang vom Schwarzen Meer zum Mittelmeer (Bosporus), über Konstantinopel und über den Balkan zu erlangen, ferner – mit England abgestimmt – über Nordpersien. Der Schutz Serbiens als ›casus belli‹ sei nur ein Vorwand gewesen, um dieses Ziel zu erreichen. Das ließe sich dadurch beweisen, daß die Russen ihre Hauptmacht (vier Heeresgruppen mit 1,2 Millionen Soldaten) an der Südwestfront gegen die unterlegenen österreichisch-ungarischen Truppen einsetzten, um Galizien zu erobern, ungeachtet aller französischer Vorstellungen, die Hauptmacht des Zarenreichs gegen das Deutsche Reich einzusetzen. Das Fazit dieses amerikanischen Historikers lautet, daß der Krieg von 1914 in höherem Maße ein Krieg Rußlands als ein Krieg Deutschlands war, weil Rußland territoriale Eroberungen anstrebte, Deutschland hingegen keine.[24]

Kommen wir zu den wichtigsten deutschen Historikern, die dabei sind, die 1914er Hauptkriegsschuld-Phalanx in Wissenschaft, Medien und Politik zu durchstoßen. Das ist keine leere Floskel, wenn man sich vor Augen hält, daß am 11. November 2008, am 90. Gedenktag des Waffenstillstands von 1918, die Bundeskanzlerin in Compiègne vor den Franzosen rhetorisch schuldbetroffen in die Knie ging. Denn auch diese in der DDR kommunistisch geprägte Politikerin glaubt, die Franzosen durch deutsche Selbstkasteiung zu beeindrucken, damit diese sich zum erheuchelten Ausgleich bereitfinden. Diesen Ausgleich möchte sie dann als ›Versöhnung‹ bezeichnen, ohne auch nur das geringste Gespür dafür zu haben, daß man mit solch einer Selbsterniedrigung nur Verachtung erntet.

Um so wichtiger und härter ist also die Arbeit unabhängiger Historiker. So hat Konrad CANIS das Verdienst, mit seiner dreibändigen vorzüglichen Darstellung die Einkreisung Deutschlands an Hand der Akten akribisch nachgezeichnet zu haben, die schließlich in Berlin zu Fatalismus, ja blanker Verzweiflung geführt und zur Flucht in den Krieg gezwungen hat. Er beweist, daß Großbritannien seit 1902 seine Außenpolitik neu ausrichtete und ein Kartell der führenden Kolonialmächte, zu denen Deutschland nicht gehörte, schuf, um Deutschland teilweise als stärksten Rivalen auszugrenzen. Damit bestätigt er die offensive Einkreisungspolitik gegen das Reich, dessen Monarch kein Hauptverantwortlicher und dessen Politik auch kein ausschlaggebender Faktor für den Krieg waren.

Der an der Humboldt-Universität in Berlin lehrende Politikwissenschaftler Herfried MÜNKLER hat in seinem Opus *Der Große Krieg* den Paradigmenwechsel dargestellt, indem er die bisherigen bundesdeutschen Einseitigkeiten aufgibt. Er zeigt, daß die Gegensätze zwischen den europäischen Großmächten eskalierten, weil diese es nicht vermochten, die Konflikte an der Peripherie Europas zu befrieden. Deshalb bezeichnet er den Ersten Weltkrieg als »Kompendium für all das, was man in einem Krieg falsch machen kann, als auch als Laboratorium des gesamten 20. Jahrhunderts«. Dabei versteht er mit »Kompendium« die Verkettung von Fehleinschätzungen, Mißgriffen, Illusionen und gutgemeinten Irrtümern – also ein Lehrstück gegen eine Politik, die glaubt, durch Aufrichtigkeit und Gutherzigkeit werde schon alles gut werden.[25] Ähnlich wie CLARK kommt auch er zu dem Schluß, daß die ›Blankoschecks‹ für den Kriegsausbruch ausschlaggebend gewesen seien und der Schlüssel zum Krieg in St. Petersburg gelegen habe, weil die russische Mobilmachung aus dem Regionalkrieg auf dem Balkan einen europäischen Krieg gemacht habe.

Hans FENSKE hat durch die Erforschung der Kriegsziele und der von den Alliierten *nicht* angenommenen Friedensinitiativen der Mittelmächte während des Krieges die Ursachen über den Ersten Weltkrieg ebenfalls wahrheitsgemäß dargestellt.

Und Jörg FRIEDRICH, der bekannte Autor des Buches *Der Brand* über den alliierten Luftkrieg im Zweiten Weltkrieg, kommt zu dem bemerkenswerten Schluß: Alle waren böse und gierig, die Amerikaner, Franzosen, Engländer, Italiener, Rumänen – wobei er deren Kriegsziele aufzählt –, aber nur die Deutschen, bei denen er keine Kriegsziele aufführt, weil sie keine hatten –, waren außerdem noch naiv wegen ihres Blankoschecks an Wien.

Ferner sei das Werk von Jörn LEONHARD erwähnt, der das heutige Problembewußtsein zum Krieg durch die Beantwortung von Fragen behandelt. So schildert er die machtpolitische Verschiebung zugunsten der Entente und zuungunsten des Zweibunds durch den voraussichtlichen Austritt Italiens aus dem Dreibund, so daß Deutschland nach dem Attentat in Sarajewo die Schwäche seines Bündnisses durch eine diplomatische Offensive oder einen begrenzten Krieg ausgleichen wollte, eben durch das Öffnen der kriegerischen ›Pandorabüchse‹. LEONHARDS Buch beeindruckt durch die umfassende Darstellung der weltweiten Verflechtungen, der gesellschaftlichen Veränderungen, der wirtschaftlichen Lage und der Mentalität der kriegsteilnehmenden Völker. Die Schuldfrage wird von ihm auf alle Kriegsteilnehmer ausgedehnt.

Zum Schluß sei noch das umfangreiche, bereits 1993 erschienene und jetzt nochmal aufgelegte Werk des Wiener Historikers und ehemaligen Direktors des Heeresgeschichtlichen Museums, Manfred RAUCHENSTEINER, erwähnt, der die Entfesselung des Ersten Weltkriegs durch die k.u.k.-Monarchie beklagt, denn Österreich und vor allem sein greiser Kaiser hätten den Krieg gewollt, um die sich auflösenden Strukturen durch den äußeren Krieg nochmal zu festigen.

Als Fazit kann man festhalten, daß Christopher CLARK und seine geistigen Mitstreiter dem historischen Revisionismus zum Durchbruch verholfen haben. Ihre wahrheitsgemäße Geschichtsdarstellung setzt sich immer mehr durch gegen das »letzte Aufgebot der Schuldstolzen der Wochenzeitung *Die Zeit* und ihren akademischen Volkssturm«.[26] So hat eine kürzlich durchgeführte Umfrage des Meinungsumfrageinstituts ›Forsa‹ bereits ergeben, daß 58 Prozent der Deutschen nicht mehr an eine Alleinkriegsschuld Deutschlands am Ersten Weltkrieg glauben, sondern nur noch 19 Prozent.[27]

3. Mußte die Julikrise 1914 zwangsläufig zum Krieg führen?

Zur Klärung dieser Frage ist es notwendig, die Struktur der europäischen Mächtebeziehungen vor 1914 zu skizzieren.[28] Bei der Einordnung der Lage Europas 1914 und ihrer Darstellung in der Geschichtsschreibung kommt man nicht darum herum, bei dem Abgleiten in den Krieg auf die Verschärfung der Rivalitäten zwischen den Hauptmächten zu verweisen. Man stößt dabei auf die Tatsache, daß sich der Kreislauf von europäischer Aufrüstung und zunehmender Rivalität zwischen dem Dreibund und der Triple-Entente auf seine Urheber verheerend auswirkte. Wenn sich binnen Monatsfrist die beiden europäischen Machtblöcke in dem ersten großen europäischen Krieg seit 1815 verwickelt fanden, ist offensichtlich, daß die Balkankrise nach dem Mord in Sarajewo nicht der einzige Grund war, wohl aber das ›Streichholz‹ für den Kriegsbrand. Es trifft zu, daß keine andere territoriale Frage die Mächte in den Jahren vor 1914 so sehr verwickelte wie die Zukunft des Balkan. Doch statt sich im Juli 1914 auf das mehr oder weniger etablierte Instrument des kollektiven Krisenmanagements – wie bei den Balkankriegen 1912/1913 – zu besinnen, reagierten die Großmächte damals ängstlich und unsicher auf diese unerwartete Krise.

Warum kam es also zur Zuspitzung nach dem 28. Juni 1914? Zum Normengefüge der internationalen Beziehungen gehörte, daß sich jede Nation nach außen in dem Kampf um einen ›Platz an der

Sonne‹ sah, den es zu behaupten galt. Deshalb läßt sich das Vorgehen der Großmächte nur angemessen erfassen, wenn man die internationalen Systemspannungen bereits während der Vorkriegsjahrzehnte mit einbezieht. Denn schon damals fürchteten sich die Großmächte voreinander, da die Bedrohung durch die hochgetriebenen militärischen Rüstungen augenscheinlich war. Verhängnisvoll war dabei, daß die Großmächte im Bewußtsein unangefochtener militärischer Überlegenheit alle gleichzeitig nach Sicherheit und – abgesehen von Deutschland und der k.u.k.-Monarchie – zu expandieren bestrebt waren, und das noch unter dem Vorzeichen des Nationalismus. Damit untergruben sie die Traditionen der Vorkriegsdiplomatie.

Deshalb gab es *keine* internationale, *alle* europäischen Mächte umfassende Krisenbewältigungsstrategie. Deshalb gab es auch *keine* Institutionen, *keine* akzeptierten Rechtsnormen für eine internationale Behandlung von Konflikten. Besonders auffällig aber war – und das war völlig neu –, daß etwa seit dem Jahre 1900 bei den Entente-Mächten die Tendenz vorherrschte, die »überholte, altertümliche« Doppelmonarchie Österreich-Ungarn abzuschreiben. England war jetzt bereit »die Habsburger auf den Müllhaufen der Geschichte zu werfen, und die Russen und Serben dachten genauso«.[29]

Die Solidarität zwischen den Monarchien zerbrach also, die Existenzberechtigung dieser übernationalen Wertegemeinschaft wurde verneint. Das war politisch gesehen Krieg. In diesem ›schrägen‹ Gefüge von nicht mehr gleich anerkannten Staaten konnten deshalb die diplomatischen Stränge, ob Drohungen, Versprechungen, Vorhersagen oder Verhandlungen, angesichts der militärischen Pläne und Hegemonialbestrebungen und angesichts der Blanko-Vollmachten den Frieden nicht mehr erhalten. So ist dieses diplomatisch-militärisch verwobene und verdichtete Feld 1914 mangels gegenseitigen Verständnisses und fehlenden Vertrauens schließlich in der Kettenreaktion von Ultimaten, Teilmobilisierungen, Mobilisierungen und Kriegserklärungen ›explodiert‹.

Noch ein letzter Grund ist wichtig: Kriegsvermeidung und Friedenswahrung um jeden Preis hatten in den europäischen Völkern und bei den Regierungen der Großmächte 1914 nirgends einen sonderlichen Vorrang, weil man damals von dem ›romantischen‹ Kriegsbild des 19. Jahrhunderts ausging.

Da die Julikrise 1914 in allen ihren Einzelheiten nachzuzeichnen nicht möglich ist, erscheint es sinnvoller, einen chronologischen Abriß und, darauf aufbauend, ihre inhaltlichen Bestandteile in folgenden Fragestellungen zu verdichten:

a. Chronologischer Abriß der Julikrise 1914,
b. ›Beweise‹ der ›Alleinkriegsschuld‹ der Mittelmächte.
c. War der Kriegsausbruch 1914 unausweichlich?
d. Woher rührte europaweit die Freude am Kriegsausbruch?
e. Welche Rolle spielten die drei Kaiser beim Kriegsausbruch?
f. Gab es zum Krieg politische Alternativen bis 1914?

Die Ausweitung des Krieges durch den Kriegseintritt des Osmanischen Reiches (Türkei) und Bulgariens als Verbündete der Mittelmächte (1914), Japans (1914) und dann Italiens (1915), Rumäniens (1916) und schließlich der USA (1917) auf seiten der Alliierten bleibt hier unberücksichtigt.

a) Chronologischer Abriß der Julikrise 1914

Um den Umfang der Julikrise nachzuvollziehen, wird hier ein chronologischer Abriß dargestellt, der die zunehmenden Kriegsvorbereitungen erkennen läßt, wobei die *kursiv* dargestellten Fakten die Deutschland und Österreich-Ungarn belastenden für die Zuweisung der Kriegsschuld sind.[30]

– **Winter 1913/14.** Rußland: Die zu entlassenden Reservistenjahrgänge verbleiben beim Heer.

– **Februar 1914:** Rußland: Beginn von Probemobilmachungen, einschließlich der sibirischen Militärbezirke, die bis Kriegsbeginn ohne Demobilisierungen fortgesetzt werden. Im Frühjahr erhalten die in Deutschland tätigen Saisonarbeiter die Anweisung, im Juli nach Rußland zurückzukehren.

– **Mai 1914:** Rußland: Mobilisierung der Reservejahrgänge unter dem Begriff ›Übungen‹.

– **28. Juni:** Österreich: Ermordung des österreichischen Thronfolgers Franz Ferdinand in Sarajewo.

– **5. Juli:** Deutschland: Kaiser Wilhelm II. gibt Wien einen ›Blankoscheck‹ und begibt sich tags darauf auf seine traditionelle Nordlandreise.

– **9. und 10. Juli**: Deutschland: Die Anfrage von Staatssekretär Delbrück an Reichskanzler Bethmann Hollweg, ob vorbereitete Getreidekäufe in Rotterdam getätigt werden sollten, wird von diesem abgelehnt, damit nicht der Eindruck entsteht, man bereite sich auf einen Krieg vor (Quelle: *Der Weltkrieg 1914–1918*, hg. vom Reichsarchiv, Bd. 1, S. 413).

– **15. Juli:** England: Probemobilmachung der britischen Flotte.

– **20.–23. Juli:** Rußland/Frankreich: Der französische Staatspräsident Poincaré sichert dem russischen Zaren in St. Petersburg Frankreichs unbedingten militärischen Beistand in Form eines ›Blankoschecks‹ zu.

Deutschland weist ein Bündnisangebot des Omanischen Reiches zurück, um Rußland und Frankreich nicht gegen sich aufzubringen.

– **23. Juli:** *Österreich-Ungarn überreicht um 18 Uhr ein auf zwei Tage befristetes Ultimatum an Serbien.* Am selben Tag geht in Serbien aus St. Petersburg eine Zirkulardepesche ein, in der mitgeteilt wird, daß die russische Regierung die Mobilisierung von 2 Millionen Soldaten angeordnet habe. Damit wird die Position Serbiens gestärkt.

– **24. Juli:** Deutschland: Die Reichsregierung genehmigt die Getreideeinkäufe in Rotterdam, die nicht mehr getätigt werden können, weil die Vorräte weitgehend geräumt sind.

– **25. Juli:** Serbien: Allgemeine Mobilmachung um 15 Uhr (15 Divisionen). Erst danach Überreichung der Antwortnote auf das Ultimatum an den österreichischen Botschafter (18 Uhr) Rußland: Der Zar genehmigt den Ministerratsbeschluß (vom 24. Juli), 13 Armeekorps zu mobilisieren, falls Österreich gegen Serbien vorgeht. Österreich: *Teilmobilmachung gegen Serbien (24 Divisionen),*

BÜLOWS Nachfolger wurde ab Juni 1909 der bisherige Staatssekretär des Innern Theobald VON BETHMANN HOLLWEG. Im April 1909 sagte die ›Graue Eminenz‹ HOLSTEIN zu BÜLOW: »Wenn Sie fortgehen, wird der Krieg unvermeidlich!« BETHMANN HOLLWEG setzte ganz auf die Britannien-Karte. Was er auch immer getan hätte – das Reich hatte der Einkreisungspolitik von vornherein nichts entgegenzusetzen.

WILHELM II. und GEORGE V. 1913 in Berlin 1913 bei der Hochzeit des Herzogs von Braunschweig mit der Tochter des Kaisers, VIKTORIA LUISE. Drei Jahre zuvor – nach dem Tod EDWARDS VII. am 6. Mai 1910 – hatte der Kaiser hoffnungsvoll geschrieben: »Die Intrigenwirtschaft wird sich legen, die Europa in stetem Atem hielt. . . Ich glaube, im ganzen wird mehr Ruhe in die europäische Politik kommen. . .«

Eines der letzten Manöver vor dem ›Großen Krieg‹ – hier in Rußland im August 1913. Zar NIKOLAUS II. unterhält sich während einer Pause mit seinem Manövergast General Joseph JOFFRE (Rücken zur Kamera), der ein Jahr später in Frankreich den Oberbefehl an der Nord- und Nordostfront übernehmen sollte. Bei diesem Manöver wird den ausländischen Beobachtern bewußt, über welches riesige Potential an aktiven Truppen Rußland verfügt.

432.

M. Paléologue, Ambassadeur de France à Saint-Pétersbourg,
à M. Viviani, Ministre des Affaires étrangères.

T. n° 318. Extrême urgence. *Saint-Pétersbourg, 31 juillet 1914, 10 h. 43.*
(Reçu : 20 h. 30.)

La mobilisation générale de l'armée russe est ordonnée [2].

N° 118

M. Paléologue, Ambassadeur de France à Saint-Pétersbourg, à M. René Viviani, Président du Conseil, Ministre des Affaires étrangères.

Saint-Pétersbourg, le 31 juillet 1914.

En raison de la mobilisation générale de l'Autriche et des mesures de mobilisation prises secrètement, mais d'une manière continue, par l'Allemagne depuis six jours, l'ordre de mobilisation générale de l'armée russe a été donné, la Russie ne pouvant, sans le plus grave danger, se laisser davantage devancer; en réalité, elle ne fait que prendre des mesures militaires correspondant à celles prises par l'Allemagne.

Pour des raisons stratégiques impérieuses, le Gouvernement russe ne pouvait plus, sachant que l'Allemagne s'armait, retarder la conversion de sa mobilisation partielle en mobilisation générale.

Paléologue.

Dreiste Lügen. Durch ein Telegramm vom 31. Juli, 10.43 Uhr, Eingang in Paris 20 Uhr 30, teilte der französische Botschafter in St. Petersburg Paléologue seiner Regierung kurz und bündig mit: »Die Generalmobilmachung der russischen Armee ist befohlen.« (oberes Faksimile) Das französische Propaganda-Gelbbuch von November 1914 zur deutschen Kriegsschuld setzte an die Stelle dieses Dokumentes eine Fälschung, in der die russische Maßnahme wahrheitswidrig als notwendige Reaktion auf angebliche, seit sechs Tagen laufende, heimliche deutsche Mobilmachungsmaßnahmen gerechtfertigt wurde. (unteres Faksimile)

Rußland: Vorbereitende Mobilmachungsmaßnahmen; Erklärung des Ausnahmezustands in St. Petersburg und Moskau.

– **26. Juli:** Rußland befiehlt Kriegsvorbereitung in den europäischen Bezirken. In Frankreich Vorbereitungsmaßnahmen; Deutschland: Rückruf der deutschen Flotte von Übung.

– **27. Juli:** Deutschland: Munitionsforderung des preußischen Kriegsministeriums für 1915 um 3,5 Millionen Mark gekürzt (!), Rückkehr Kaiser WILHELMS II. von Nordlandreise. Anweisung an die deutschen Militärattachés, daß Deutschland zur Zeit keine militärischen Schritte beabsichtigt.

Rußland: Weitere vorbereitende Mobilmachungsmaßnahmen. Telegramm des Zaren an WILHELM II., er möge vermitteln, und Mittteilung, er werde starkem Druck ausgesetzt, der ihn wahrscheinlich zu kriegseröffnenden Maßnahmen zwinge.

England: Britische Auslandsbanken erhalten die Anweisung, den Geldverkehr mit Deutschland einzustellen.

– **28. Juli:** Deutschland: Rückruf der Truppen von den Übungsplätzen in die Standorte. *Österreich: 11 Uhr Kriegserklärung an Serbien.*

Rußland: Mobilmachung gegen Österreich-Ungarn. Internierung der in St. Petersburg sich aufhaltenden Deutschen.

– **29. Juli:** England: Britische Flotte begibt sich auf Kriegsposition nach Scapa Flow.

Rußland: Allgemeine Mobilmachung um 17 Uhr (111 Divisionen). Rücknahme dieses Befehls durch den Zaren um 20 Uhr ohne Ausführung desselben. (Die Mobilmachungsorder vom 30. September und 10. Oktober 1912 besagt: »Die Verkündung der Mobilmachung ist zugleich auch die Verkündung des Krieges.«)

– **30. Juli:** *Rußland: Allgemeine Mobilmachung vom Zaren endgültig bestätigt.*

Frankreich: Einberufung der Reservisten bei den Grenzkorps.

England: Einberufung von 25 000 Reservisten für Eisenbahnbewachung zu den Häfen für den Transport britischer Truppen nach Frankreich.

– 31. **Juli:** Österreich: *11.30 Uhr Allgemeine Mobilmachung (51 Divisionen);* gleichzeitig Erklärung über Verhandlungsbereitschaft mit Rußland und anderen Mächten

Deutschland: 13 Uhr Zustand drohender Kriegsgefahr, 15.30 Uhr Ultimatum an St. Petersburg mit Proklamierung des »Zustands drohender Kriegsgefahr« in Deutschland, falls Rußland nicht binnen 12 Stunden die Kriegsmaßnahmen gegen Deutschland und Österreich-Ungarn einstelle und dies offiziell erkläre.

15 Uhr 30: Ultimatum an Paris mit gleichlautendem Inhalt, verbunden mit der Anfrage, ob Frankreich in einem deutsch-russischen Krieg neutral zu bleiben gedenke.

Frankreich: Mitteilung an den Generalstabschef, die allgemeine Mobilmachung sei am 1. August zu erwarten. Nachmittags Erschießung des sozialistischen Friedenspolitikers Jean JAURÈS in Paris.

– **1. August:** Frankreich: Befehl zur Einschiffung des marokkanischen Expeditionskorps.

11 Uhr: Mitteilung an den deutschen Botschafter, Frankreich werde tun, was ihm seine Interessen geböten.

16 Uhr 40: Allgemeine Mobilmachung (68 Divisionen).

– **2. August:** Deutschland: *17 Uhr 30 Allgemeine Mobilmachung (86 Divisionen).*

19 Uhr: *Kriegserklärung an Rußland.* Am selben Tag schon dringen erste russische Kampfverbände in den Kreis Johannisburg im südlichen Ostpreußen ein.

Besetzung Luxemburgs durch deutsche Truppen.

England: Mobilmachung der Flotte.

Österreich: Kriegserklärung an Serbien mit der schriftlichen Versicherung, man beabsichtige keine Gebietserweiterung auf Kosten Serbiens.

– **3. August:** England: Mobilmachung des Heeres.

Deutschland: 16 Uhr Kriegserklärung an Frankreich.

– **4. August:** Deutschland: *Einmarsch deutscher Truppen in Belgien.*

England: *14 Uhr Ultimatum an Deutschland zwecks Einstellung der Kriegshandlungen,drei Stunden später Kriegserklärung an Deutschland.*

b. Der ›Beweis‹ für die Alleinkriegsschuld der Mittelmächte

Formal gesehen war die Schuld an der Entfesselung des Ersten Weltkriegs von seiten der alliierten Sieger denkbar einfach zu erklären, so einfach, daß sie im Versailler Friedensdiktat 1919 zu Lasten Deutschlands festgeschrieben werden konnte. Denn die Regierungen in Berlin und Wien gaben die meisten Kriegserklärungen ab. Die vorher stattgefundenen Mobilmachungen der Serben und Russen, die nicht juristisch, aber faktisch Kriegserklärungen gleichkommen, waren bei der Schuldzuweisung aber nicht berücksichtigt worden – und die Kriegsvorbereitungen erst recht nicht.

Aus dem oben aufgeführten chronologischen Abriß der Geschehnisse, die zum Ersten Weltkrieg geführt haben, ist aus Sicht der Sieger zu entnehmen:[31] daß Österreich-Ungarn als erster Staat Serbien den Krieg erklärte und daß am 31. Juli das Deutsche Reich nach einem zwölfstündigen Ultimatum Rußland und am 3. August Frankreich den Krieg erklärte. Die einzige Kriegserklärung der Tripleentente, also von Großbritannien an das Deutsche Reich am 4. August, wurde mit der Verletzung der Neutralität Belgiens durch den deutschen Einmarsch begründet, obwohl dies ein fadenscheiniger Vorwand war, weil in den Kriegsplanungen der Briten und Franzosen die Einbeziehung Belgiens in ihre Militäroperationen ebenfalls vorgesehen war.

Diese stark vereinfachte, rein formale Sicht der offiziellen Kriegserklärungen verneint also ganz bewußt die Mobilmachungsbefehle der Serben und Russen, die zu den formal korrekten Kriegserklärungen von Wien und Berlin anschließend geführt haben. Die differenzierte Darstellung beweist hingegen, daß die Kriegsschuld nicht in erster Linie bei den Mittelmächten lag.

c. War der Kriegsausbruch 1914 unausweichlich?

Die Beurteilung, ob der Kriegsausbruch 1914 unausweichlich war, beginnt nicht am 28. Juni 1914, sondern mit dem größten Fehler der deutschen Außenpolitik im Jahre 1890, als nach dem Rücktritt BISMARCKS als Reichkanzler der deutsch-russische Rückversicherungsvertrag von 1887 von Berlin nicht mehr verlängert wurde.

Zur strategischen Lage Deutschlands hatte sich BISMARCK am 6. Februar 1888, also noch vor dem Tod Kaiser WILHELMS I., vor dem Reichstag wie folgt geäußert:

> »Wir liegen mitten in Europa. Wir haben mindestens drei Angriffsfronten (gegen uns). Frankreich hat nur seine östliche Grenze. Rußland nur seine westliche Grenze, auf der es angegriffen werden kann. Wir sind... der Gefahr der Koalition nach der ganzen Entwicklung der Weltgeschichte nach unserer geographischen Lage und nach dem vielleicht minderen Zusammenhang, den die deutsche Nation bisher in sich gehabt hat im Vergleich mit anderen mehr ausgesetzt als irgendein anderes Volk. Gott hat uns die kriegerischste und unruhigste Nation, die Franzosen, an die Seite gesetzt, und er hat in Rußland kriegerische Neigungen groß werden lassen... So bekommen wir gewissermaßen von beiden Seiten die Sporen und werden zu einer Anstrengung gezwungen, die wir vielleicht sonst nicht machen würden. Die Hechte im europäischen Teich hindern uns, Karpfen zu werden... Sie zwingen uns zu einer Anstrengung, die wir freiwillig nicht leisten würden. Sie zwingen uns auch zu einem Zusammenhalten unter uns Deutschen, das unserer innersten Natur widerstrebt, sonst streben wir lieber auseinander.«

BISMARCKS defensive Isolierung Frankreichs, um diesen Nachbarn gemeinsam mit Rußland von aggressiver Politik gegen das Reich abzuhalten, löste sich also 1890 trotz seiner Warnungen auf, denn bereits 1892 begann die Einkreisung des Reiches durch Frankreich und Rußland, die ein zunächst defensives Militärbündnis abschlossen. Dieses Bündnis wurde 1904 durch den Beitritt Großbritanniens zur Entente Cordiale erweitert, nachdem London und Paris ihre kolonialen Konflikte nach der Faschoda-Krise 1898 beigelegt hatten. Trotz des Gegeneinanders der alliierten Triple-Entente zum Dreibund war ein europäischer Krieg zunächst noch nicht unausweichlich.

Als am 28. Juni 1914 der österreichische Thronfolger FRANZ FERDINAND und seine Frau Sophie Herzogin VON HOHENBERG in Sarajewo vom 19jährigen serbischen Attentäter Gavrilo PRINCIP im Auftrag der Geheimorganisation ›Schwarze Hand‹ ermordet wurden, vom serbischen Staat stillschweigend gebilligt und geplant und von russischer Seite finanziert, war dies europaweit ein Schock. Wien war wie gelähmt, handelte aber zunächst nicht, was nicht zu seinem Vorteil, sondern als Zeichen seiner Schwäche gedeutet wurde. Um die Doppelmonarchie gegen das aggressiv auftretende Serbien und das dahinter stehende Rußland zu stützen und als letzten Verbündeten zu halten, gab Kaiser WILHELM II. am 5. Juli Wien einen ›Blankoscheck‹, also die Zusicherung, im Falle einer kriegerischen Verwicklung der k.u.k.-Monarchie beizustehen. Dieser Blankoscheck wurde von Wien so gedeutet, Belgrad angreifen zu können im Rahmen eines regionalen Balkankrieges, in den Rußland, so die Einschätzung in Wien und Berlin, wegen der Stärke des Deutschen Reiches nicht eingreifen werde. Das war eine verhängnisvolle Fehleinschätzung.

Natürlich wußte man auch in Berlin von der Rückendeckung Serbiens durch Rußland, glaubte aber trotz des Risikos, daß Wien gegen Serbien notfalls vorgehen könne. Diese beiden Blankoschecks von Rußland an Belgrad und Deutschland an Wien setzten allerdings Kräfte frei, die bald nicht mehr gebändigt werden konnten. Eine Kettenreaktion von immer schärfer werdenden diplomatischen Noten, die die Krise anheizten, begann; die außerordentliche komplexe Verflechtung der fünf Großmächte führte aber zu keinem Gipfeltreffen auf neutralem Boden.

So begann nach dem Mord in Sarajewo die Julikrise 1914 als das »komplexeste Ereignis der Weltgeschichte« (CLARK). Kam es nun zu einem lokalen Schlagabtausch zwischen Serbien und der Doppelmonarchie, oder würde ein dritter Balkankrieg entstehen, oder sogar ein großer europäischer Konflikt vom Zaun gebrochen werden?

Die europäischen Mächte hatten in den letzten zwanzig Jahren sehr wohl gelernt, Konflikte immer wieder zu begrenzen oder zu lokalisieren, wie den Boxeraufstand in China, den Burenkrieg, die Marokko-Krisen, wie die beiden Balkankriege, wie den italienisch-türkischen Krieg um Libyen. Ein Krisenmanagement gab es also trotz der beiden gegeneinander stehenden Bündnisse. Die Reichsregierung hat in all diesen Krisen immer eine ausgleichende, friedliebende Rolle gespielt, kein einziges Mal eine aggressive, was auch daran lag, daß es mit Österreich-Ungarn nur noch einen einzigen verläßlichen Verbündeten hatte. Diesen hatte es aber in den beiden Balkankriegen politisch nicht unterstützt, was für das Bündnis gefährlich hätte werden können.

Es gab dennoch keinen zwingenden Ablauf, der zu einem Großen Krieg führen mußte. Die Kette von verhängnisvollen Wechselwirkungen, vor allem von Unterschätzungen und Überschätzungen, gerade bei den Blankovollmachten, war sehr lang und schließlich nicht mehr zu handhaben. Der britische Philosoph Bertrand Russell (1872–1970) hat über das Wesen der Bündnisse eine höchst erhellende Erkenntnis zum Verständnis eines Krieges formuliert:

> »Es ist die allgemeine Herrschaft der Furcht, die das System der Bündnisse hervorgerufen hat; man hielt es für eine Garantie des Friedens. Es erwies sich nun aber als die Ursache des Allerwelts-Unglücks (von 1914)... Diese allgemeine Furcht hat schließlich eine viel größere Katastrophe heraufbeschworen, als man durch die Bündnisse je abzuwenden hoffte.«[32]

Nur eins kann man als sicher ansehen: Wenn die für den Kriegsausbruch 1914 verantwortlichen europäischen Staatsmänner auf beiden Seiten den über vier Jahre währenden Verlauf des Krieges mit den insgesamt 17 Millionen Opfern geahnt hätten – erwähnt sei nur die Schlacht von Verdun mit insgesamt 700000 gefallenen und verwundeten deutschen und französischen Soldaten – und wenn sie von den politischen Folgen des Versailler Friedendiktats von 1919 in Gestalt des Zweiten Weltkriegs gewußt hätten, so wäre der Frieden im Juli 1914 in jedem Fall erhalten geblieben.

d. Die europaweite Begeisterung am Kriegsausbruch

Woher rührte die von heute aus gesehen unerklärliche Begeisterung der Völker in den kriegführenden Staaten am Kriegsausbruch 1914? Ohne das Verständnis darum ist aus heutiger Sicht der Erste Weltkrieg nicht erklärbar. 1914 glaubten nämlich alle Staatsführungen und Völker, daß ein neuer Krieg ähnlich wie der Deutsch-Französische Krieg 1870/71 ablaufen werde, also mit schnellen Feldzügen, mit kalkulierbaren Verlusten, wegen der modernen Kriegstechnik nicht länger als ein Vierteljahr dauernd, also ein Krieg ohne totalen Charakter – eine grausame Täuschung, übrigens auf allen Seiten.

Genauso wie in Deutschland, Frankreich, England und Rußland herrschte erstaunlicherweise auch in Österreich-Ungarn eine große Kriegsbegeisterung. Stellvertretend für alle Länder sei hier aus den Erinnerungen des späteren Generalobersten Lothar RENDULIC zitiert:[33]

> »War schon der Krieg gegen Serbien in hohem Maße populär, so erweckte der Krieg gegen Rußland in allen Ländern der Monarchie wahre Stürme der Begeisterung.

In **Wien** und in anderen Städten kam es zu Umzügen. Bei jeder Gelegenheit wurde das Prinz-Eugen-Lied gesungen und der Radetzky-Marsch gespielt.

In **Budapest** konnte man die dort nie gespielte österreichische Hymne hören, und in Straßenumzügen wurden auch die habsburgischen schwarz-gelben Fahnen mitgeführt, was in normalen Zeiten unmöglich gewesen wäre.

Äußerst lebhaft waren die Kundgebungen in der kroatischen Hauptstadt **Agram** (Zagreb). Bezeichnend war, daß in **Galizien** besondere Begeisterung für den Krieg gegen Rußland herrschte. In der **polnischen Bevölkerung** entstanden spontane Aufrufe zur Zertrümmerung des Zarenreiches, das eine despotische Herrschaft in dem von ihm annektierten ehemaligen Königreich Polen ausübte. Es hieß: ›Wenn Kaiser FRANZ JOSEPH zu Pferde steigt, folgen ihm alle seine Völker.‹

In **Prag** und anderen böhmischen Städten verbrüderten sich Deutsche und Tschechen. Überraschend war die Haltung der deutschen und tschechischen Sozialdemokraten. Während ihre Führer im Frieden die Armee. . . bekämpften und ihre pazifistische Doktrin vertraten, legten sie bei Kriegsausbruch ein verändertes Verhalten an den Tag und unterschieden sich in nichts von den anders eingestellten Teilen der Bevölkerung.

So befanden sich damals die Völker in einem Rausch der Begeisterung, der durch keine wie immer geartete Propaganda der Regierungen hervorgerufen oder genährt worden war. Daß der Krieg gegen Serbien und Rußland populär war, hatte seine Ursache in der Stimmung, die in den Völkern gegen diese Staaten herrschte. Die Ungarn und Kroaten empfanden offene Abneigung gegen die Serben und die Tschechen, Polen, Slowaken und Ruthenen (Ukrainer) haßten die Russen wegen deren autokratischen Regimes, das insbesondere die Polen unterdrückte.«

Den wenigen Warnern vor dem Krieg standen nicht nur einfache Leute, sondern zudem »Tausende von Intellektuellen gegenüber, die den Krieg als Befreiung propagierten und sich von ihm eine Läuterung oder Emanzipation versprachen. In der Lust an der Krise, die auch ein Thomas MANN mächtig befeuerte, steckte viel bürgerlicher Selbsthaß, aber auch ein übersteigerter Erfahrungshunger, der alles Ökonomische, Soziale und Rationale als zivilisatorische Zumutung empfand. Die Errungenschaften der Gründerzeit wurden mit Egoismus, Materialismus und Sittenverfall in Verbindung gebracht. Der Krieg dagegen versprach Aufbruch, Ideal und Bewährung, Opfer und Dienst. Er sollte das Ende von Langeweile und Sinnkrise bringen, setzte jenen vielkritisierten Nihilismus aber erst frei und realisierte Techniken der Vernichtung, die jedes Vorstellungsvermögen überschritten.«[34]

e. Die Rolle der drei führenden Monarchen bei Kriegsausbruch

Die Rolle der drei führenden Monarchen Europas, Kaiser FRANZ JOSEPH I., Kaiser WILHELM II. und Zar NIKOLAUS II., wird, was die Entscheidung zum Krieg angeht, im allgemeinen überschätzt, wohl auch deshalb, um das System der Monarchie als kriegstreibend nachträglich zu delegitimieren.

Genau das Gegenteil trifft zu: Wären diese drei Herrscher absolute Monarchen oder starke, durchsetzungsfähige Herrscher gegenüber ihren Generalen, Diplomaten, Ministern und Beratern gewesen, so wäre es *nicht* zum Krieg gekommen. Alle drei traten zwar wie absolute Monarchen auf, immer in Uniform, aber alle drei waren im Grunde genommen schwache Herrscher und schon gar keine Feldherren. Alle drei waren friedliebend, alle drei wußten um die tödliche Bedrohung ihrer Dynastien und Reiche durch einen Großen Krieg, aber alle drei konnten ihn nicht verhindern – was am deutlichsten beim russischen Zaren NIKOLAUS II. wurde –, weil zudem ihre monarchische Solidarität zerbrach, weil es eben keine ›heilige Allianz‹ wie 100 Jahre vorher mehr gab.

– **Kaiser FRANZ JOSEPH I. (1830–1916)** als der älteste europäische Monarch wollte in seiner Jugend ein absoluter Monarch sein, doch die Niederlagen gegen Italien 1859 und Preußen 1866 sowie der aufkommende Liberalismus und Nationalismus schränkten seine Handlungsfähigkeit zunehmend ein. Seit 1866 auf eine defensive Politik beschränkt, war sein Reich auf dem Balkan von der dort ständig wachsenden Bewegung des Panslawismus, also des slawischen Nationalismus, bedroht.

Im türkisch-russischen Krieg 1877 und in den Balkankriegen 1912/13 war Wien auf Druck Berlins neutral geblieben, hatte aber 1908 Bosnien-Herzegowina annektiert, das es seit 30 Jahren verwaltet hatte. Die Annexion geschah nun, um den Panslawismus einer wichtigen Kraftquelle zu berauben.

Diese Annexion war aber ein schwerer Fehler Wiens, weil es sich damit das Pulverfaß des serbischen Nationalismus ins eigene Haus holte. Für die Slawen war dies der »Schritt über den Rubikon«, zumal Zar NIKOLAUS II. die k.u.k.-Monarchie 1908 als Aggressor bezeichnete.

Daß sein vorgesehener Thronfolger FRANZ FERDINAND ausgerechnet am St.-Veits-Tag (Vidovdan), am 28. Juni, dem Nationalfeiertag der Serben im Angedenken an ihre Niederlage auf dem Amselfeld gegen die Türken 1389, Sarajewo besuchen wollte, war eine Instinktlosigkeit sondergleichen, eine mentale Demütigung der Serben. Als seine Ermordung in Sarajewo die Lunte zum Brennen brachte, glaubte der alte Kaiser, mit einem auf Serbien beschränkten Krieg seine Doppelmonarchie retten zu können. Die Blankovollmacht Kaiser WILHELMS II. vom 5. Juli stärkte ihn dabei.

FRANZ JOSEPH I. war in dem Kräftespiel innen- und außenpolitisch überfordert. Er war eben nicht gewillt, sich vor dem aggressiven kleinen Königreich Serbien, das mit Rußland im Rücken die Doppelmonarchie glaubte zerstören zu können, um ein Großserbien zu errichten, in die Knie zu gehen. Am Tage der Kriegserklärung an Belgrad sagte der alte Kaiser:

»Wenn die Monarchie schon untergehen muß, soll sie wenigstens anständig untergehen.«

Sein Ausspruch »Österreich-Ungarn kann nie einen Angriffskrieg führen; es muß warten, bis es angegriffen wird«, sagt alles über seine Defensivpolitik.

Er war als Herrscher eben zu alt und schwach, um sich seinen Militärs und Diplomaten, die an einen begrenzen Krieg glaubten, widersetzen zu können. Es gibt von ihm keinen Ausspruch, keine Akte, kein Dokument einer offensiven Kriegspolitik; er war kein treibender, sondern ein getriebener Herrscher.

Der geschichtsphilosophische Faktor, daß die Doppelmonarchie aus nationaler Sicht damals nicht mehr überlebensfähig schien, bedingte die offene Aggressivität Serbiens und die Aggressivität Rußlands einerseits und die rückhaltlose Unterstützung Wiens durch Berlin andererseits.

– **Kaiser WILHELM II. (1859–1941)** war ebenfalls alles andere als ein kriegerischer Monarch, wie ihm untergeschoben wurde (›Hunnenrede‹), sondern genau das Gegenteil. Sein Ausspruch: »Die Ziele der Entente konnten nur durch einen Krieg, die Ziele Deutschlands nur *ohne* Krieg erreicht werden«,[35] verdeutlicht dies am besten.

1901 sprach er anläßlich der Beerdigung seiner Großmutter, der britischen Königin VICTORIA, folgende Worte, nachdem er vorher von der Menge in den Straßen Londons mit stürmischen Ovationen gefeiert worden war:

> »Ich glaube, daß die beiden germanischen Nationen sich nach und nach besser kennenlernen werden und daß sie einander helfen werden, den Weltfrieden zu bewahren. Wir müssen eine englisch-deutsche Allianz schaffen. England um die Meere zu überwachen, während wir für das Land verantwortlich sein würden.«[36]

Weder in Übersee noch in Europa hatte WILHELM irgendwelche Eroberungsziele. Im Gegenteil: WILHELMS Politik war geprägt von der Erhaltung des Friedens; so beim eben erwähnten Besuch in England 1901. Seine Nachschubhilfe für die russische Flotte auf dem Marsch nach Japan 1905, sein Versuch, mit Rußland 1906 ein neues Bündnis einzugehen, seine Bereitschaft 1912, das auch mit England zu tun, sein mehrfacher Brief- und Telegrammwechsel mit Zar NIKOLAUS II. im Juli 1914, ja sogar die kurz andauernde Rücknahme des Mobilmachungsbefehls durch den Zaren beweisen dies, ebenso sein – allerdings zu später, vergeblicher Appell – an Kaiser FRANZ JOSEPH, Serbien nicht den Krieg zu erklären.

WILHELM war bei allen seinen Schwächen ein im Wesen grundguter Mensch. Sein letzter Reichskanzler MICHAELIS schrieb über ihn:

> »Der Kaiser ist kein Tyrann, kein Kriegsmacher gewesen. Er ist ein edler, idealistischer und tief religiös veranlagter Mensch, der sein Volk in Frieden auf die Höhe des Glücks führen wollte. Er ist ein sittenreiner Mensch. Er strebte nach idealen Gütern für das Glück seines Volkes und war ein wirklicher Freund des Friedens.«[37]

Daß WILHELM II. schließlich Rußland und Frankreich den Krieg erklärte, war formal gesehen zwar richtig, aber politisch ein schwerer Fehler, der sich 1919 im Schuldparagraphen 231 von Versailles niederschlug, so daß die Alliierten ihn und seine Generale 1919 unter dem Motto »Hang the Kaiser« vor Gericht stellen wollten, um ihn als Kriegsverbrecher hinzurichten. Diese alliierte Forderung war übrigens der einzige Bestandteil des Friedensdiktats, der sich die deutsche Reichsregierung widersetzte. Aber auch die

Königin WILHELMINA der Niederlande lehnte die Auslieferung WILHELMS II. ab, der nach seiner Abdankung in den Niederlanden Asyl erhalten hatte.

– **Zar NIKOLAUS II. (1868–1918)** war von allen drei Monarchen der schwächste, zum Herrschen unbegabteste, darum aber um so mehr erpicht auf Erfolge. Er war grundsätzlich ein Vertreter des Friedens. So veröffentlichte er in einer Zirkularnote am 24. August 1898 folgende Ahnungen:

> »Im Verhältnis wie die Rüstungen aller Mächte zunehmen, erfüllen sie immer weniger den Zweck, den sich die Regierungen vorgesetzt haben. Wirtschaftliche Krisen, großenteils durch das System der Rüstungen hervorgerufen, und die fortwährende Gefahr, die in dieser Anhäufung von Kriegsmaterial liegt, verwandeln den bewaffneten Frieden unserer Tage in eine zermalmende Last, die von den Völkern mit stets größeren Schwierigkeiten getragen wird. Er erscheint daher klar, daß – wenn dieser Zustand andauert – es unfehlbar zu eben der Katastrophe führen muß, die man abwenden will und deren Schrecken jedes denkende Wesen vorahnend schaudern macht.«[38]

Zar NIKOLAUS glaubte trotz der russischen Niederlage gegen Japan 1905 und der ersten, noch niedergeschlagenen Revolution im Jahre 1905 wegen der Bündnisse mit Frankreich und England durch einen Krieg sein Reich stabilisieren zu können, und zwar durch die Eroberung der Meerengen am Bosporus, durch die Zertrümmerung der k.u.k.-Monarchie sowie durch die Beherrschung des Balkans mit Hilfe des Panslawismus.

Gegenüber dem Deutschen Reich hatte er bei Kriegsbeginn keine Kriegsziele, denn er hatte – im Gegensatz zu seiner Frau Alix – zu seinem Vetter Kaiser WILHELM II. ein gutes Verhältnis und feierte noch im Oktober 1913 mit ihm den 100. Jahrestag des deutsch-russischen Sieges über NAPOLEON.

Sein ›Verhängnis‹ nahte in der Person des französischen Staatspräsidenten POINCARÉ, der am 20. Juli 1914 in St. Petersburg eintraf und bis zum 23. Juli ihn durch die unbedingte Zusicherung französischer Bündnistreue im Westen bei einem Kriegseintritt vom Sieg gegen Österreich-Ungarn und Deutschland überzeugte. Das war die französische Blankovollmacht, ohne die es keine russische Mobilmachung gegeben hätte.

Als sein Vetter Kaiser WILHELM II. am 30. Juli per Fernschreiben die Rücknahme des Mobilmachungsbefehls bei ihm bewirkte, schien sich das Blatt zu wenden. Aber der Zar war nicht stark genug, um sich gegen seinen Außenminister SASONOW, den Großfürst NIKOLAJEWITSCH und seinen Pariser Botschafter ISWOLSKI sowie die Großfürstin ANASTASIA durchzusetzen, die alles auf die französische Karte setzten und vom Sieg gegen Berlin träumten. So gab er ihrem Druck nach und erneuerte den Mobilmachungsbefehl.

Seine charakterliche und politische Schwäche, vor allem aber sein unbegreifbares Nichtlernen aus der doppelten Kriegs- und Revolutions-Katastrophe von 1905 waren der ausschlaggebendste Faktor für den Ausbruch des Ersten Weltkriegs.

f. Mögliche politische Friedensalternativen

Es gab sehr wohl in Deutschland, England und Rußland politische Alternativen zum Krieg, die aber aus verschiedenen Gründen nicht zum Tragen gekommen sind.

Anfang 1906 bot Kaiser WILHELM II. dem Zaren NIKOLAUS II. ein neues russisch-deutsches Bündnis an, zu einem Zeitpunkt, als Rußland mit den Franzosen bereits militärisch verbunden war. WILHELM wollte mit diesem Bündnis beide Länder und den Frieden angesichts der seit zwei Jahren bestehenden Entente Cordiale stabilisieren. Sein Plan fand Zustimmung beim Zarenhof. Doch der Brite Sir Donald Mackenzie WALLACE, der NIKOLAUS II. während dessen Besuchs in Indien 1890 als Leiter der Auswärtigen Abteilung der *Times* begleitet hatte, verhinderte diese russisch-deutsche Annäherung und machte England zum Bundesgenossen Rußlands.[39] So kam es 1907 zum Beitritt Rußlands zur Entente.

Wenn WILHELM II. sich durchgesetzt hätte, wäre dies sicherlich

Die drei führenden Monarchen bei Kriegsausbruch 1914. Von links: Kaiser Wilhelm II., Kaiser Franz Joseph I. und Zar Nikolaus II. Das Deutsche Reich forderte Zar Nikolaus II. zur Rücknahme der russischen Mobilmachung auf. Nachdem diese ausgeblieben war, erklärte das Deutsche Reich Rußland den Krieg, woraufhin Frankreich ebenfalls mobil machte.

Großbritanniens Kriegsminister Richard Burton Haldane (der übrigens in England eine Heeresreform nach preußischem Muster einzuführen versuchte) kam am 8. Februar 1912 nach Berlin, um über ein Abkommen zur Beschränkung der Flottenrüstung zu verhandeln. Die Verhandlungen scheiterten, da die Deutschen eine Neutralitätsgarantie des Vereinigten Königreichs verlangten, was eine Auflösung der Tripelentente zwischen Großbritannien, Frankreich und Rußland bedeutet hätte.

»Wie sollen wir uns die Hand geben?« Diese im Februar 1912 im *Simplicissimus* erschienene Karikatur unterstreicht, daß das maritime Wettrüsten zwischen England und Deutschland nicht aufzuhalten war. Einen Monat nach Haldanes Besuch in Berlin verlegten die Briten ihr Mittelmeer-Geschwader in die Nordsee. . .

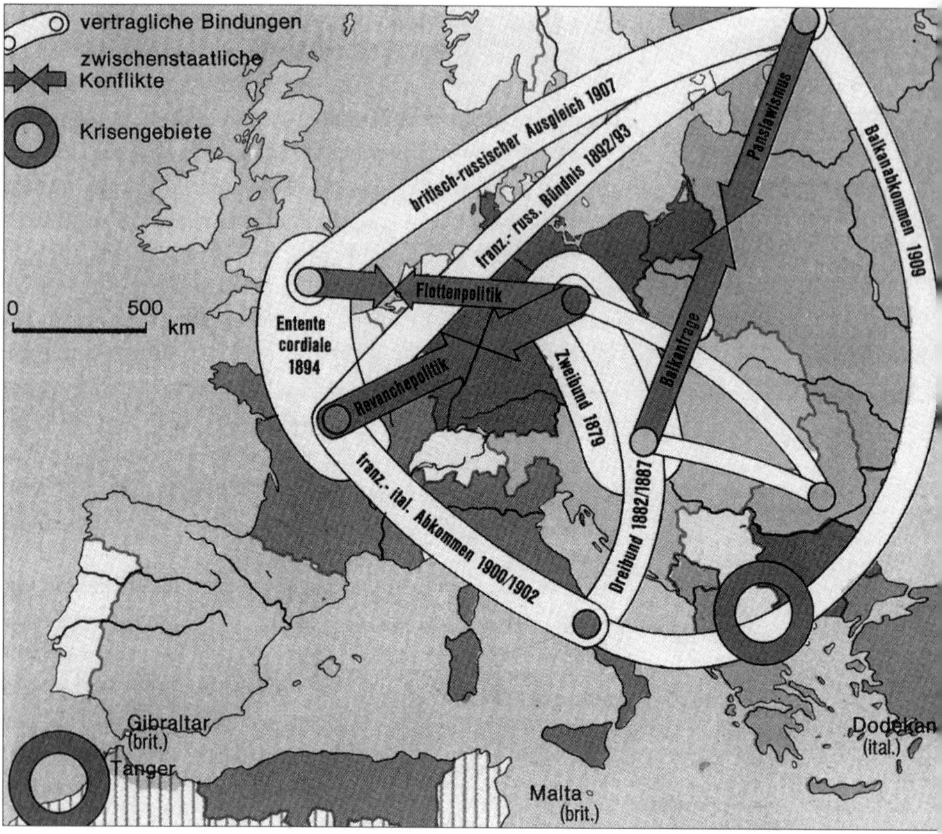

Vertragssystem in Europa zu Beginn des Ersten Weltkriegs 1914.

mit der wirtschaftlichen und außenpolitischen Unterstützung des Zarenreichs verbunden gewesen.

Im Februar 1912 gab es eine weitere Alternative, und zwar zwischen England und Deutschland; zu einem Zeitpunkt, als es keine englischen Pressekriege gegen Deutschland gab und WILHELM II. als Friedenskaiser gerühmt wurde. So hatte der belgische Gesandte Baron BEYENS am 30. Januar 1912 verlautbart:

> »Es besteht kein Zweifel, daß Kaiser WILHELM II., der Kanzler und der Außenminister leidenschaftliche Anhänger des Friedens sind.«[40]

Es war eine von deutscher Seite angeregte diplomatische britische Mission, die ›Haldane-Mission‹, deren Erfolg so gut wie sicher den Krieg verhindert hätte. Sie darzustellen ist notwendig, um zu zeigen, daß es trotz der damals schon festen zwei Bündnisse eine politische Alternative gegeben hat, die das Reich aus der Einkreisung befreit hätte.[41]

So kam am 8. Februar 1912 der britische Kriegsminister HALDANE im Auftrag seiner Regierung nach Berlin, um zwischen dem Kaiserreich und Großbritannien ein Flottenabkommen und ein Neutralitätsabkommen vorzubereiten.

Richard Burton HALDANE (1856–1928) – ein Jurist, der in Edinburgh und Göttingen studiert hatte, ausgezeichnet Deutsch sprach, SCHOPENHAUERS Werke ins Englische übersetzt hatte und ein HEGEL-Verehrer sowie Mitglied der Liberalen Partei war –, wurde 1906 britischer Kriegsminister und nahm sich das deutsche Heer als Vorbild für die britische Heeresreform. Er arbeitete aber mit an den Vorbereitungen, um ein englisches Expeditionskorps im Kriegsfall auf dem Festland einzusetzen. Ob sein Vorschlag an Berlin daher ehrlich gemeint war, bleibt vor diesem Hintergrund fraglich.

Dennoch: Sein Wunsch nach einer Verständigung mit dem Deutschen Reich war stark ausgeprägt. Als Deutschenfreund sah er Möglichkeiten für den Erfolg seiner diplomatischen Mission. Drei Vorschläge unterbreitete er in Berlin dem Kaiser, dem Reichkanzler BETHMANN HOLLWEG und Großadmiral VON TIRPITZ:

– ein britisch-deutsches Flottenverhältnis 2:1,

– ein Neutralitätsabkommen, bei dem England bei einem Angriff anderer Mächte auf Deutschland neutral bleiben werde,

– eine deutsch-englische Zusammenarbeit in den internationalen Beziehungen nach Abschluß des Flottenabkommens.

Tatsächlich war BETHMANN HOLLWEG bereit, die Flottenformel 2:1 zugunsten der Briten nicht nur anzuerkennen, sondern den deutschen Flottenbau noch mehr zu vermindern, um den Briten entgegenzukommen. Dem stand TIRPITZ skeptisch entgegen. Der Grund für dieses Entgegenkommen lag darin, daß im Wettbewerb des Flottenbaus seit der Einführung der ›Dreadnoughts‹ die Briten einen nicht aufholbaren Vorsprung vor der kaiserlichen Flotte gewonnen hatten.

BETHMANN HOLLWEG und Kaiser WILHELM II. verlangten von London im Gegenzug eine unbedingte, vertraglich festgeschriebene »wohlwollende Neutralität« in jedem Falle eines Krieges, also ein »kompensierendes Gleichgewicht« zwischen beiden Staaten, wie der Kaiser es formulierte.

Dazu war HALDANE nicht entscheidungsbefugt. Die deutschen Verhandlungspartner sahen in einer nur bedingten, also optionalen britischen Neutralität aber keinen Sinn im Falle eines französisch-russischen Angriffs auf das Reich.[42]

London wollte also in jedem Falle handlungsfähig bleiben, als Welt-Seemacht außerhalb der Entente nicht gebunden sein. Ein Abkommen mit Deutschland, so ließ die britische Regierung es verlauten, dürfe ihr Bündnis mit Frankreich und Rußland nicht schädigen, schon gar nicht beenden.

HALDANE, der während der Verhandlungen in Berlin trotz der von ihm zugesicherten Vertraulichkeit den französischen Botschafter aufgesucht hatte, um ihm von den Verhandlungen zu unterrichten und ihm Befürchtungen hinsichtlich einer Auflösung der Triple-Allianz zu zerstreuen, berichtete in London, der Kaiser und Kanzler seien friedliebend, während TIRPITZ den Verhandlungen eher abwartend bis ablehnend gegenübergestanden habe.

Der Text des neuen deutschen Flottengesetzes, den der Kaiser Herrn HALDANE vertrauensvoll überreicht hatte, stieß bei der britischen Admiralität auf Ablehnung, weil hier Einzelheiten aufgeführt waren, die nicht Gegenstand der Verhandlungen gewesen waren.

So führten die politischen Erwartungshaltungen Berlins wie auch das mangelnde Entgegenkommen Londons zum Scheitern dieser Mission, so daß HALDANE als Kriegsminister nach Kriegsbeginn zurücktrat. Auch BETHMANN HOLLWEG wollte am 6. März 1912 zurücktreten, was der Kaiser jedoch ablehnte.

Nur wenige Monate später, im September 1912, schlossen die Briten und Franzosen eine Marine-Konvention ab.

Ein deutsch-britisches Abkommen 1912 wäre, die vorhandenen Bündnisse überspannend, dennoch als Verbindung der stärksten europäischen Landmacht mit der stärksten Seemacht eine Friedens-Bürgschaft gewesen.

Daß die deutsche Seite, wahrscheinlich in Überschätzung ihrer Kraft, diese Chance mangels ihrer eher statischen, nicht so verwinkelten, der englischen Mentalität nicht gleichkommenden Diplomatie nicht verwirklichte, kann nachträglich als Tragödie betrachtet werden. Doch aus britischer Sicht erklärt sich der Mißerfolg der HALDANE-Mission *nicht* durch die deutsche Hybris, sondern ganz im Gegenteil, wie Niall FERGUSON betont, durch die deutsche Schwäche, weil vom Deutschen Reich keine Bedrohung ausging, denn die Briten hätten gern einen starken deutschen Verbündeten gegen Rußland gehabt, von deutscher Seite ein irrsinniger Vorschlag.[43]

Diese letzte historische Chance, diese letzte Friedenstür war damit zugeschlagen. England behielt aber weiterhin alle Fäden in der Hand.

England hätte noch Ende Juli 1914 dem Krieg zwischen den Mittelmächten und Frankreich und Rußland abwartend zuschauen können, wie in der *Daily News* vom 1. August veröffentlicht:

»Wir können den Frieden erhalten, wenn wir den Zaren wissen lassen, daß er seine Schlachten alleine schlagen und die Folgen selber tragen muß. Wenn die britische Regierung das nicht tut, wird sie den schwersten Fluch der Menschheit auf sich laden.«[44]

Fünf Tage vorher, seit dem 26. Juli, war allerdings die gesamte britische Marine im Anschluß an ein Großmanöver und eine Flottenparade auf Veranlassung CHURCHILLS bereits voll mobilisiert, also auf den Krieg ausgerichtet, und der britische Außenminister GREY stellte am selben Tag, also einen Tag nach der serbischen Mobilmachung und der österreichischen Teilmobilmachung gegen Serbien, fest:

»Berlin wird nicht gestattet, im Kriegsfall mit einer britischen Neutralität zu rechnen.«[45]

13. Januar 1914: Auch in Rußland gab es im Januar 1914 noch einmal eine mögliche politische Alternative in Sachen Frieden. Das Mißtrauen zwischen Deutschland und Rußland war groß, weil durch französische Finanzhilfe die russische Infrastruktur und das Heer massiv vergrößert wurden. So verblieben im Winter 1913/14 die zu entlassenden Reservistenjahrgänge im Heer und wurden, wie schon erwähnt, im Februar 1914 Probe-Mobilmachungen durchgeführt und drei Monate später, als ›Übungen‹ getarnt, Reservejahrgänge mobilisiert.

Vor diesem Hintergrund berief der antideutsch eingestellte Außenminister SASONOW zwei ›Sonderkonferenzen‹ ein, von denen die erste am 13. Januar unter dem Vorsitz des Finanzministers KOKOWZOW stattfand.

Dieser begegnete allen Forderungen nach einer aktiveren Politik gegen Berlin stets mit den Worten: »Es ist nicht wünschenswert, in einen europäischen Konflikt verwickelt zu werden.« Denn ein Zusammenprall mit Deutschland war für ihn »das größte Unglück, weil der wirtschaftliche Aufschwung Rußlands gefährdet werde«.[46]

Doch SASONOW wollte Deutschland gegenüber Festigkeit demonstrieren und überzeugte damit den Zaren, der am 11. Februar seinen Finanzminister KOKOWZOW entließ, weil der angeblich kein Mann der Tat sei.

Die zweite Konferenz dominierte damit SASONOW, der für den Krieg war.

4. Kriegsgründe der kriegführenden Staaten 1914 und Kriegsschuldfrage

Österreich-Ungarn als ausgesprochen fragile, vom sich ausbreitenden Nationalismus und besonders vom Panslawismus bedrohte Großmacht war eindeutig eine *defensive* Macht. Sie verfolgte weder bei Kriegsbeginn noch danach irgendwelche offensiven territorialen Ziele, auch nicht gegenüber Serbien, sondern wollte nur ihren Bestand sichern.

Trotz dieser Grundeinstellung war das Auftreten Wiens gegenüber Belgrad nach dem Mord, mit dem Text des Ultimatums, der Fristsetzung und der Forderung nach der vorbehaltlosen Erfüllung binnen 48 Stunden ausgesprochen brüsk und nur erklärbar, daß Wien glaubte, vor der offensiven Politik Serbiens nicht diplomatisch in die Knie gehen zu dürfen, weil das die panslawistische Bewegung gestärkt hätte. Gegenüber St. Petersburg erklärte deshalb Außenminister Graf BECHTOLD am 25. Juli 1914:[47]

> »In dem Augenblick, in dem wir uns zu einem ernsten Vorgehen gegen Serbien entschlossen haben, sind wir uns natürlich auch der Möglichkeit eines Zusammenstoßes mit Rußland bewußt gewesen. Grundlegende staatspolitische Konsiderationen (= Überlegungen) stellten uns vor die Notwendigkeit, der Situation ein Ende zu machen, daß ein russischer Freibrief Serbien die dauernde, ungestrafte und unstrafbare Bedrohung der Monarchie ermöglichte.«

Die Nutzung der seit drei Wochen vorliegenden deutschen Blankovollmacht im Vertrauen darauf, daß die Russen bei einer militärischen Operation gegen Serbien wohl doch nicht eingreifen würden, war der zweite Kardinalfehler Wiens. Zu spät, erst am 30. Juli, also zwei Tage nach der Kriegserklärung an Serbien, wirkte sich der Druck Berlins auf Wien aus, gegenüber London, Paris und St. Petersburg konziliant zu werden. Doch die angelaufene russische Generalmobilmachung machte alles zunichte.

Auch das **Deutsche Kaiserreich** war eine *Defensivmacht.* Es hatte bei Kriegsbeginn keine territorialen Erwerbungen vor, weder in Europa noch in den Kolonien. Es war jedoch zu eng angebunden an Österreich-Ungarn als seinem letzten (!) Verbündeten in Europa und hat aus ›Nibelungentreue‹ zu Wien gestanden, auch nach Kriegsbeginn. Weder die Flottenpolitik noch der SCHLIEFFEN-Plan waren, strategisch gesehen, aggressiv. Letzterer war eine militärische Notwehr bei gleichzeitigem Angriff von Osten und Westen im Sinne von ›Angriff ist die beste Verteidigung‹. Daß der SCHLIEFFEN-Plan fehlschlug, lag an seiner Abänderung durch die Generalität (Schwächung des rechten Flügels, Stärkung des linken Flügels) und am Abzug entscheidender Divisionen nach Ostpreußen, um die dort eingedrungenen Russen zurückzuschlagen.

So stellte der französische General BUAT geradezu verwundert fest:

> »Der deutsche Generalstab hat es nicht verstanden, die beträchtliche Überlegenheit auszunutzen, die durch die Höhe der jährlichen Kontingente von Wehrpflichtigen gegeben war. Sonst hätte das deutsche Heer 600000 Mann mehr gehabt, sonst wäre das französisch-englische Koalitionsheer umfaßt worden.«[48]

Und der belgische Gesandte in Paris, GUILLAUME, schrieb im Juni 1914 an seinen Außenminister DAVIGNON:

> »Niemand zweifelt heute noch an der Friedensliebe Kaiser WILHELMS II. angesichts der drohenden Haltung von Frankreich und Rußland.«

Frankreich hatte seit König LUDWIG XIV. durch seinen damaligen Kanzler RICHELIEU das politische Ziel, durch Beibehaltung der territorialen Zersplitterung Deutschlands als Ergebnis des Dreißigjährigen Krieges 1648 Hegemonialmacht in Europa zu sein. Diese Politik war 1871 durch die Niederlage gegen das jetzt geeinte

Deutsche Reich zusammengebrochen. Deshalb hatte Paris seit 1871 den Plan eines Revanchekrieges gegen Deutschland zwecks Wiedererlangung der Hegemonie in Europa, wobei die Rückeroberung von Elsaß-Lothringen nur ein Anlaß war. Für eine erneute Vormacht besaß Frankreich aber weder die politischen und wirtschaftlichen noch die wissenschaftlichen und geistigen Kräfte, auch nicht aufgrund seiner kleineren Bevölkerungszahl.

Dennoch setzte der französische Staatspräsident Raymond POINCARÉ, der 1912 noch als Ministerpräsident die Wehrpflicht von zwei auf drei Jahre verlängert hatte, alles auf die seit 1907 bestehende russisch-französisch-britische Triple-Entente, um mit ihr sein politisches Ziel der erneuten Vormacht in Europa zu erreichen. Das beinhaltete nicht nur die militärische Niederlage Deutschlands und die Rückeroberung Elsaß-Lothringens sowie die Eroberung des Rheinlands und des Saarlands, sondern vor allem die Zerschlagung des Deutschen Reiches.

Der belgische Gesandte GUILLAUME äußerte sich dazu im Juli 1914:

> »Frankreich und Rußland spielen in diesem Augenblick ein wahrhaft gefährliches Spiel. Sie spornen sich gegenseitig auf dem Weg höchstgesteigerter Rüstungen an und geben sich – vor allem Rußland – einem Bluff hin, der die verhängnisvollsten Folgen haben könnte.«

Während Staatspräsident POINCARÉ noch im Juli 1914 erklärte:

> »Ich behaupte nicht, daß Österreich oder Deutschland in diesem ersten Zeitabschnitt die bewußt wohlüberlegte Absicht hatten, einen allgemeinen Krieg herbeizuführen. Keine der vorhandenen Urkunden gibt uns das Recht zu der Annahme, daß sie damals so etwas geplant hätten«[49],

so äußerte er sich in Versailles am 18. Januar 1919, bei der Überreichung der Friedensbedingungen an die deutschen Vertreter, entgegen aller Wahrheit wie folgt:

> »Opfer hat Frankreich gebracht, ohne daß es die geringste Verantwortlichkeit trägt für die furchtbare Katastrophe, welche

den Erdball erschüttert hat. Es können sich alle Mächte freisprechen von irgendeinem Schuldanteil an dem Verbrechen, das den Ausgangspunkt des beispiellosen Verhängnisses bildete.«[50]

Daher ist Frankreich eindeutig als *offensive* Macht zu kennzeichnen, die sich mit dem »aggressivsten Bündnis auf dem europäischen Kontinent«[51] auf den angestrebten Krieg vorbereitete.

Großbritannien: Zwischen der See-, Kolonial- und Weltmacht Großbritannien und dem Deutschen Reich bestand eine zunehmende Rivalität im Handel, weil das Reich durch seine rasante wirtschaftliche Expansion nach 1871 (Stahl, Kohle, Technik, Wissenschaft, Bildung), durch sein Streben nach Weltgeltung kurz davor war, England im Welthandel auf den zweiten Platz zu verweisen.

Großbritannien hatte sich zwischen 1871 und 1902 so gut wie ungestört 34 Länder in Asien, Afrika und im Pazifik mit insgesamt 8654259 qkm einverleibt.[52]

Folgende Länder verleibten die Briten von 1871 bis 1902 ihrem Imperium ein: Basutoland, Fidschi-Inseln, Hinterland von Aden, Lakkediven, Zypern, Belutschistan, Bahrein-Inseln, Kuweit, Katar, Ägypten, Somali, Neu-Guinea, Betschuanaland, Burma, Gwallor, Kenia und Sansibar, Salomon-Inseln, Nordborneo, Brunei, Weihnachtsinseln, Njassaland, Maskat, Rhodesien, Gilbert- und Elliceinseln, Swaziland, Uganda, Pitcairn-Inseln, Tonga-Inseln, Sudan, Transvaal und Oranje-Freistaat. Es hatte damit die 16fache Größe des Deutschen Kaiserreichs (540000 qkm) wurde erobert,[53] ohne daß durch diese imperiale Politik sein Ansehen beschädigt worden wäre. Das britische Weltreich umfaßte damit 30332000 qkm (23 Prozent der Erdoberfläche).[53]

England wurde nicht im geringsten von Deutschland bedroht, auch nicht durch dessen schwächere Flotte, duldete aber auf dem Kontinent keine mit ihm konkurrierende Macht.

Noch am 1. Januar 1914 schrieb der ab 1916 amtierende britische Premierminister Lloyd George in einem Aufsatz in der *Daily Chronicle* über Deutschland erstaunlich und wahr:

»Eine straffe deutsche Armee ist eine Lebensnotwendigkeit nicht nur für das Deutsche Reich, sondern auch für die Existenz und Unabhängigkeit der (deutschen) Nation, da Deutschland von zwei Seiten flankiert ist, deren jede eine fast ebenso starke Armee unterhält. Deutschland wurde so oft von seinen Feinden besetzt, überrannt und zerstört, daß es sich keinen neuen ähnlichen Gefahren aussetzen darf. Wir dürfen auch nicht vergessen, daß –während wir eine Überlegenheit von 60 Prozent über die Seestreitkräfte Deutschlands fordern – Deutschland selbst in militärischer Hinsicht nicht einmal Frankreich gegenüber eine solche Überlegenheit besitzt. Und außerdem hat es auch mit Rußland zu rechnen. Deutschland aber erhebt (im Gegensatz zu England, A. J.) keinen Anspruch auf einen Zwei-Mächte-Standard.«[54]

Trotz dieser Erkenntnis und des Wissens darum, daß Deutschland zu keinem Zeitpunkt gegen England Krieg führen werde, entschied sich London im August 1914, gegen die Mittelmächte Krieg zu führen. Territorial gesehen verfolgte England als Inselmacht in Europa keine Ziele, wohl aber im Welthandel, also gegen den deutschen Handel, verkörpert in der ebenfalls wachsenden Handelsflotte.

England hielt als damalige Weltmacht letzten Endes also den Schlüssel zwischen Krieg und Frieden in der Hand. Deshalb kann man Großbritannien aus europapolitischen Gründen als *defensive* und aus weltpolitischen Gründen wegen seiner imperialen Ausdehnung in Afrika und Asien als *offensive* Macht bezeichnen, die im Welthandel seine Position hatte und gegen die ständig wachsende Wirtschaftsmacht Deutschland vorzugehen bereit war.

Im Gegensatz zu den anderen europäischen Mächten geschah in England der »Prozeß der politischen Meinungsbildung im Rahmen eines dichtgespannten Netzwerks informeller persönlicher Beziehungen zwischen Journalisten und Politikern, die in regelmäßigem Kontakt miteinander standen«, wobei die ›veröffentlichte Meinung‹ Schritt um Schritt, besonders nach der zweiten Marokko-Krise 1911, antideutsch wurde, so daß die nach heftigen Debatten im Unterhaus schließlich beschlossene Kriegserklärung Londons an das Deutsche Reich am 4. August 1914 lediglich den »Schlußstrich unter die in der öffentlichen Meinungsbildung längst vollzogene und durch die diplomatische Ausrichtung kundgetane Kampfansage an das Deutsche Reich zog«.[55]

Niall FERGUSON wird noch deutlicher, indem er die größte Kriegsschuld den Briten zuweist, weil es die britische Regierung war, die letztlich die Entscheidung fällte, den Krieg auf dem Kontinent zu einem Weltkrieg auszuweiten, und daß Englands Entscheidung, diesen Schritt zu gehen, das Ergebnis einer geheimen Planung seiner Generale und Diplomaten bis zurück ins Jahr 1905 gewesen war. Dies beruhte auf einer Mißdeutung der deutschen Außenpolitik, der man napoleonische Absichten, also die Unterwerfung Europa, unterstellte, wobei Außenminister GREY, der dieses Amt 1905 übernommen hatte, dabei die Führungsrolle zum Weg in den Krieg übernahm.

Diese Kriegserklärung erfolgte vor Ablauf eines zwölfstündigen Ultimatums an Berlin, genauer gesagt, nur drei Stunden später, ohne eine Antwort von deutscher Seite abzuwarten. Genausowenig hatte Außenminister GREY die von Berlin zugeleitete Zusicherung, man werde weder die französische Schiffahrt noch die Küste angreifen, wenn England neutral bliebe, als ein »viel zu eng umschriebenes Versprechen« abgewiesen, so wie er überhaupt keine Antwort auf die deutsche Frage fand, unter welchen Bedingungen Großbritannien neutral bleiben würde. Diese Anfrage der Reichsregierung teilte GREY nicht einmal dem Unterhaus mit!

Wenn England 1914 neutral geblieben wäre und wenn die verbündeten Russen und Franzosen ohne die Briten gegen Deutschland gewonnen hätten, so die strategische Überlegung in London, dann hätten die Engländer wegen des Gleichgewichts auf dem Kontinent gegen diese Koalition kämpfen müssen, was ihnen wegen der Größe Rußlands unmöglich erschien. Deshalb kämpften sie gemeinsam mit Franzosen und Russen und später mit den USA gegen die territorial gesehen kleine Großmacht Deutschland, um nach dessen voraussehbarer Niederlage jedoch keine vollständige Zerstörung des Deutschen Reiches zuzulassen. So ist es 1919 dann auch geschehen, was die Franzosen um ihren politischen Sieg, eben die Zertrümmerung des Deutschen Reiches, brachte.

Rußland sah in Österreich-Ungarn seinen Hauptgegner auf dem Balkan. Um dort dem Panslawismus zum Durchbruch zu verhelfen und darüber hinaus sein politisches Fernziel, Konstantinopel und die Dardanellen zu erreichen, ging es mit seiner *offensiven* Politik ganz bewußt das Risiko eines Krieges ein, um zudem seine inneren Schwächen zu überwinden.

Mit dem damals größten Heer in Europa, verbunden mit Frankreich, war die russische Regierung sich sicher, als siegreiche Großmacht aus dem Krieg hervorzugehen. Die Hauptverantwortlichen für den europaweiten Krieg saßen also in St. Petersburg, und nachdem Frankreich die russische Kriegsbereitschaft bedingungslos durch seinen Blankoscheck unterstützt hatte, war Rußland ganz erheblich mitverantwortlich für diese Ur-Katastrophe. Ohne die russische Mobilmachung hätte es keinen Weltkrieg, sondern nur einen ›dritten Balkankrieg‹ um Serbien gegeben. Trotz der ersten großen russischen Niederlage in Tannenberg im südlichen Ostpreußen zogen weder der Zar noch der Generalstab die Folgen daraus. Im Gegenteil: So stellte Außenminister SASONOW trotz dieses ›Cannae‹ schon am 14. September 1914 dennoch siegessicher folgende Kriegsziele vor:[56]

- Hauptziel: Vernichtung der deutschen Macht.
- Annexion des Unterlaufs der Memel und Ostgaliziens durch Rußland, Annexion des Ostteils der Provinz Posen, von Schlesien, Westgalizien durch Rußland zugunsten Polens.
- Abtretung Elsaß-Lothringens, der Pfalz und Teile des Rheinlands an Frankreich.
- Vergrößerung Belgiens nach Osten.
- Abtretung Schleswig-Holsteins an Dänemark.
- Wiederherstellung des Königreichs Hannover.

Der Untergang des Zarenreiches nach einer Vielzahl von militärischen Niederlagen im Frühjahr 1917 war das katastrophale Ende der Selbstüberschätzung der ROMANOWS und leitete ein halbes Jahr später, im Oktober 1917, zur schlimmsten und am längsten andauernden Diktatur der Weltgeschichte unter dem Vorzeichen des Kommunismus über.

Serbien, 1878 als Staat unabhängig und 1882 Königreich geworden, war zwar nur eine kleine Macht. Aber mit Rußland als Vormacht des Panslawismus war die serbische Regierung nach 1903 bestrebt, Serbien auf dem Balkan auf Kosten der Doppelmonarchie auszuweiten mit dem Rückerwerb der seit 1908 zu Österreich-Ungarn gehörenden Provinzen Bosnien und Herzegowina mit deren Hauptstadt Sarajewo als erstem Ziel. Es betrieb also eindeutig eine *offensive* Politik. Dabei spielte das Attentat am 28. Juni 1914 eine ausschlaggebende Rolle, was auch dadurch bewiesen wird, daß kriegsdämpfende Stimmen im Laufe der Julikrise durch russische Ermahnungen, Österreich nicht nachzugeben, ins Leere liefen.

Serbien bot sich ganz bewußt als Streichholz für den Krieg an,[57] trotz der anzunehmenden und dann erfolgten Besetzung durch die k.u.k.-Armee. Es hat aber als *einziger* Staat sein Kriegsziel erreicht, die Schaffung Großserbiens, damals ›Königreich Serbien-Kroatien-Slowenien‹ (SHS) genannt, das bis 1941 hielt und nach seiner Neugründung 1945 als Staat Jugoslawien unter kommunistischer Führung nochmals bis 1991 fortdauerte.

5. Zusammenfassung: »Keine deutsche Verschwörung zum Krieg«

Die Wahrheit bricht sich also erneut Bahn mit den Worten Christopher CLARKS: »Deutschland war ebenso wenig wie Österreich-Ungarn ein Schurke. Es gab keine deutsche Verschwörung zum Krieg. Deutschland wollte Großmacht sein, deshalb verhielt es sich wie eine Großmacht.«[58]

Gegenseitiges Mißtrauen, Fehleinschätzungen auf allen Seiten, Überheblichkeit, expansive Pläne und nationalistische Bestrebungen, vor allem aber die drei Blankovollmachten führten dazu, daß das Attentat von Sarajewo verhängnisvoll in den Ersten Weltkrieg mündete. Europa ist aber nicht in den Krieg hineingeschlittert, auch nicht durch ›Schlafwandler‹ blind hineingestolpert.

> »So hatten Neid und Haß auf Deutschland die ›ungleichen Brüder‹ Frankreich, England und Rußland geeint. In keinem dieser drei Länder stand ein Staatsmann am Ruder, der die Fähigkeit besaß und den Weitblick, dieses mächtige Bündnissystem (der Triple-Entente) für Europa erträglich zu machen. Diese übermächtige Koalition zu Lasten der Mittelmächte hat das europäische Mächtegleichgewicht aus den Angeln gehoben, womit der europäische Konflikt in der Julikrise 1914 bereits angelegt war.«[59]

Vielmehr waren die Regierungen in St. Petersburg, Paris und Belgrad die Hauptschuldigen für den Ausbruch des europaweiten Krieges, weil diese drei Staaten territoriale Kriegsziele hatten und den Krieg wollten. London hätte die Ausweitung durch seine Neutralität verhindern können, war hingegen schließlich verantwortlich für die weltweite Ausweitung des Krieges, was auch die britische Kriegspropaganda seit Kriegsausbruch belegt. Washington aber war durch seine Kriegserklärung an die Mittelmächte 1917 für die Verhinderung eines Ausgleich-Friedens und damit für die Zerstörung des europäischen Gleichgewichts verantwortlich.

Die beiden Mittelmächte waren also nicht die Kriegstreiber, nicht die Hauptschuldigen und schon gar nicht die Alleinschuldigen am Ausbruch des Ersten Weltkriegs. Sie waren zwar zweifelsohne mitschuldig, durch ihren Willen, gegen Serbien einen Lokalkrieg – ohne territoriale Eroberungsabsichten! – zu riskieren, um die k.u.k.-Doppelmonarchie als Großmacht zu erhalten. Daß die deutsche Diplomatie die ernst zu nehmenden Kriegsabsichten in Paris, St. Petersburg und Belgrad, die über den Balkan Europa in Flammen setzen wollten, in Tiefe und Vernetzung nicht erkannte, ist ein weiteres, passives Verschulden. Aber daß der europaweite Neid auf Deutschlands Handel, seine Wirtschaft und Wissenschaft zum Krieg führte, war von der Reichsregierung und von Kaiser WILHELM II. nicht abwendbar. Wenn man also die klassische Frage nach dem ›Cui bono?‹ (Wem nutzt es?) stellt, so ist die Antwort klar: Der Krieg konnte Deutschland nur schaden.

Spätestens bei den Gedenkveranstaltungen im Sommer dieses Jahres wird sich zeigen, ob durch die neuen Veröffentlichungen in der öffentlichen Diskussion sich etwas Raumgreifendes geändert hat oder ob unsere Politiker – wie bisher – schuldbetroffen, sich und unser Volk verachtend, auf Knien von Gedenkfeier zu Gedenkfeier rutschen, um sich gegenüber London, Paris, Moskau und Belgrad rituell zu entschuldigen.

Wie formulierte es doch OTTO VON HABSBURG, der Sohn des letzten habsburgischen Kaisers, so treffend: »Es gibt nichts Unerträglicheres als diesen Typ des Sühnedeutschen, der nichts anderes tut, als auf den Knien herumzurutschen und die Welt um Verzeihung zu bitten, daß er existiert.«

Mögen seine Worte nicht nur in Berlin und Wien, sondern in allen deutschen Städten auf offene Ohren treffen!

[1] Heimo SCHWILK, *Ernst Jüngers Feldpostbriefe an die Familie 1915–1918*, Stuttgart 2014, S. 9.

[2] *FAZ* vom 3. 1. 2014, S. 29.

[3] *Deutschland schuldig? Deutsches Weißbuch über die Verantwortlichkeit der Urheber des Krieges*, hrsg. vom Auswärtigen Amt, Berlin 1919, S. 39 (angegeben in: Walter POST, siehe Anmerkung Nr. 4; dort S. 42).

[4] Walter POST, *Die Ursachen des Zweiten Weltkriegs* (Kap. »Europa und das Vertragswerk von Versailles«), Tübingen 2003, S. 42.

[5] K. RABL, *Das Selbstbestimmungsrecht der Völker*, München 1963, S. 97.

[6] Christopher CLARK, *Die Schlafwandler. Wie Europa in den Ersten Weltkrieg zog*, München 2013, S. 9.

[7] Christa POPPELMANN, *Juli 1914 – Wie man einen Weltkrieg beginnt und die Saat für einen zweiten legt*, Berlin 2013.

[8] Annika MOMBAUER, *Die Julikrise. Europas Weg in den Ersten Weltkrieg*, München 2014.

[9] Niall FERGUSON, *Der falsche Krieg. Der Erste Weltkrieg und das 20. Jahrhundert*, München 1999.

[10] Sean MCMEEKIN, *Juli 1914, der Countdown in den Krieg*, Berlin 2014.

[11] Jörn LEONHARD, *Die Büchse der Pandora. Geschichte des Ersten Weltkriegs*, München 2014.

[12] Konrad CANIS, *Der Weg in den Abgrund*, Paderborn 2011.

[13] Herfried MÜNKLER, *Der Große Krieg. Die Welt 1914–1918*, Berlin 2013.

[14] Bruno BANDULET, *Als Deutschland Großmacht war*, Rottenburg a. N. 2014.

[15] Andreas ROSE, *Zwischen Empire und Kontinent. Britische Außenpolitik vor dem Ersten Weltkrieg*, München 2011.

[16] Walter POST, *1914 – Der unnötige Krieg*, Gilching 2014.

[17] Stefan SCHMIDT, *Frankreichs Außenpolitik in der Julikrise 1914*, Berlin 2009.

[18] Hans FENSKE, *Der Anfang vom Ende des alten Europa*, München 2013.

[19] Jörg FRIEDRICH, *14/18. Der Weg nach Versailles*, München 2014.

[20] Manfred RAUCHENSTEINER, *Der Erste Weltkrieg und das Ende der Habsburger Monarchie 1914–1918*, Wien 2013.

[21] Rainer BLASIUS, »Defensiver Patriotismus. Christopher Clark schildert meisterhaft die komplexe Vorgeschichte und Geschichte der Juli-Krise 1914«, in: *FAZ* Nr. 238 vom 14. Oktober 2013, S. 8.

[22] Andreas KALB, »Die Selbstzerstörung Europas«, in: *FAS* (Sonntagsausgabe der *FAZ*) vom 8. 9. 2013.

[23] Gina THOMAS, »Jeder hat sich verrechnet. 1914: Der britische Streit um den ›falschen Krieg‹« in: *FAZ*, Nr. 26 vom 31. 1. 2014, S. 35.

[24] Werner LEHFELDT, »Die imperialen Bestrebungen kamen aus St. Petersburg«, in: *Junge Freiheit* vom 2. 5. 2014.

[25] Herfried MÜNKLER, »Zeitraffer eines Jahrhunderts«, in: *FAZ*, Nr. 20 vom 24. 1. 2014, S. 35.

[26] Überschrift des gleichlautenden Artikels von Oliver BUSCH in der *Jungen Freiheit* vom 20. 6. 2014.

[27] *Junge Freiheit* vom 24. 1.2014.

[28] Auszug aus: Lothar HILBERT, *Zum Kriegsausbruch 1914*, maschinenschriftliche Skizze, Tübingen 2004.

[29] Christopher CLARK, »Alle diese Staaten waren Bösewichte«, in: *FAZ*, Nr. 222 vom 24. 9. 2013, S. 33.

[30] Angaben (ergänzt und teilweise gekürzt) nach: Udo WALENDY, »Die Schuldfrage des Ersten Weltkriegs«, in: *Historische Tatsachen*, Heft Nr. 20, Vlotho 1984, S. 32 f.

[31] **Anmerkung:** In dem chronologischen Abriß (Kapitel 3a) sind aus optischen Gründen die ›Kriegsschuld-Daten‹ kursiv wiedergegeben, wobei beim Vergleich aller Fakten schnell offensichtlich wird, daß diese Auswahl von den Siegermächten nur zu Lasten der Mittelmächte erfolgte, um ihnen die Kriegsschuld zuzuschreiben.

[32] Edmund Dene MOREL, *Truth and the War*. Deutsche Übersetzung: *Ein gerechter Engländer über die Schuld am Ersten Weltkrieg*, hg. von Hermann LUTZ, Berlin 1920, S. 201.

[33] Lothar RENDULIC, »Kriegsbegeisterung in der k.u.k.-Monarchie«, in: *Deutsche Geschichte*, Sonderheft 1/2014, S. 127 ff.

[34] Heimo SCHWILK, aaO., S. 10.

[35] *Teubners Geschichtsquellen*, S. 11

[36] Bruno BANDULET, »Was England wirklich wollte«, in: *Junge Freiheit*, Nr. 7 vom 7. 2. 2014, S. 18.

[37] Menno ADEN, »Kaiser Wilhelm II. (1859–1941)«, in: *Deutsche Geschichte*, Sonderheft 1/2014, S. 28.

[38] Edmund Dene MOREL, aaO., S. 141.

[39] Alfred VON HEDENSTROM, *Geschichte Rußlands von 1878 bis 1918*, Leipzig 1922, S. 250.

[40] *Teubners Geschichtsquellen*, S. 35.

[41] Heinz ODERMANN, »Berlins verpaßte Sternstunde«, in: *Deutsche Geschichte*, Heft 3/2014, Nr. 131, S. 58–63.

[42] **Anmerkung:** Die britische Note lautete: »Keine der beiden vertragschließenden Mächte wird einen unprovozierten Angriff gegen die andere unternehmen oder vorbereiten oder zu aggressiven Zwecken irgendeinem Bündnis oder Vorhaben gegen die andere beitreten, oder sich allein oder zusammen mit irgendeiner anderen Macht an irgendeinem Plan oder militärischen Unternehmungen zu See beteiligen, das auf einen solchen Zweck gerichtet ist.« (U. SCHWARZE, *Die Einkreisung 1871–1914*, Tübingen 2013, S. 330)

[43] Bruno BANDULET, »Was England wirklich wollte«, in: *Junge Freiheit*, Nr. 7 vom 7. 2. 2014, S. 18.

[44] Ehrhardt BÖDECKER, *Die europäische Tragödie*, Mainz 1998, S. 74.

[45] *Teubners Geschichtsquellen*, S. 55.

[46] Rainer BLASIUS, »Spiel mit dem Feuer«, in: *FAZ* vom 22. 2. 2014.

[47] Udo WALENDY, »Die Schuldfrage des Ersten Weltkrieges«, in: *HistorischeTatsachen*, Nr. 20, Vlotho 1984, S. 11.

[48] *Teubners Geschichtsquellen*, S. 89.

[49] Ebenda, S. 53.

[50] Ebenda, S. 53.

[51] Christopher CLARK, »Alle diese Staaten waren Bösewichte«, in: *FAZ* vom 24. 9. 2013, Nr. 222, S. 33.

[52] Siehe Anmerkung 53.

[53] Giselher WIRSING (Hg.): »Der Krieg. München 1943«, in: Heinrich WENDIG, *Richtigstellungen zur Zeitgeschichte*, Heft 4, Tübingen 1993, S. 53 f.

[54] Edmund Dave MOREL, aaO., S. 144.

[55] Heinz-Joachim MÜLLENBROCK, »Im Zeichen einer geistiger Mobilmachung«, in: *Junge Freiheit*, Nr. 16 vom 11. 4. 2014, S. 10.

[56] Hugo WELLEMS, *Das Jahrhundert der Lüge*, Kiel 1989, S. 70.

[57] **Anmerkung:** Die Wiederholung dieser ›Streichholz-Politik‹ geschah 1939 mit Polen, das ebenfalls den Krieg wollte.

[58] *Junge Freiheit*, Nr. 2, 2014 vom 3. 1. 2014, S. 3.

[59] Ehrhardt BÖDECKER, aaO. (Anm. 44), S. 65.

Das anglo-amerikanische Denken

Seine Folgen für die Kriege heute

FRANZ UHLE-WETTLER

Die *Frankfurter Allgemeine Zeitung* veröffentlichte am 2. Januar 2012 den Aufsatz eines amerikanischen Diplomaten. Dieser schrieb, die deutschen Unternehmer und Banker

> »haben die Rolle der preußischen Junker... und des Generalstabes übernommen«. Folglich »zeigt sich Angela MERKEL in der Rolle BETHMANN HOLLWEGS«, des Reichskanzlers 1909–1917, »und Herr SCHÄUBLE in der Rolle LUDENDORFFs... Die Leistung der deutschen Diplomatie ist nicht nur miserabel; in der Regel werden die deutschen Politiker als aufgeblasene und sadistische Schleifer empfunden«.

Am 19. Januar 2013 berichtete die *FAZ* von einem Artikel, den die englische *Times* unter dem Titel veröffentlicht hatte: »Werft die Deutschen, nicht die Griechen aus der Euro-Zone.«

Kritik an derartigen Artikeln ist berechtigt. Doch sie allein gliche einer Artillerie, die nur Nebenziele bekämpft. Lediglich die Fragen, wie weit solche Ansichten verbreitet sind und wann sowie warum sie aufkamen, führt zu heute für uns wichtigen Antworten.

Geht man diesen Fragen nach, so sieht man bald, daß noch in der ersten Hälfte des 19. Jahrhunderts Deutsches in England und in den USA meist positiv beurteilt wurde. Das änderte sich urplötzlich 1871 mit der Reichseinigung – also nicht mit dem erst dreißig Jahre später beginnenden deutschen Flottenbau.[1] Die Ablehnung alles Deutschen erreichte ihren ersten Höhepunkt – oder Tiefpunkt – 1914 und 1915. Das zeigen die Urteile derart vieler hochrangiger Engländer und Amerikaner, daß man diese Urteile nicht als Einzelfall abtun kann.

Zur englischen kulturellen Elite zählte 1914 Rudyard KIPLING; er trug den Nobelpreis und begeisterte zudem mit seinen Soldaten- und Tiergeschichten, Romanen und Märchen auch die englischen Massen. Er schrieb:

> »Heute gibt es nur noch eine Einteilung: Menschen – und Deutsche. Die Menschen haben den Deutschen seit langem satt, ihn und alles, was er tut, denkt und glaubt. Von einem Ende der Erde zum anderen wünschen sie nichts sehnlicher, als daß diese unsaubere Sache aus dem Gedächtnis der Völker rausgeworfen wird.«[2]

Zur *geistlich-religiösen* Elite zählte Arthur WINNINGTON-INGRAM. Als Lordbischof von London war er einer der höchsten Geistlichen der Church of England, der englischen Staatskirche, die zudem zahlreiche Bistümer in den USA und im englischen Empire hatte und noch heute hat. Er unterrichtete die Gläubigen, welches der größte Kampf sei, der jemals für die Verteidigung des Christentums gekämpft worden sei. Für ihn war das nicht der jahrhundertelange Kampf auf dem Balkan gegen die Moslems, die sogar zweimal Wien, die Residenz der deutschen Kaiser, belagert hatten. Für ihn war der größte Kampf und deshalb ein wahrlich ›*Holy War*‹, Heiliger Krieg, der Krieg 1914 gegen Deutschland. »Wir sind auf der Seite der Christenheit gegen den Antichrist... Wir haben nur zu wählen zwischen den *nailed*, durchnagelten Händen Christi und der *mailed*, gepanzerten Faust der Deutschen.« Andere höchste Geistliche äußerten sich ähnlich.[3]

Zur *politischen* Elite: Die Abgeordneten des amerikanischen Parlaments *(House of Representatives)* beteten am 10. Januar 1918 gemeinsam:

> »Allmächtiger Gott, unser Himmlischer Vater... Du weißt, O Herr, daß wir in einem Kampf auf Tod und Leben stehen gegen eines der schandbarsten, gemeinsten, gierigsten, blutdurstigsten, geizigsten, sündigsten und sinnlichsten *(sensual)* Völker, die jemals die Geschichtsbücher geschändet *(disgraced)* haben. Du weißt, daß Deutschland aus den Augen der Men-

schen so viele Tränen gepreßt hat, daß man aus ihnen ein neues Meer machen könnte, und daß es genug Blut vergossen hat, jede Woge auf diesem Meer zu röten.« Und so weiter und so fort. Schließlich folgen die Bitten: »Wir bitten Dich, entblöße Deinen mächtigen Arm und schlage das gewaltige Pack der hungrigen und wölfischen Hunnen zurück, von deren Mäulern Blut und Schleim tropfen. Wir bitten Dich, daß die Sterne auf ihren Bahnen sowie die Winde und Wogen gegen sie kämpfen.« Der Bitte, sogar das Universum und die Naturgewalten gegen die Deutschen zu mobilisieren, folgt das Versprechen zu danken: »Und wenn alles vorüber ist, werden wir unser Haupt entblößen und unser Antlitz zum Himmel erheben... Und Preis sei Dir immerdar durch Jesus Christus. Amen.«[4]

Diesen Äußerungen der anglo-amerikanischen kulturellen, religiösen und politischen Elite ist nur hinzuzusetzen, daß Ähnliches bei den deutschen und österreichischen Eliten jener Zeit undenkbar war. Solche Töne blieben den politischen Führern 1933–45 vorbehalten. Daraus darf natürlich nicht geschlossen werden, die anglo-amerikanischen Eliten jener Jahre wären ›schlechter‹ als die deutschen jener Jahre gewesen und ähnelten den nationalsozialistischen Führern. Berechtigt sind jedoch drei Fragen: Welche Folgen hatte dieses Denken? Was waren seine Wurzeln? Und drittens: Gibt es dieses Denken und damit seine Folgen noch heute?

Zur ersten Frage, der Frage nach den Folgen solchen Denkens. Sie werden unverfälscht erkennbar beim Kampf der anglo-amerikanischen Streitkräfte in Fernost 1941–45, denn das Verhalten dort kann nicht durch Kenntnis der deutschen Verbrechen an den Juden beeinflußt worden sein. Typisch für die Folgen ist ein Photo, das eine junge Frau beim Briefeschreiben zeigt. Sie bedankt sich für Grüße ihres Freundes, der gegen Japan kämpft, und für ein Souvenir. Dieses steht vor ihr auf dem Schreibtisch: der Schädel eines gefallenen Japaners. Auf der Schädeldecke stehen die Grüße ihres Freundes: »Das ist ein guter Japse, ein toter« sowie die Unterschrift von 14 weiteren Offizieren. Die renommierteste der amerikanischen Illustrierten, *Life Magazine*, veröffentlichte das

Photo am 22. Mai 1944 kommentarlos, wie das Zeugnis eines normalen Geschehens.[5] Allerdings fragte eine andere amerikanische Zeitschrift:

> »Wie wurde der Schädel vom Körper getrennt? Von wem? Womit? Wer kochte die Haut vom Schädel? Wer schrubbte ihn mit Bürsten und Säuren, damit er versandt werden konnte?« Doch diese Fragen wurden 2001, 57 Jahre später, gestellt.[6]

Solch Gebrauch von Gebeinen japanischer Gefallener war nicht ungewöhnlich und wurde meist nicht als anstößig betrachtet. Gefechtsstände sowie Fahrzeuge wurden so ›geschmückt‹, und Präsident ROOSEVELT erhielt ein Messerchen zum Brieföffnen geschenkt, das aus den Gebeinen eines Japaners geschnitzt war.[7] Die Tagebücher des Ozeanfliegers Charles LINDBERGH, der Jagdflieger im Pazifik war, sind voller (angewiderter) Berichte über Morde an japanischen Kriegsgefangenen, Schwerverwundeten und Schiffbrüchigen.[8] Nicht selten wurden Gefallenen Ohren oder Hoden abgeschnitten, getrocknet und als Andenken verwendet.[9] Das geschah auch schwerverwundeten, also noch lebenden Japanern. Ein Bericht:

> »Der Japaner war... am Rücken verwundet und konnte seine Arme nicht mehr bewegen... In seinem Munde glänzten Zähne mit Goldkronen, und der Soldat wollte sie haben. Er setzte sein Messer an eine Zahnwurzel und schlug mit der flachen Hand auf den Griff. Der Japaner strampelte mit den Beinen, das Messer rutschte ab und drang tief in den geöffneten Mund. Der Marine-Corps-Soldat fluchte und schnitt mit einem Ruck die Wangen bis zu den Ohren auf. Dann setzte er seinen Fuß auf die Kinnlade...«

Den Fortgang braucht und will man wohl auch nicht mehr zu wissen.[10] Derartiges wurde nicht befohlen. Aber es wurde von Offizieren geduldet, von Offizieren selbst getan, niemals bestraft, und es wurde von höchsten Offizieren angeheizt. Feldmarschall Sir Thomas BLAMEY, Oberbefehlshaber der australischen Truppen im Pazifik, feuerte seine Soldaten an:

»Euer Feind ist eine seltsame Rasse – eine Kreuzung zwischen Mensch und Affe... Ihr wißt, daß Ihr dieses Ungeziefer auslöschen müßt.«

In einem Interview stellte er fest:

»Der Japse ist ein kleiner Barbar... Wir haben es nicht mit Menschen zu tun, wie wir sie sonst kennen... Unsere Soldaten haben die richtige Einstellung. Sie betrachten sie als Ungeziefer.«[11]

Admiral HALSEY, Oberbefehlshaber der amerikanischen Third Fleet meinte:

»Der einzige gute Japse ist einer, der seit sechs Monaten tot ist... Die Japaner sind das Produkt des Geschlechtsverkehrs von Affenweibchen mit den bösesten, von einem wohlwollenden Kaiser aus China verbannten Verbrechern.«[12]

Demnach belehrten höchste, Maßstäbe setzende Generale ihre Truppen, daß die Japaner keine wahren Menschen seien. Man kann sagen, daß sie Untermenschen seien, wie Maßstäbe setzende NS-Ideologen Juden und manche auch Slawen nannten. Wenn die Soldaten von ihren Generalen so belehrt wurden, ist nicht erstaunlich, was in der Truppe weithin geschah.

Schlußfolgerung: Weil die eingangs zitierten Vertreter der anglo-amerikanischen Eliten ihre Gegner als Untermenschen ansahen, waren böse Folgen unvermeidlich. Damit wurden sie freilich wie Schreibtischtäter selbst zu Urhebern von Verbrechen.

Damit zu der zweiten Frage: Aus welchen geistigen Wurzeln stammt das? Die Suche nach einer Antwort muß davon ausgehen, daß es im Zweiten Weltkrieg auch deutsche, japanische und russische schlimme Behandlung von Zivilisten des Gegners und von Kriegsgefangenen gab. Aber es gab bei denen, die Maßstäbe setzten, also bei den hohen Generalen, auch Ritterlichkeit. Hingegen war bei den hohen englischen und amerikanischen Generalen Ritterlichkeit kaum zu finden. Das zeigt das Verhalten hoher Generale bei fast identischen Ereignissen.

Als Stalingrad 1943 kapitulierte, empfingen russische Generale Feldmarschall PAULUS, und als am 8. Mai 1945 auch die deutschen Truppen in Kurland kapitulieren mußten, baten mehrfach russische Divisionskommandeure Kommandeur und Stab der gegenüberliegenden, aus wochenlangen Kämpfen bekannten deutschen Divisionen zu einem Treffen.[13] Den Gegensatz und zugleich dessen Ursache zeigte General EISENHOWER, der spätere Präsident. Er war 1943 Oberbefehlshaber der alliierten Truppen in Nordafrika. Als dort die deutsch-italienischen Truppen kapitulieren mußten, lehnte er es ab, Generaloberst VON ARNIM und General Giovanni MESSE zu empfangen, denn er befinde sich auf einem Kreuzzug, einem *crusade*, und »Kreuzzug in Europa« ist der Titel seiner Erinnerungen aus dem Weltkrieg.[14]

Damit ist ein wichtiges Wort gefallen. Zu welchen Folgen kreuzfahrerisches Denken führt, zeigt wiederum eine Kapitulation. 1942 hatten die englischen Truppen in Singapur kapituliert. Der japanische General YAMASHITA ließ einen hohen Schrein für die Asche der gefallenen Japaner errichten und daneben, seinem Gefühl von Ritterlichkeit entsprechend, ein hohes Kreuz zu Ehren der englischen Gefallenen (obwohl die weit überlegenen englischen Truppen recht rasch kapituliert hatten). Bei der feierlichen Einweihung beider Denkmäler in Gegenwart hoher englischer Kriegsgefangener legte ein japanischer General einen Kranz auch an dem »britischen« Denkmal nieder, und die »Last Post«, unserem »Ich hatt' einen Kameraden« vergleichbar, wurde gespielt. Der Gegensatz: Als die Engländer als Folge der japanischen Kapitulation 1945 nach Singapur zurückkommen konnten, haben sie beide Denkmäler gesprengt.[15] Die Sprengung des Schreins für die Asche der gefallenen Japaner glich einer Grabschändung – doch das hat die Täter nicht abgehalten. Hingegen ist die Sprengung des Denkmals zu Ehren der englischen Gefallenen leicht zu erklären. Zeugnisse ehrenhaften Verhaltens des Gegners sind Kreuzfahrern unbequem. Im übrigen ließ ein Gericht der Sieger nach einem der umstrittensten aller derartiger Prozesse General YAMASHITA am Henkerstrick sterben.

Noch einmal: Es gibt keinen Grund anzunehmen, Engländer und Amerikaner seien ›schlechter‹ oder ›besser‹ als Russen, Deutsche oder Japaner. Kein Volk ist aus den großen Kriegen mit sauberen Händen zurückgekehrt. Aber die Frage bleibt berechtigt, aus welcher Wurzel das anglo-amerikanische Verständnis von Ritterlichkeit, also von Anstand und Menschlichkeit im Krieg, stammt, denn nur so können wir deren Folgen vermeiden. Die Antwort ist schwierig, weil sich keine Antwort *more geometrico,* wie SPINOZA sagen würde, also unwiderleglich beweisen läßt.

Der Antwort kommen wir näher, wenn wir beachten, daß die Engländer und die Amerikaner die am stärksten von der ›*Church of England*‹, also vom Puritanismus, von den Pilgervätern und damit von CALVIN beeinflußten Völker sind. Das veranschaulicht die Bezeichnung derjenigen, die die USA vom Beginn bis heute fast ununterbrochen regiert haben: *WASP, White Anglosaxon Protestants.*

Die wichtigsten Glaubensgrundsätze der ›*Church of England*‹, dem Kern der auch in den USA einflußreichen ›*Anglican Communion*‹, der anglikanischen Gemeinschaft, werden in 39 Artikeln faßbar. Sie stehen heute noch im *Common Book of Prayers,* das in den Kirchen oft so ausliegt wie bei uns das Gesangbuch. Die 39 Artikel wurden 1571 aufgrund der Empfehlung von Oberhaus, Unterhaus und den kirchlichen Autoritäten von der Krone genehmigt. Wichtig für das hier besprochene Thema ist der Artikel XVII über die Prädestination. Der Artikel folgt genau CALVINS Lehre von der »doppelten« Prädestination, der zufolge Gott schon bei ihrer Geburt die einen zur ewigen Seligkeit, die anderen zur ewigen Verdammnis bestimmt hat. Mithin zeigt schon das irdische Leben jedes Menschen, ob er zu den Erwählten oder zu den Verdammten gehört.

Das klingt ungefährlich. Aber Gefahr droht, wenn diese Lehre auf Menschengruppen oder gar auf Völker angewendet wird. Dann droht die Teilung der Menschheit in erfolglose, also von Gott verdammte, und erfolgreiche, also von Gott erwählte Völker – und diese Teilung wurde in England und in den USA schon früh vollzogen.

Spätestens etwa um 1800, wahrscheinlich schon früher, konnten sich die Engländer als erfolgreiches Volk ansehen; ähnlich die Amerikaner. Mithin urteilte Edmund BURKE, um 1800 wohl der einflußreichste englische Ideologe und Politiker, die Franzosen hätten bis zu ihrer Revolution 1789 »in ihren überlieferten Institutionen und Ständen eine Vielfalt gehabt, die... aus dem Kampf entgegengesetzter Kräfte die Harmonie des Weltalls entstehen läßt«.[16] Wie BURKE diejenigen beurteilte, die mit ihrer Revolution sogar die »Harmonie des Weltalls« gestört hatten, ist leicht vorstellbar. In den USA prägte John SULLIVAN 1845 den noch heute wichtigen Ausdruck von der *»Manifest Destiny«*, der offensichtlichen Bestimmung der Amerikaner, ihre Ordnungsvorstellungen über den ganzen Kontinent – und heute noch viel, viel weiter – durchzusetzen. Hans LENDZIAN kommentiert in unseren Tagen:

> »Puritanischer Auserwähltheitsglaube, Sendungsbewußtsein und die Vorstellung der gottgegebenen nationalen Bestimmung trafen zusammen.«[17]

Diese Denkweise haben viele Beobachter auch bei den Engländern festgestellt. Max SCHELER veröffentlichte eine »Kategorientafel des englischen Denkens«. Dieser Tafel zufolge neigt das englische Denken dazu, »Gottes ewige Rechtsordnung mit den englischen Interessen und die Stimme Gottes mit der englischen öffentlichen Meinung« zu verwechseln.[18] Dagegen kann man einwenden, SCHELER sei zwar Philosoph und Kulturforscher, also kundig und dem Kriegsgeschehen fern gewesen, aber er habe so als Deutscher und während des Ersten Weltkrieges geurteilt. Aber auch britische Historiker haben ebenso geurteilt und haben bei ihrem Volk eine Frömmigkeit bemerkt, die zu der Überzeugung führte, einen British Gentleman könne kein anderes Volk der Welt hervorbringen.[19] Eric VOEGELIN untersuchte die »politischen Religionen« und kam zu dem Schluß, englischem Denken zufolge bestehe die Menschheit aus den äußeren Kreisen der »Verdammten« oder »Barbaren«, dem inneren Kreis der westlichen Kulturen, und inmitten des inneren Kreises lägen die angelsächsischen Demokratien.[20]

Die Teilung der Menschheit in gottnahe und gottferne Völker brachte auch manche Seltsamkeit. Die Amerikaner haben 1945/46 alle ihre in Deutschland bestatteten Gefallenen exhumiert und in andere Staaten umgebettet. Vermutlich schien ihnen sogar die deutsche Erde verschmutzt. Wer will, kann – freilich etwas boshaft lächelnd – dafür sogar ›Gründe‹ anführen. Als CHURCHILL im März 1945 erstmals wieder deutschen Boden betrat, öffnete er angesichts seines wohl nicht gerade kleinen Gefolges und der ihn empfangenden Offiziere seine Hose und entleerte sich. Sein Flugzeug habe keine Toilette gehabt? Mag sein. Aber es wird nicht berichtet, er sei hinter das Flugzeug gegangen oder er habe sich einen Busch gesucht. Zudem wird Gleiches von dem hohen britischen General BROWNING berichtet. Der amerikanische General PATTON hielt mitten auf der Kriegsbrücke über den Rhein an und verrichtete sein Geschäft in den Fluß.[21]

Das führt uns allmählich zu einer Antwort auf die Frage nach der Wurzel des Denkens, das solche Seltsamkeiten hervorbringt. Viele Seltsamkeiten und auch Verbrechen wurzeln in einer entfesselten Moral, die Verständliches und sogar Gutes ins Verbrecherische übertreibt. Frühe Beispiele sind die Kreuzzüge und die Ketzerkreuzzüge, bei denen zuweilen mit seltsam-gutem Gewissen sogar die Kinder derjenigen Erwachsenen getötet wurden, die den anderen Gauben hatten. ROBESPIERRE und seine Schergen versuchten, *liberté,* Freiheit, mit Hilfe des *terreur,* des Terrors, und *égalité,* Gleichheit, sowie *fraternité,* Brüderlichkeit, mit der Guillotine zu verwirklichen. HITLER und seine Schergen glaubten, sie täten mit dem, was wir in dem Namen ›Auschwitz‹ zusammenfassen können, der arischen Rasse und damit der Menschheit insgesamt Gutes.

Was eine Moral bis zum Verbrecherischen hochtreibt, ist meist leicht erkennbar. Bei den Führern der Kreuzzüge war es eine fanatisierte Frömmigkeit, bei ROBESPIERRE das fanatisierte Bestreben, der Vernunft und so den guten Menschen Freiraum zu schaffen, bei ›den STALINS‹ ein zum Klassenhaß gesteigertes Bewußtsein der Zugehörigkeit zu einer angeblich ausgebeuteten Klasse und bei

›den HITLERS‹ ein zum Fanatismus gesteigertes Bewußtsein der Zugehörigkeit zu einer angeblich unterdrückten Rasse. Bei den Engländern und Amerikanern könnte es eine übersteigerte Frömmigkeit sein, die das eigene Volk als so erfolgreich beurteilt, daß es – calvinistischen Grundsätzen folgend – sich selbst als von Gott auserwählt ansieht. Folglich ist für eine entfesselte Moral jeder Opponent, jeder Konkurrent und im Krieg jeder Gegner Feind des Guten oder für Calvinisten sogar des göttlichen Willens – und wird entsprechend behandelt.

Für diese Deutung gibt es Belege. Heute erleben wir fast täglich, daß Staaten oder Menschengruppen, die die Forderungen der Guten nicht erfüllen, mit Sanktionen, Strafen, zur Ordnung gerufen werden. Führt das zum Krieg, so dürfen, ja: müssen die Guten alle, wahrlich alle Mittel anwenden, damit das Böse nicht über das Gottgewollte siegt. Ein Beispiel: Im Ersten Weltkrieg war eine Lebensmittelblockade sogar nach amerikanischem Urteil völkerrechtswidrig. Das hat die Briten nicht gestört – und als die USA in den Krieg eintraten, haben diese sich an der Blockade beteiligt. Die Folge: Im Krieg sind 763000 Deutsche, wohl vor allem Kinder und Greise, an Folgen der Unterernährung gestorben oder schlicht verhungert.[22]

Zudem müssen die Guten den Krieg bis zur bedingungslosen Kapitulation der Bösen führen, und dem muß die Umerziehung der Bösen folgen. Das war schon 1917 offizielles Kriegsziel der englischen Regierung.[23]

Zu den fragwürdigsten Folgen solchen Denkens zählt wohl, daß, wenn der Sieg schon sicher, aber noch nicht vollzogen ist, Kreuzfahrer glauben können, sie dürften weiterhin wahrlich alle Mittel anwenden. Das zeigte sich im Sommer 1945. Die Lage Japans war hoffnungslos. Mithin flehte Tokio die noch neutrale Sowjetunion durch ihren Moskauer Botschafter an, ein Kriegsende zu vermitteln. STALIN reagierte nicht, denn er wollte bald in den Krieg gegen Japan eintreten und so in Fernost Beute machen. Aber die Amerikaner konnten die Funksprüche entschlüsseln *(magic)*, wußten also Bescheid. Mithin war es überflüssig, den Japanern noch eine Atombombe, dann noch eine zweite und beide sogar in Großstädte zu werfen. So haben immerhin General FELLERS, der Verbindungsoffizier des Oberbefehlshabers Südwestpazifik (MACARTHUR) zur Regierung in Washington, sowie Admiral LEAHY, der ›Oberbefehlshaber der Wehrmacht‹ *(Chairman of the Joint Chiefs of Staff)*, geurteilt, und General George MARSHALL, Chef des Heeresgeneralstabes hat gefordert, die Bomben, wenn überhaupt, nur auf militärische Ziele, also nicht in Großstädte zu werfen.[24]

Doch das Fragwürdigste folgte erst nach dem Abwurf der Atombomben. Die Oberbefehlshaber der beiden amerikanischen Luftflotten in Fernost, SPAATZ und ARNOLD, beantragten Genehmigung für einen weiteren gewaltigen Luftangriff auf Tokio mit der Begründung: *»We want a grand finale«*, wir wollen ein großartiges Finale. Die Genehmigung wurde erteilt, und die Besatzungen der Bomber hörten während ihres Fluges, daß Präsident TRUMAN die japanische Bereitschaft zur Kapitulation verkündete.[25]

Damit zu der letzten und dritten Frage, ob die anglo-amerikanische Denkweise, also ein Kreuzfahrer-Denken, noch heute lebt und welche Folgen das haben könnte. Diese Frage ist deshalb ungewöhnlich wichtig, weil heute viele europäische Staaten die militärische und wirtschaftliche Bedeutung der USA auch bei Kultur und Politik als beherrschend anerkennen und fast niemals mehr Fragen stellen.

Geht man dieser Frage nach, so findet man 2002 einen Präsidenten, der öffentlich – öffentlich – bekennt:

> »Ich bin der religiöseste Präsident in der amerikanischen Geschichte und bin ein demütiger Sünder, der die Erlösung sucht. . . Ich beginne jeden Morgen auf den Knien mit gefalteten Händen« und so weiter. Er schloß sein Bekenntnis mit den Worten: »Gott ist angesichts des Guten und des Bösen nicht neutral. Gott ist mit Amerika.«[26]

Auch Präsident OBAMA versicherte bei seiner zweiten Amtsübernahme: *»God is with America.«* Auch heute sehen viele Amerikaner die USA als ›*God's own country*‹, als Gottes eigenes Land, und sich selbst als ›*People of the Covenant*‹, als das Volk, mit dem Gott einen Vertrag geschlossen hat.

Diese Selbstbeurteilung lähmt allzuoft die Bereitschaft zur Selbstkritik und macht unfähig, sich zu fragen, welche Folgen die eigenen Taten haben könnten. Das zeigen Beispiele. Die Sieger, in erster Linie die Engländer und die Amerikaner, hielten die ohnehin völkerrechtswidrige Lebensmittelblockade weit über Waffenstillstand, Entwaffnung und Teilbesetzung ihrer Gegner bis in den März 1919 hinein aufrecht. Deshalb sind sogar in Böhmen, das die Sieger der Tschechoslowakei übergeben wollten, noch im Februar 1919 20 Prozent der Babys totgeboren worden, 40 Prozent starben in ihrem ersten Lebensjahr.[27] Wie die Eltern der totgeborenen und der verhungerten Kinder – und nicht nur die Eltern – die Moral der Sieger beurteilten, ist leicht vorstellbar. In unserer Zeit sind zwischen dem zweiten und dem dritten Golfkrieg, also im Frieden, als Folge der von den USA und England durchgesetzten sowie überwachten Sanktionen der UN mehrere hunderttausend Iraker, wohl wiederum vor allem Greise und Kinder, gestorben.[28] Auch der Protest-Rücktritt des Iren Dennis HALLIDAY und seines Nachfolgers, des Grafen Hans SPONECK, die das Programm »*Oil for Food*« durchzuführen hatten, hat nichts genutzt. Wiederum läßt sich leicht erraten, wie die Verwandten der Verhungerten oder an Medikamentenmangel Gestorbenen – und nicht nur die Verwandten – die Moral der Sieger beurteilen. Ihr Urteil dürfte dadurch verschärft werden, daß die USA und England den dritten Irak-Krieg mit der Behauptung begründeten, Saddam HUSSEIN verfüge über Massenvernichtungswaffen, die zudem sofort einsetzbar wären – von denen sie freilich nach der Besetzung des Landes nie eine Spur oder wenigstens einen Zeugen vorweisen konnten. Daß sie selbst über solche Waffen verfügen, stört Leute, die sich als Werkzeug Gottes empfinden, bei ihren Anklagen und ihrer Propaganda gegen die Bösen ohnehin nicht.

Aber noch immer gilt, daß *pax fructus iustitiae*, Friede die Frucht der Gerechtigkeit ist.[29] Deshalb lassen sich Differenzen und Kriege nur beilegen, wenn beide Parteien den Opponenten nicht als vom Christengott, Allah oder sonstwem Verdammten ansehen und entsprechend behandeln. Das waren jahrhundertelang meist die katholische und stets die von LUTHER geprägte Denkweise Preußens und Deutschlands.[30] Wenn das mißachtet wird, verfällt die eigene Seite dem Verbrechen, und die andere Seite folgt meist. Das herausragende Beispiel hierfür sind die Pariser Vorortverträge 1919/20 mit Österreich, Deutschland, Ungarn, Bulgarien und der Türkei. Zwar hat die Gestaltung des Kriegsendes 1945 durch die Sieger keine neuen Kriege verursacht, doch das ist ein leicht erklärbarer Sonderfall.

Man kann alles bisher Gesagte in die Feststellung zusammenfassen, daß Kreuzfahrerei böse und politisch verderblich ist. Verkörperung dieses Denkens sind heute die Engländer und die Amerikaner. Deshalb müssen wir uns von deren Denkweise lösen. Zwar gibt es auch bei denen, die heute denen opponieren, die sich selbst ›Westliche Wertegemeinschaft‹ nennen, kreuzfahrerischen Fanatismus – siehe den 11. September 2001. Aber denen dürfen wir mit eigener Kreuzfahrerei sowie mit Folterkammern und viel anderem nicht bestätigende Argumente liefern. Weiterhin sollten wir alles, was heute Briten und Amerikaner sowie deren einflußreiches ideologisches Gefolge aus Syrien, dem Iran und so weiter berichten, mißtrauisch betrachten. Dabei sollten wir uns an die Lügen erinnern, mit denen vor allem die britische Regierung und eine gefügige Presse schon im Ersten Weltkrieg die Welt zu überzeugen versuchten, daß die Deutschen Hunnen seien.[31]

Was zu tun ist, zeigt ein winziges Ereignis, das SAINT-EXUPÉRY berichtete.[32] Während eines Aufstandes in Französisch-Marokko berannten 1926 zwei Stämme mehrfach vergeblich einen kleinen französischen Stützpunkt. Dann greift einer der Stämme den Stützpunkt an, als Abgesandte des anderen Stammes dort zu Verhandlungen sind. Der Kommandant des Stützpunktes will die Besucher hinauskomplimentieren. Doch die protestieren: »Heute sind wir Deine Gäste.« Allah »erlaubt nicht, daß wir Dich verlassen« – und sie verteidigen gemeinsam mit den Franzosen den Stützpunkt gegen ihre eigenen Verbündeten.

Einige Tage später kommen die Besucher wieder. »Es entspann sich folgendes Gespräch: ›Neulich haben wir Dir geholfen. – Gewiß. – Wir haben für Dich 300 Patronen verschossen. – Gewiß. – Da wäre es recht und billig, wenn Du sie uns wiedergibst. Und der Hauptmann fühlte sich zu groß, einen Vorteil auszunutzen, den ihm die vornehme Gesinnung anderer verschafft hatte. Er gibt ihnen die Patronen wieder, die sie morgen gegen ihn verwenden werden.«

Wir müssen also im Frieden Opponenten und im Krieg Gegner mitsamt ihrer Kultur so achten, wie jener Hauptmann, von dem SAINT-EXUPÉRY urteilte, er sei »zu groß«, zu vornehm gewesen, einen Vorteil auszunutzen, den ihm die Kultur seiner Gegner verschafft hatte. Wir müssen also Ohren und Denken verschließen, wenn jemand mit negativem Unterton von »den« Taliban, »den« Salafisten oder »den« Dschihadisten redet – ebenso wie zu fordern ist, daß die andere Seite denen den Mund stopft, die mit negativem Unterton von »den« Soldaten der westlichen Staaten reden. Zudem müssen wir anerkennen, daß auch unsere Gegner Gründe haben, ihre Waffen gegen diejenigen zu erheben, die ungefragt aus Tausenden Kilometern Entfernung mit Kampfdrohnen, weiblichen Soldaten und Folterei kommen, um ihnen, ihren Frauen und Kindern eine andere Kultur zu bringen. Mithin müssen wir auch endlich wieder zu fragen lernen, was wir getan haben und noch tun, unsere Gegner zu ihrem Tun zu veranlassen.

Mithin würden sich erste Zeichen der zu erhoffenden Änderung zeigen, wenn Soldaten einer westlichen Nation einen gefangenen Taliban-Führer zu ihrem Kommandeur bringen und der Kommandeur ihn mit militärischem Gruß sowie Handschlag empfängt und ihm eine Erfrischung anbietet. Das war im 17., 18., 19. Jahrhundert oft üblich und ist noch im 20. Jahrhundert geschehen. Wie schwierig es heute wäre, wo fast alle westlichen Völker anglo-amerikanischem Denken folgen, zeigt das letzte Beispiel: Die Organisation der Verhandlungen 1951/53 für einen Waffenstillstand in Korea oblag den Nordkoreanern und Chinesen. Diese boten bei den ersten Sitzungen bescheidene Erfrischungen an.

Doch diejenigen Leute, die westliche Werte verfochten oder das zu tun glaubten, lehnten ab.[33] Der Ton der Darstellung in der amerikanischen amtlichen Geschichte des Korea-Krieges läßt vermuten, daß jene Leute und die Verfasser der Darstellung auf dieses Benehmen stolz waren.

[1] Belege bei F. Uhle-Wettler, *Alfred von Tirpitz in seiner Zeit*, Graz [2]2008, S. 92 ff. u. 112 ff.

[2] Zit. gemäß D. Aigner, »Fetisch und Tabu«, in: *Criticón*, Nov./Dez. 1987, S. 259.

[3] Zit. gem. M. Veale, *Advance to barbarism – The development of total warfare*, London 1968, S. 142 f. Ähnlich urteilten der Dekan of Canterbury, Henry Wace (*A. Hoover, God, Germany and Britain in the First World War – A study in clerical nationalism*, S. 4 ff. u. 28 ff.) und der Primas (›Präsident‹ der Church of England) Basil Mathews, wie eine Sammlung seiner Predigten zeigt: *Christ and the world at arms – Sermons preached in war-time*, u. a. S. 153 ff. u. 169 ff.

[4] *Congressional Record of the sixty-fifth Congress of the United States of America*, Washington D.C., Vol. LVI, S. 761 f. Ablichtung beim Verfasser.

[5] Das Photo ist abgebildet bei F. Uhle-Wettler, *Die Gesichter des Mars – Der Krieg im Wandel der Zeiten*, Hamburg 2000, S. 81, und in: ders. *Der Krieg – Gestern, heute – und wie morgen?*, Hamburg 2001, S. 104.

[6] John Dunne, »The hardest way«, in: *New York review of books*, 20. 12. 2001, S. 4. (http:/www.nybooks.com/articles/15005). Ausführlich zum Pazifikkrieg sowie zu Kriegsverbrechen auch anderer Nationen und der Deutschen: F. Uhle-Wettler, *Der Krieg*, ebenda, S. 87 ff. u. 103 ff.

[7] Vermutlich nahm Roosevelt das Geschenk nicht an, tat aber auch nichts, derartige Gebräuche zu unterbinden. Siehe John Dower, *War without mercy – Race and power in the Pacific War*, New York 1986, S. 71, 85 u. 330.

[8] Ch. Lindbergh, *The wartime journals*, New York 1970, u. a. Tagebucheintragungen vom 26. 6. 1944, 28. 6., 13. 7., 21. 7., 22. 7., 24. 7., 11. 8., 9. 9., 14. 9. sowie besonders bemerkenswert vom 21. 6. 1944.

[9] W. Styron, *Aus den Erinnerungen eines Soldaten des Marine Corps*, zit. bei: Dunne, aaO. (Anm. 6), S. 2 f.

[10] Dunne, ebenda, zitiert aus den Erinnerungen von S. Sledge, *With the old breed – At Peleliu and Okinawa*, Oxford University Press.

[11] Dower, aaO. (Anm. 7), S. 71 u. 330 f.

[12] Ebenda, S. 85.

[13] Schilderung eines solchen Empfangs in *Dt. Soldatenjahrbuch 1990*, S. 425 f.

[14] D. Eisenhower, *Crusade in Europe*, New York 1948, S. 156 f.

[15] Der Verfasser wurde in den neunziger Jahren mehrfach von der Regierung Singapurs als Militärberater eingeladen. Lange suchte er nach Spuren der beiden Denkmäler. Heute stehen dort zwei Schaukästen, die das Geschehen durch Photos und Zeitungsartikel aus jenen Jahren belegen. Ablichtungen einiger dieser Zeugnisse beim Verfasser.

[16] Zit. nach: H. MICKEL (Hg.), *Geschichte, Politik und Gesellschaft*, Bd. 1: *Von der Französischen Revolution bis zum Ende des Ersten Weltkriegs*, Frankfurt/M. ²1988, S. 29.

[17] Hans-Jürgen LENDZIAN, *Zeiten und Menschen*, Paderborn 2001, S. 27.

[18] Max SCHELER, »Der Genius des Krieges und der deutsche Krieg«, in ders.: *Die Ursachen des Deutschenhasses*, Berlin 1917, S. 249.

[19] Corelli BARNETT, *The collapse of British power*, London 1984, S. 26 ff. u. 51 ff. mit kritischem Unterton. Bereits der Pfarrer Thomas ARNOLD (1795-1842), der die englische Erziehung tief beeinflußte, urteilte, ein englischer gentleman sei ein »finer sentiment (specimen?) of human nature than any other country could furnish«. C. BARNETT verweist jedoch darauf, daß viele englische Spitzenpolitiker, dabei Edward GREY, Lord CURZON und Neville CHAMBERLAIN ebenso dachten und entsprechend handelten.

[20] E. VOEGELIN, *Die Philosophie der Politik in Oxford*, zit. nach: *Philosoph. Rundschau* 1953/54, Heft 1, S. 53.

[21] Zu W. CHURCHILL *siehe:* Arthur BRYANT, *Triumph in the West*, London 1959, S. 423; BROWNING, *A bridge too far*, dt. *Die Brücke von Arnheim*, Frankfurt/M. 1975, S. 173; Zu PATTON, *siehe:* Carlo D'ESTE, *A genius for war – The life of General Patton*, New York 1996, S. 712, und M. BLUMENSON, *The Patton papers*, Bd. 2, S. 661 (Tagebucheintrag PATTONS am 24. 3. 1945).

[22] Zahlen des Reichsamtes des Inneren, zit. bei: G. MICHAELIS, *Staat und Volk*, S.269; ebenso T. NIPPERDEY, *Deutsche Geschichte*, Bd. 2, S. 855, und Arnold HARVEY, *Collision of empires*, London, S. 299.

[23] J. KUROPKA, *Image und Intervention: Die innere Lage Deutschlands und britische Beeinflussungsstrategien des Ersten Weltkriegs*, Berlin 1978, S. 153, 170 f. u. 173 ff. Ebenso W. WILSON u. N. PRONAY, *The political reeducation of Germany and her allies after World War 2*, London 1958, S. 40 f.

[24] J. BERNSTEIN in: *International Herald Tribune*, 2. 2. 1995; ausführlich hierzu: G. ALPEROWITZ, *Hiroshima. Die Entscheidung zum Abwurf der Bombe*, dt. Hamburg 1995.

[25] W. PAUL u. A. SIMPSON, *The army air force in World War Two* (die amtliche Darstellung), Bd. 5, 1953, S. 699 u. 732 f. SPAATZ quittierte die Genehmigung mit den Worten, er danke Gott. ARNOLD erwähnt das Ereignis in seinen Memoiren (*Global Mission*, New York 1958, S. 598 ff.) nicht, obwohl er oft unbedeutende Einzelheiten schildert. Wollte er die Frage vermeiden, wodurch sich dieser Luftangriff von zehntausendfachem Mord an Zivilisten, Frauen und Kindern unterschied?

[26] Zit. gemäß dem Bericht des italienischen *Corriere della Sera* vom 1. 5. 2002, S. 14. Marcia PALLY (*Die hintergründige Religion – Der Einfluß des Evangelikanismus und die US-amerikanische Politik*, Berlin University Press, Berlin 2008) bringt viel Material zur engen Verbindung der »religiös-enthusiastischen anglikanischen Kirchen« mit der Politik sowie deren »missionarischem« Impuls von JEFFERSON bis heute.

[27] John FULLER, *The conduct of war*, London 1961, S. 217. Der spätere US-Präsident HOOVER beurteilte die Aufrechterhaltung der Lebensmittelblockade als

»Verbrechen gegen die Zivilisation« (Charles C. Tansill, *The backdoor to war,* dt. *Die Hintertür zum Kriege,* Düsseldorf 1956, S. 48 f.). Die Aufhebung der Blockade erfolgte aufgrund von Hoovers Drängen gegen Widerstand und Spott sowie Haß der britischen Versailles-Delegation.

[28] H. Münkler, *Der neue Golfkrieg,* Reinbek 2002, S. 85 u. 110 ff. Ebenso der Fernsehsender *CNN* am 28. 1. 2001.

[29] Psalm 85, Vers 11, zeigt das bildhaft.

[30] Zu Lebzeiten Luthers belagerten die moslemischen Türken Wien, und Papst Hadrian VI. rief zum Kreuzzug auf. Luther aber antwortete: Sogar »des Kaisers Schwert hat nichts zu schaffen mit dem Glauben, es gehört in leibliche, weltliche Sachen«. (Ausführlich hierzu H. Bornkanun, *Martin Luther in der Mitte seines Lebens,* Göttingen 1979, S. 520 ff.). Die Unterscheidung zwischen weltlichen »Sachen« und denen des Glaubens machte die Erhöhung einer Interessenpolitik oder einer Weltanschauung wie NS oder Demokratie zu pseudoreligiösem Rang unmöglich. Mithin galten Kriegsgegner als gleichwertig. Bismarcks hierfür typische Haltung schilderte schon 1898 Moritz Busch (*Bismarck und sein Werk,* Leipzig, S. 31 ff.). Noch der Waffenstillstandsvertrag Deutschlands und Österreichs mit den besiegten, inzwischen bolschewistisch geführten Russen im Dezember 1917 läßt nicht erkennen, wer gesiegt hat, denn alle Bestimmungen gelten für beide Seiten. Zudem soll eine gemischte Kommission die Möglichkeiten prüfen, wie die der Zivilisation geschlagenen Wunden so schnell wie möglich zu heilen und die Wiederherstellung der kulturellen Beziehungen vorzubereiten sei. Das ware schon zehn Monate später in Compiègne unmöglich gewesen. Ausführlich hierzu: F. Uhle-Wettler, *Erich Ludendorff in seiner Zeit,* Berg [2]1996, S. 306.

[31] Für den Bericht des Lord Bryce über die angeblich von den Deutschen in Belgien massenhaft begangenen und für sie typischen Verbrechen sowie für die angeblich in Deutschland 1915/16 gebauten Abdeckerein, in denen die Gefallenen (nur deutsche?) zu Schmiermitteln und Seife verarbeitet wurden: F. Uhle-Wettler, *Ludendorff,* ebenda, S. 114 ff. u. 202 ff., Abdeckereien S. 282. Sogar die englische Regierung gestand zu, daß das eine Lüge gewesen war. Doch das geschah 1925, als die Lüge längst ihre erhoffte Wirkung getan hatte.

[32] Antoine de Saint-Exupéry, *Terre des hommes,* dt. *Wind, Sand und Sterne,* Dessau 1941, S. 218.

[33] *US Army in the Korean War,* Vol. 3, *Truce Tent and Fighting Front, Office of the chief of military history,* United States Army, Washington D.C. 1966, S. 21 für das erste Treffen, zuletzt S. 489 ff.

Ein US-Offizier entschuldigt sich für die US Army
Aus einem Gegner wird ein Freund Deutschlands

JAMES BACQUE

Dieser Vortrag beschreibt, wie ich mir langsam der Wahrheit bewußt wurde, während ich ein Buch über die Grausamkeiten gegen Deutsche nach dem Zweiten Weltkrieg schrieb. Meine Freunde in Deutschland, Ernst VON HEYDEBRAND, Alfred ZIPS, Gerd SCHULZE-RHONHOF, Richard MÜLLER und viele andere, haben diesen Vortrag ermöglicht. Danke. Unter den Deutschen, die im Deutsch-Kanadischen Kongreß organisiert sind, möchte ich gern auch Toni BERGMEIER und Ernst FRIEDL danken. Meine Glückwünsche an die Gesellschaft für Freie Publizistik zu ihrem 55. Jahr des Dienstes an einem hohen Ideal und mein Dank auch an Sie alle für diese wunderbare Möglichkeit!

Vor vielen Jahren, als ich an der Universität Toronto russische Geschichte studierte, hatte ich einen Traum: Ich stand neben dem ländlichen Siedlungsghetto, in dem der Zar im 19. Jahrhundert die aufrührerischen Juden zusammengefaßt hatte. Die Juden sagten zu mir »Bitte helfen Sie uns!« Plötzlich wurde ich unermeßlich groß, so daß ich über den Horizont bis zu den Türmen des Kreml sehen konnte, und meine Stimme reichte über Tausende Kilometer hinweg, als ich dem Zaren zurief: »Lassen Sie diese Leute gehen!«

Sympathie für Unterdrückte, die in mir als jungem Menschen so stark war, trieb mich auch in viel späteren Jahren an, als ich 1986 Nachforschungen über einen Franzosen namens Raoul LAPORTERIE anstellte, der als Bürgermeister einer kleinen Stadt in der Nähe von Bordeaux in den Jahren 1940 bis 1944 Flüchtlinge vor den Konzentrationslagern im Osten gerettet hatte. Als Bewunderer von Mahatma GHANDI fühlte ich mich zu LAPORTERIE hingezogen, weil er friedlich einer Tyrannei widerstanden hatte – ähnlich wie Mahatma GHANDI der britischen Herrschaft in Indien. Natürlich haßte ich die Deutschen, die die Feinde meines Landes waren und die nach meiner Meinung unschuldige jüdische Flüchtlinge aus unehrenhaften rassischen Gründen verfolgten.

Dieses LAPORTERIE-Buch, das den Sieg ohne Gewalt ehrte, führte zur Aufdeckung eines Verbrechens gegen ein hilfloses Volk – gegen Sie.

Wenn Sie sich wundern, wie dieser Kanadier, ein Ausländer, der nicht einmal Deutsch sprechen kann, in verborgene Ereignisse der deutschen Geschichte eindringen konnte, lassen Sie mich zuerst darauf hinweisen, daß meine Familiengeschichte der Ihrigen sehr ähnlich ist. Meine Eltern wurden in ein heute weit entfernt liegendes Reich des 19. Jahrhunderts hineingeboren, das sie und dementsprechend ihre Kinder formte. So ging es auch Ihren Eltern und Großeltern. Ihr Reich war das Deutsche Reich, meines das britische. Beide Reiche waren wohlhabend, stolz und monarchisch organisiert, sie legten Wert auf Wissenschaft, Ausbildung und Morallehren. Sie trieben unter leichten Bedingungen umfangreichen Handel miteinander. Sie wurden im Innern durch enge Familienbande zusammengehalten so wie nach außen miteinander durch die Familienbande ihrer Herrscherhäuser. Es gab keine althergebrachten Grenzstreitigkeiten, die sie trennten, und keinen schwelenden Groll, der aus früheren Generationen herrührte. Auf beiden Seiten spielte man Fußball, aß Wurst, hatte eine protestantische Staatsreligion, trank gutes Bier und mißtraute den Franzosen. Wenn irgendwo zwei Nationen es verdienten, als reich, glücklich und sicher bezeichnet zu werden, so waren es Großbritannien und Deutschland um 1900.

Die Industrialisierung im jeweiligen Heimatland und die Ausbreitung der beiden Reiche in die Welt führten dazu, daß die Einwohner im Heimatland ohne Zufuhr von außen sich nicht mehr selbst ernähren konnten. Diese Schwäche machte die Herrschenden besorgt, so daß in jeden von uns eine Kämpfernatur eingepflanzt wurde, ein Kämpfer, der gelehrt wurde, zu boxen, zu fechten oder Hockey oder Fußball zu spielen und vor allem sein Land zu lieben, was in Wirklichkeit bedeutete, seinen Herrschern zu gehorchen. Wir Kämpfer wurden 1914 und 1939 aufgerufen, für unsere Reiche zu kämpfen, und als wir das taten, verloren wir sie. Den meisten von uns wurde beigebracht, der Krieg finde nicht für selbstsüchtige Zwecke statt, sondern für etwas Größeres und Schöneres, wie Freiheit, Demokratie oder die Unantastbarkeit der Rasse. Dies erwies sich als völlig unwahr während des ersten Weihnachtsfestes im Ersten Weltkrieg, als britische und deutsche Soldaten spontan das Feuer einstellten, aus den Gräben kletterten, Weihnachtslieder sangen und Geschenke austauschten.

Die meisten Historiker ordnen die europäischen Kriege als Teil der Geschichte ein. Ich sehe das anders. Krieg ist das Gegenteil von Geschichte. Er ist das Ende der Geschichte. Der Krieg beendet den geduldigen Aufbau von Familien, unterbricht vernünftiges Handeln und Liebe, beendet alle Akte von Freundlichkeit, Intelligenz, Zusammenarbeit, Handel, Erfindung, Medizin, Akkerbau und Kunst, aus denen die Kultur hervorgeht.

Mich hatte man, als ich während des Krieges aufwuchs, die Ideale der Demokratie und des Aussprechens der Wahrheit gelehrt, so daß sie meine Überzeugungen und Werte beherrschten, als ich 1986 meine Nachforschungen über LAPORTERIE begann. Aber diese Ideale gerieten bei meinen ersten Entdeckungen von Grausamkeiten gegen deutsche Kriegsgefangene sogleich in Gefahr.

Die Berichte über die Kriegsgefangenenlager kamen zufällig zu meiner Kenntnis durch zwei Deutsche, Hans GOERTZ und Adam HEYL. Beide waren 1945/46 Kriegsgefangene der Franzosen gewesen, aber 40 Jahre später, zu Hause in Deutschland, lehnten sie es so sehr ab, über ihre Gefangenschaft zu sprechen, daß sie mich nur sehr zurückhaltend empfingen. HEYL lehnte es rundum ab, GOERTZ war nur bereit, über den Zeitabschnitt seiner zivilen Zwangsarbeit bei Monsieur LAPORTERIE 1945–47 zu reden. In den ersten zwei Stunden unseres Interviews sagte er nichts über das französische Lager, in dem er gefangengehalten worden war, aber als ich gehen wollte, entfuhr ihm ein Stichwort. Er sagte unvermittelt, daß Raoul LAPORTERIE sein Freund sei. Ich fragte warum, und GOERTZ sagte: »Er hat mich aus diesem Lager herausgebracht«, und ich fragte: »Was war los mit diesem Lager?« Er antwortete:

»25 Prozent der Männer in dem Lager starben in einem Monat.« Ich fragte weiter, aber er lehnte es ab, mehr zu sagen, außer daß die Todesursachen Verhungern, Krankheit und Schwäche gewesen seien.

Als meine Nachforschungsergebnisse meinen Idealen alle paar Wochen mehr widersprachen und mein Geld für diese Nachforschung fast völlig aufgebraucht war, wurde ich immer nervöser. Nachdem ich mit der Idee angefangen hatte, einen Heiligen unserer Tage, LAPORTERIE, zu beschreiben, fand ich mich jetzt abgelenkt von diesem Ziel hin zu einem ganz widersprechenden Buch über die ausgedehnten Verbrechen, die von den Staaten begangen worden waren, die sich selbst als die Sieger in dem »einzigen guten Krieg« und als »die größte Generation« darstellten. Ich war in einem moralischen Dilemma und auch in einer Finanzkrise. Ich konnte es mir nicht leisten aufzuhören, ich konnte es mir nur leisten weiterzumachen bis zum Ende, in der Hoffnung, durch eine Veröffentlichung wieder Geld hereinzuholen. Schließlich wurde mir klar, daß ich ohne Rücksicht auf Geld und auf die Zerstörung meiner persönlichen Überzeugung fortfahren mußte, weil ich dabei war, ein schwerwiegendes Verbrechen zu entdecken und weil eines unserer sinnvollen Gesetze vorsieht, daß, wer einen Verbrecher verbirgt, sich der Beihilfe zum Verbrechen schuldig macht. Mein Gewissenskonflikt endete, weil das Gesetz von mir verlangte, das zu tun, was ich als Schriftsteller ohnehin tun wollte – die ganze Geschichte zu Ende erzählen.

Das war keine journalistische Sensationsjagd. Obwohl die Entdeckungen selbst sensationell waren, widerstrebte ein Teil meines Inneren dem Wissen, haßte es, die Entdeckungen zu machen, brachte meinen Verstand dazu, die Wirklichkeit des Geschehens zu leugnen, und erfüllte mich mit Rätseln und Verwirrung. Dieser innere Widerstand wurde zu einer solchen Gefahr für die Genauigkeit meiner Arbeit, daß ich kürzertreten und versuchen mußte zu verstehen, was mit mir geschah. Mir wurde klar, daß meine Verwirrung von meinem Abscheu herrührte, die Zahl der verborgenen Toten aufzudecken. Aufzudecken, daß sie im verborgenen gestorben waren, kam ihrer erneuten Ermordung gleich. Es war, als ob sie nicht tot wären, sondern nur vermißt, so lange, bis ich sie endgültig tötete, indem ich ihr Schicksal aufdeckte.

1986 interviewten meine Assistentin Janice DUNLOP und ich ein Dutzend französische Bauern in der Nähe von Buglose, die dazu herangezogen worden waren, die Gefangenen zu bewachen. Diese französischen Bauern beschrieben unter Tränen das Grauen, das die Deutschen in diesen Gefangenenlagern zu erdulden hatten. Dieser Begriff ›Grauen‹ kennzeichnete für mich von jetzt an zwei Arten von Todeslagern – französische Lager und deutsche Lager. Sobald wir von dem Unheil in den französischen Lagern wußten, sagte mir Janice, sie zögere sehr, die Arbeit fortzusetzen, weil dies als Sympathie für die Deutschen erscheinen würde. Als junge, aufstrebende Filmproduzentin in Kanada und Tochter einer jüdischen Mutter hatte sie den Eindruck, sie würde ihre künftige Karriere in der Welt des Films schädigen und würde sicherlich ihre Mutter verletzen. Sie erklärte sich aber bereit, noch für einige Monate weiterzuarbeiten. Ich habe ihr hier einen anderen Namen beigelegt, weil sie es ablehnt, mit dieser Arbeit in Verbindung gebracht zu werden.

Schon nach einigen Tagen der Arbeit und einer Reihe Interviews wußte ich, daß die Alliierten nach dem Krieg ein gigantisches Verbrechen gegen die Deutschen begangen hatten und daß dieses unter Deutschen weithin bekannt war, aber nur zwischen vertrauten Freunden erörtert wurde, nicht in den Medien oder in den Geschichtsbüchern. Ich erfuhr auch, daß die einzigen zuverlässigen Quellen für dieses Geheimnis Augenzeugenberichte waren, nicht Schriftsteller, Bücher, Priester, Professoren oder Regierungsbeamte. So stellte ich zu meinem Erstaunen nicht nur fest, daß dieses riesige Verbrechen von den Demokratien begangen worden war, sondern auch, daß es von der deutschen Regierung nicht erwähnt wurde und daß es in Deutschland keine öffentliche Erörterung darüber gab.

Während dieser ersten Tage meiner Entdeckung 1986/87 war ich gleichzeitig von Freude, Furcht und Mitleid bewegt. Ich freute mich, eine große ›Story‹ entdeckt zu haben, die zu einem berühmten und wichtigen Buch führen würde. Ich fürchtete die Folgerungen für mich und mein Land, wenn ich dieses Buch schreiben würde, und ich bedauerte die französischen Bauern, die herangezogen worden waren, um ihre deutschen Gefangenen zu quälen. Für die Gefangenen selbst empfand ich wenig, weil ich noch im Bann des Hasses war, der mir als Kind eingepflanzt worden war. Die Deutschen als ein Volk zu sehen, das meines Mitleids wert war, erschien mir fast als Verrat an dem, was man mir als Jungen beigebracht hatte. Ich hatte keine Ahnung, wie wichtig es für die Deutschen überall war, daß dieses weithin bekannte Geheimnis enthüllt wurde, weil ich keine Vorstellung hatte, wie unberechtigt das Fehlen jeder öffentlichen Diskussion über diese Verbrechen war.

Erst nachdem ich mit vielen Deutschen zusammengekommen war, die mir erzählten, wie viel die Geschichte der Rheinwiesenlager ihnen bedeutete, begann ich mit ihnen zu fühlen – in ihrer Unwissenheit, in ihrem Leid, ihrem Identitätsverlust und in unserer grausamen Unterdrückung ihres Bedürfnisses nach Wissen und nach offenem Aussprechen der Wahrheit. Wenn sie sich öffentlich äußerten, dann wurden sie mit Lügen darüber zugeschüttet, was Ihre Vorfahren getan hatten, um den ganzen Teufelskreis von Krieg, Niederlage, Sieg und Vergeltung zu starten. Und sie werden es noch. Während ich diese Worte ausspreche, stehe ich hier in Bewunderung und Erstaunen vor dem, was Sie als Deutsche durchlebt haben, was Sie durchlitten und überlebt haben und die Bestrafung, die Sie für Sünden erlitten haben, die Sie begangen haben, und für solche, die Sie nicht begangen haben. Wie mein Freund Richard Mathias MÜLLER sagte: »Deutschland ist das einzige Land in der Geschichte, wo man sich für Verbrechen seiner Vorfahren freiwillig entschuldigt hat.« Und nicht nur entschuldigt, sondern enorme Summen an Opfer, wirkliche und vermeintliche, gezahlt hat.

In meiner Kindheit in jenem weit entfernten Reich, dem britischen, lernte ich zwei verschiedene Begriffe, die das gleiche bedeuteten: ›Deutschland‹ und ›Feind‹. Diese Einheit aus zwei Begriffen war eine dunkle Bedrohung im Osten, sehr bedrohlich für mich und meine Familie, eine drohende Macht fern in Europa und doch auch gegenwärtig in meiner Straße in Toronto. Deutschland 1939 bedrohte meine Familie: Mein Vater, der von 1914 bis 1918 gedient hatte, wurde nach Ottawa berufen, meine Schwester und meine zwei älteren Brüder traten alle in die Streitkräfte ein. Der Vater meines Schulfreundes Bill BANTING, Sir Frederick BANTING, der den Nobelpreis für die Entdeckung des Insulins erhalten hatte, fiel im Krieg. In meiner jugendlichen Vorstellung von der Welt jenseits jenes Hauses meines Freundes BANTING, von dem Lebensrettung ausgegangen war, breitete sich eine ungeheure Dunkelheit gleich einem Tornado aus, der mich, meine Freunde und meine Familie bedrohte – die Dunkelheit, die von Deutschland ausging. Natürlich wurde mir nach einigen Jahren klar, daß eine große geographische Entfernung zwischen dem Ende meiner Straße und Deutschland lag, aber ich begriff erst viel später, daß eine gewaltige geistige Entfernung meine Vorstellung von Deutschland vom wirklichen Deutschland trennte. So wuchs ich mit einem brutalen Haß und einer völligen Unwissenheit über Millionen meiner Mitmenschen auf – so wie fast jeder im 20. Jahrhundert.

Die Tatsachen, die ich später über den Anstand, die Ehre und die Redlichkeit der Deutschen erfuhr, zerstreuten meine Furcht vor ihnen nicht unmittelbar, denn Furcht ist eine Empfindung, die aus dem Gefühl der Gefahr entsteht. Es ist eine große, ständige und offenbar unausweichliche Tatsache im menschlichen Leben, daß die Umstände, die es formen, genau so wie die Knochen, die in der Jugend sich bilden, durch die Wirklichkeit nicht weiter geändert werden können oder, wenn doch ein wenig geändert, dann zu spät, um noch Nutzen daraus zu ziehen. Das ist übrigens die seltsame Tragödie des Alters, wie ich genau weiß.

Dies ist sehr klar in der Lage Deutschlands, einer friedenschaffenden Nation, die seit etlicher Zeit die Bewunderung und Zuneigung der Menschen auf der ganzen Welt gewonnen hat. Aber Deutschland wird zur gleichen Zeit abgelehnt, mißbilligt und gemieden von den Hohepriestern der Geschichte, von Politikern in aller Welt und von Buchschreibern, die noch die Mythen des Hasses predigen. Deutschland wird in der UN-Charta als Feindstaat verdammt, und Bestrafung für deutsche Verbrechen wird durch jene Siegermächte verlangt, die gleichzeitig die völkermörderischen Verbrechen leugnen, die sie selbst gegen Deutsche begangen haben.

Wie konnte dies geschehen? Wenn Sie irgendeines der wenigen Bücher über die fünf Jahre deutscher Geschichte nach 1945 durchsehen, werden Sie fast nichts über das finden, was in jenen Jahren wirklich geschah. Das ist so, weil die Wahrheit über die Bestrafung der Deutschen so entsetzlich ist, daß sogar die Alliierten es nicht ertragen, sie einzugestehen. Sie, die Deutschen, sind wirklich, wie Max KLAAR so treffsicher gesagt hat »ein Volk der verwundeten Seelen«.

Während ich meine Arbeit an beiden Vorhaben fortsetzte – LAPORTERIE und die Kriegsgefangenen – und 1988/89 gleichzeitig Grausamkeiten von Deutschen, Franzosen und Amerikanern untersuchte, war mein Verstand in Aufruhr, hingezogen zu den Deutschen, aber mich ängstlich hütend, ihr Freund zu werden. Ich war im Zustand wie die Seele des Dichters BAUDELAIRE in dem Gedichtzyklus *Die Blumen des Bösen* (*Les fleurs du mal*). Ich sah, die Rheinwiesenlager von oben betrachtend, »un grand tas de morts«, einen großen Haufen Leichen:

»Au bord d'un lac de sang, sous un grand tas de morts,
Et qui meurt, sans bouger, dans d'immenses efforts.«

Auf deutsch:

»Am Rand eines Sees aus Blut, unter einem großen Haufen Leichen, der, ohne sich zu bewegen, unter schrecklichen Qualen stirbt.«

Ich sah die Deutschen, die vorher die Peitsche geschwungen hatten, nun weggeduckt unter der Peitsche, und wofür ich sie gehaßt hatte, weil sie es ihren Opfern antaten, dafür verachtete ich nun die Sieger, die es ihnen antaten. So war ich selbst nun mein Feind geworden, weil ich mit den Siegern eins war. Die Hand, die die Peitsche hielt, war meine eigene.

Diese Erkenntnis schlich sich heimlich wie ein Dieb in meine Seele an einem Abend in einer Stadt am Rhein. An einem warmen Maiabend 1986 gingen Janice und ich über den Marktplatz und betrachteten die Leute, die Hand in Hand vorbeigingen, und die alten Fachwerkhäuser, die zugleich so deutsch und so englisch aussahen. Ich betrachtete mit Staunen diese alten Häuser, deren Fassaden und Giebel einander wie im Gespräch zugewandt schienen, als ich eine britische Stimme zu mir sagen hörte: »Sieht alt aus, nicht wahr?« Ich stimmte zu, und die Stimme sagte: »Sehen Sie mal nach unten!« Ich stand auf einer Bronzetafel, die auf Deutsch und Englisch etwa folgende Worte trug: »Diese Stadt wurde in der Nacht des 22. Mai 1943 durch Luftangriff zerstört.«

Natürlich hatte ich von den Bombenangriffen während des Krieges gewußt, denn meine Schwester, die ich verehrte und die eine Heldin in unserer Familie und in unserem Land war, war Staffelkapitän einer Einheit der Frauenabteilung der kanadischen Luftwaffe auf einem großen Bomber-Fliegerhorst in Yorkshire gewesen und hatte zweifellos mitgeholfen, diesen Angriff zu planen. Beachten Sie, daß die Gedenktafel in Deutsch und in Englisch beschriftet war. Und trotzdem stand da kein weiterer anklagender Satz wie etwa: »Diese Stadt wurde durch Brandbomben zerstört, die dazu bestimmt waren, Zivilisten zu töten.« Auch wurde nicht erwähnt, daß Frauen und Kinder getötet worden waren. Nur die offensichtlichste der traurigen Tatsachen: Diese Stadt wurde aus der Luft zerstört. Als ich dort stand, fühlte ich mich plötzlich eins mit den kanadischen Bomberpiloten, ich sah mich hoch über der Stadt fliegen und auf die Brände herabsehen, die von unten heraufleuchteten. Zuerst war mir schwindlig davon, daß ich so weit in jene Zeit zurückdachte, möglicherweise auch von dem Wein beim Abendessen. Mir wurde klar, daß meine Schwester, die eine Heldin für mich gewesen war, zumindest für jene Tage im Krieg zu den Feinden gehörte, die die Peitsche über die sich duckenden Deutschen schwangen.

Dies und meine anderen Entdeckungen machten mich mißtrauisch gegenüber unseren Führern – besonders CHURCHILL und ROOSE-

VELT –, die die Ideale verraten hatten, von denen ich naiv glaubte, daß wir sie im Krieg verfolgten. Ich wurde zornig gegen unsere Führer, die meinen Vater, meine Schwester und meine Brüder getäuscht hatten. Dieser Zorn veranlaßte mich, ein mit höhnischen Sticheleien versehenes Buch zu schreiben, das unsere verräterischen Führer bloßstellte. Der ausgezeichnete englische Historiker M.R.D. FOOT von der Universität Oxford schrieb mir einen Brief, in dem er den Zorn in meinem Buch bedauerte. Ich antwortete, ich könne nicht verstehen, daß jemand, der wie ich Forschungen unternahm, nicht ein großes Gefühl des Verratenwerdens empfinde, das wohl geeignet sei, zornig zu machen, und dem hätte ich nachgegeben.

Und ich war ebenso zornig auf sehr persönlicher Ebene, weil man das meiner Schwester angetan hatte, die meine Heldin war. Sie konnte nicht länger meine Heldin sein. Das war schmerzhaft, denn mein ganzes bisheriges Leben hatte ich sie verehrt, zu ihr aufgeblickt und sie geliebt. Das tue ich immer noch, aber ich verurteile, zu welchen Taten sie und ihre Generation hingeführt wurden. Ich kann diesen Widerspruch nicht auflösen, also ist es eine Qual, die ich ertragen muß. Dies ist Teil des Schmerzes, den wir erleiden, wenn wir dahin kommen, Euch Deutsche zu verstehen und daher Euch zu mögen. Dahin gekommen zu sein, Euch, meine Feinde, zu verstehen, hat mir gezeigt, wie man versteht und vergibt, sogar denen in Deutschland wie der Antifa, die meine Sponsoren schikanieren, meine Bücher in Verruf bringen, Drohungen gegenüber den Orten meiner Veranstaltungen ausstoßen, meine Post stehlen und mich gegenüber meinen Verlagen und Agenten anschwärzen.

Mein anfänglicher Zorn in jenen Jahren diente aber zum Teil auch einem Ziel. Da ich wußte, daß es unter den Siegermächten immer noch eine weitverbreitete Gleichgültigkeit gegenüber dem deutschen Leid und der Wahrheit gibt, dachte ich, mein berechtigter Zorn könne wie ein Priester den Tempel reinigen, um andere im Westen auf den Verrat an unseren Idealen und an unseren jungen Soldaten aufmerksam zu machen. Ich war auch zornig, weil die heutigen Historiker diese große, tragische Geschichte verborgen und es mir überlassen hatten, sie zu erzählen. Es war gleichzeitig schmerzlich und befreiend, die ›Helden‹ jener Zeit – DE GAULLE, EISENHOWER, ROOSEVELT – bloßzustellen, die, wie ich gedacht hatte, unsere überlegenen westlichen und angelsächsischen Werte verteidigt hatten.

Etwa um die Zeit, als die Nachforschungen ohne jeden Zweifel nachwiesen, daß die Amerikaner den unnötigen Tod von mehr als 750000 Kriegsgefangenen verursacht hatten, sagte mir Janice, sie werde an meinen Nachforschungen nicht länger teilnehmen. Später verbot sie mir durch einen anwaltlichen Brief, ihren Namen in meinem Buch zu erwähnen oder auch nur ihr zu danken. Diese intelligente junge Frau fürchtete die Krankheit, die heute ›moralische Äquivalenz‹ genannt wird. Dieser Ausdruck bedeutet, daß, wenn irgend jemand in unserem Land Mitleid mit deutschem Leid während des Krieges oder danach ausdrückt, dieser Betreffende den Schmerz all der anderen leugnet, die unter den Deutschen gelitten haben. Das ist so absurd, daß ich diese Worte kaum niederschreiben kann, aber es ist Tatsache, und Janice hatte tiefe Angst davor.

Zum Glück kam ich bald in Verbindung mit einem älteren amerikanischen Militärhistoriker, Ernest FISHER, Oberst der US-Armee und Verfasser des offiziellen US-Armee-Kriegsgeschichtswerks über den Feldzug in Italien. FISHER glaubte, was ich über die französischen Lager schon aufgedeckt hatte, und führte mich 1987/88 durch die umfangreichen US-Armee-Archive zu der Entdeckung, wie seine eigene Armee die Kriegsgefangenen behandelt hatte. Dieser tapfere, weise und bescheidene Mann ist ein Beispiel dafür, wie Nichtachtung des eigenen Schicksals den wichtigsten Teil der Tapferkeit eines Führers bildet.

Ernest FISHER, der selbst deutscher Abstammung ist, zeigte mir durch sein standfestes persönliches Beispiel, daß die Ideale, die ich für so beschädigt gehalten hatte, in ihm weiterlebten, unberührt durch den Krieg. Unsere Führer hatten diese Ideale in Propaganda verwandelt, um uns zu beherrschen, aber diese Ideale waren nie die Richtlinien für unser Handeln gewesen, weil kaum jemand an sie glaubte. Aber FISHER tat es, und er handelte danach mit erheblichen persönlichen Nachteilen. Er erlitt, was Janice DUNLOP befürchtet hatte.

Mit FISHERS tatkräftiger Unterstützung wurde das Buch 1989 fertiggestellt und gleichzeitig in Kanada als *Other Losses* und in Deutschland als *Der geplante Tod* veröffentlicht. Die weitverbreitete und intensive Reaktion in Deutschland überraschte mich, weil sie so weitgehend persönlich war und nichts mit Geschichtsschreibung und Forschung zu tun hatte. Sie war gefühlsmäßig und von Herzen empfunden. Viele Leute hier und in anderen Ländern schrieben mir, oder riefen an, oder sandten E-Mails, um zu sagen, wieviel das Buch für sie bedeutet. Viele von ihnen waren Männer, die am Rande des Todes gestanden hatten, die ihre Identität oder ihr Land verloren hatten, die von Familie und Freunden abgeschnitten gewesen waren und die vom Lager der Sterbenden ins Land der Toten zurückgekommen waren.

Es gab offensichtlich weder für sie noch für irgend jemanden eine Hoffnung in jener Stunde Null, und wir Siegermächte verboten ihnen sogar auszuwandern. Wir ließen ihre Kinder verhungern und wir lehrten ihre Kinder Lügen oder gar nichts über das wichtigste Ereignis der deutschen Geschichte. Wenn sie irgend etwas lernten, dann war es, daß sie am Holocaust und am Ausbruch des Krieges schuldig seien. Die Kinder lernten, ihre Eltern und Großeltern zu hassen und alles zu verachten, woran zu glauben ihren Vorfahren an deren Schulen gelehrt worden war. Ein amerikanischer Beobachter schrieb: »Von 1945 bis Mitte 1948 sah man den voraussehbaren Zusammenbruch und die Zerstörung eines ganzen Volkes. Deutschland erlitt eine physische und psychische Verwundung ohne Beispiel in der Geschichte.« Das sind die Worte von Oberleutnant zur See Albert BEHNKE von der US-Marine, der Angehöriger der Besatzungsmacht war.

Wahrscheinlich nie zuvor in der Geschichte war eine solche Verwüstung über Geist und Körper eines Volkes hereingebrochen, nie hatte eine geistige Gewalt die Gefühle und Gedanken eines zivilisierten Volkes so verbogen. Körperliche Bestrafung erwartete alle, die gegen diese geistige Zerstörung protestierten. Und dann plötzlich kam aus dem Lande eines der westlichen Verbündeten, die die Urheber des Hasses gewesen waren, ein Buch, *Der geplante Tod*, das der Welt erzählte, was ihnen geschehen war.

Diese plötzliche Enthüllung verwirrte auch einige starke Geister. Einer, Johannes HEISING, ein Mönch, der Kriegsgefangener im Lager Remagen-Sinzig gewesen war, hatte ein Buch über seine Erlebnisse veröffentlicht. HEISING hatte dabei die Tatsache weggelassen, daß er eines Nachts einen Bulldozer ins Lager Remagen hatte fahren sehen, der seine Schaufel in eine Gruppe lebender Menschen senkte, die sich in ihren Erdlöchern zusammendrängten. Die sterbenden Männer stöhnten, andere schrien »Mörder, Mörder!«

Als mein Buch mit der Beschreibung dieser Bulldozer-Szene herausgekommen war, fragte ein Freund HEISINGS, der mit ihm in jener Nacht im selben Lager zusammen gewesen war, warum er den Bulldozer nicht erwähnt habe. HEISING antwortete:

> »Ich bin nicht sicher, ob ich diese grausige Tatsache aus meiner Erinnerung verdrängt habe, oder sie nur wie einen Schatten sehe, oder sie mit den Augen meines Freundes sehe. . . Wir bemühten uns, nicht das äußerste Leid und die sterbenden Kameraden zu sehen.«

Das sind die Worte eines guten und wahrhaftigen Mannes, der es nicht ertragen konnte, sich an das zu erinnern, was er erlitten hatte, weil es so furchtbar war. Aber sie drücken auch die Gedanken von Millionen Deutschen nach der von den Siegermächten auferlegten Umerziehung aus. »Wir wollten das Leiden nicht sehen.« Und ähnlich wollten wir Sieger das Leiden nicht sehen, das wir ihnen zufügten, und sie, als sie Sieger gewesen waren, nicht das Leiden, das sie anderen zugefügt hatten. Das ist es, was Deutschland und uns gleichermaßen geschah: Die Wahrheit der Geschichte war aus unseren Gehirnen wie Wasser aus einem nassen Lappen herausgewrungen worden. Wir haben Sie gezwungen, die Zivilcourage aufzubringen, das zu betrachten, was Sie getan hatten, aber es gab niemanden, der uns, die Siegermächte, zu diesem Akt der Zivilcourage trieb. Deshalb sind wir in diesem Punkt ärmer.

Doch bevor wir uns darüber wundern und übereinstimmend feststellen, wie schrecklich alle Siegermächte waren, lassen Sie uns daran denken, daß dies in der ganzen Welt immer wieder geschieht, daß es seit Jahrhunderten geschehen ist, daß es jetzt geschieht und daß es in der ganzen Welt noch für viele Jahre und in allen Gesellschaften immer wieder geschehen wird.

Aber wir können es beenden. Wir haben überdauernde große Schätze an kultivierter Freundlichkeit in uns. Mitten in meinen Forschungen über die Schrecken der alliierten Lager fielen mir einige Tatsachen auf, die darauf hinwiesen, daß die Alliierten einerseits die ganze Bevölkerung in Deutschland verhungern ließen und andererseits gelegentlich Lebensmittel nach Deutschland zur Ernährung deutscher Schulkinder sandten. Die Hinweise darauf waren selten und so versteckt, daß es schwer war, sie für glaubhaft zu halten. Aber es gab sie, und ich hatte mich noch nicht vollständig damit auseinandergesetzt. So begann ich noch einmal neu und entdeckte die erstaunliche Geschichte, die in meinem nächsten Buch *Verschwiegene Schuld* (*Crimes and Mercies*) wiedergegeben ist.

Meine geistige Weiterentwicklung von der Erzählung über die liebevolle Handlungsweise des Raoul LAPORTERIE, die durch die Gewaltanwendung der Sieger über Deutschland verzerrt worden war, nahm in diesem Buch *Verschwiegene Schuld* nun nochmals eine andere Wendung zu unerwartetem Wohlwollen der Alliierten. 1945/46 begannen die Kanadier und Amerikaner, unter der Führung von Mackenzie KING, dem kanadischen Premierminister, und von den US-Präsidenten Harry TRUMAN und Herbert HOOVER ein weltweit angelegtes Ernährungshilfsprogramm, das in Maßstab und Großzügigkeit beispiellos war – weltweit, außer für Deutschland. Erst als sie von verschiedenen Schriftstellern und Politikern darauf gestoßen wurden, das Ausmaß des Hungers im Deutschland von 1946 zu verstehen, schlossen sie auch die Deutschen ein, allerdings erst, nachdem Millionen unnötig gestorben waren. Dies war nicht der berühmte Marshall-Plan, sondern etwas völlig anderes, nur angetrieben von großzügigen Empfindungen und hohen Idealen der USA und Kanadas, mit einiger Hilfe aus Großbritannien, Australien und Argentinien. Während der Marshall-Plan hauptsächlich eine Waffe zur Verteidigung Europas gegen den Kommunismus war, war dieser Plan von HOOVER und KING nur angetrieben durch die Notwendigkeit, auf die Bedürfnisse anderer einzugehen.

Die Motive lagen so tief, daß man sie kaum ausdrücken konnte. Ein kanadischer Minister der damaligen Zeit, Mitchell SHARPE, sagte, als ich ihn fragte, warum es getan worden war: »So machen wir das eben.« Nach meiner Meinung wollte er damit folgendes ausdrücken: »Es liegt so tief in unserem Volkscharakter, daß es nicht gesondert davon beschrieben werden kann.« Ich will damit nicht sagen, daß Kanadier oder Amerikaner in dieser Hinsicht besser sind als irgend jemand anders, sondern, daß solches Mitgefühl so tief in allen Menschen steckt, daß es sogar das nationale Denken des Hasses der Kriegszeit überkommt – so wie die singenden Soldaten an Weihnachten 1914. HOOVER und KING haben später gesagt, daß dieses erstaunliche Programm das Leben von über 600 Millionen Menschen in der Welt vor vorzeitigem Tod gerettet hat, darunter Deutsche, Italiener und Japaner. Wenn der Erste und der Zweite Weltkrieg zweifellos die zerstörerischsten, nutzlosesten und rachsüchtigsten aller Kriege waren, dann war der amerikanisch-kanadische KING-und-HOOVER-Plan die produktivste Tat menschlicher Großzügigkeit, die je bekannt geworden ist.

Warum ist dieses erstaunliche Programm so wenig bekannt? Fast alle Historiker glauben, daß Krieg Geschichte ist und Geschichte Krieg – nicht viel mehr. Sie kümmern sich so wenig um unsere positiven Charakterzüge, daß sie, wenn sie auf sensationelle Beweise dafür stoßen, sie einfach ignorieren. Sie verkünden unsere guten Eigenschaften nur, um die Verbrechen zu rechtfertigen, die in deren Namen begangen werden. So ist dieses lebensrettende Programm in historischer Nichtbeachtung untergegangen. Es ist von irgendeinem anderen Historiker nie dargestellt worden und wird es nie werden. Aber es lebt fort in vielen großmütigen und freundlichen Programmen, wie ›Ärzte ohne Grenzen‹ (französisch ›Médecins sans Frontières‹), dem Internationalen Roten Kreuz oder der Weltgesundheitsorganisation.

Jenseits des Bereichs der Regierung, die mit unserer betrügerisch erlangten Zustimmung regiert, leben wir von Träumen und Mythen, die wir aus vielen Gründen als Tatsachen betrachten. Einer davon ist, daß Teile unserer Geschichte so grausam und schandbar sind, daß wir, wie Johannes HEISING, es nicht ertragen, uns an das zu erinnern, was wir gesehen haben. Ein anderer ist, daß es schwer ist, die Wahrheit zu verstehen und sich an sie zu erinnern. Unsere Erinnerungen spielen uns immer wieder Streiche, weil wir die Erwartung mit der Erfahrung verwechseln. Wir träumen oft vorher von einem zukünftigen Ereignis – einer Liebesgeschichte, einer Aufgabe, einem Urlaub –, indem wir hoffen, daß es uns glücklich machen wird. Und nachdem wir die Erfahrung mit all ihren Freuden und Leiden hinter uns haben, streichen wir die Leiden aus unserem Gedächtnis, so daß wir in der Zukunft wieder die Freude der Glückserwartung haben. Der Drogensüchtige hat eine anfängliche Glücksempfindung, dann geht er durch Ekstase, Scham, Verlust und das leidende Verlangen, alles wieder zu erleben, und dann stirbt er. Dies geschieht Völkern ebenso wie Einzelmenschen. 1914 sahen Millionen Europäer dem kommenden Krieg freudig entgegen, weil sie die Ekstase des schnellen Sieges ersehnten, den ihre Führer erwarteten. Nach Millionen Toten, einem Massentod durch Verhungern, einer weltweiten Epidemie und der Zerstörung von Reichen wiederholten sie alles im Jahre 1939. Wir hielten uns selbst zum Narren und vergaßen dann sofort, daß wir es getan hatten – so wie HEISING.

Hier sehen wir einen Teil der Abläufe, die zu dem Ausspruch führen: »Geschichte ist eine Lüge, auf die man sich geeinigt hat.« Aber dieses Zitat ist eigentlich nicht ganz vollständig. Es sollte heißen: »Geschichte ist das, worauf man sich als aktuelle Lüge geeinigt hat«, denn Geschichte wird ständig revidiert, so daß die aktuelle Lüge ständig erneuert wird. Der große Unterschied zwischen Ihnen und mir hier und heute ist, daß wir Siegermächte uns über unsere Lüge geeinigt haben und Sie, die Deutschen, noch gegen diese Lüge kämpfen und daher immer noch in jenem Krieg kämpfen. Sich an den Krieg zu erinnern, ist für Sie viel wichtiger als für uns, wo wir doch völlig einig sind, daß es der ›Gute Krieg‹ war, den wir kämpfen und gewinnen mußten. Unter den Siegermächten gibt es buchstäblich keine rationale Diskussion, sondern vielmehr eine prahlerische Selbstbeweihräucherung, während hier in Deutschland Entschuldigung, Zahlung und Schuldbekenntnis jeden Tag neu auferlegt werden durch beschämende Darstellung in den Medien und durch Fragen, die Kinder ihren Eltern und Großeltern stellen, durch die Gegenwart des Siegers, der noch immer hundert Militärstandorte unterhält und durch die Weigerung des Siegers, Ihnen Ihre Geschichte und Ihr Gold zurückzugeben.

Wir versammeln uns heute hier in einem Raum, der nur auf Einladung zugänglich ist, um die sogenannte Freiheit der Meinungsäußerung auszuüben, die Ihnen und mir anderswo verweigert wird. Aber Sie können sicher sein, daß keine solche freie Diskussion stattfindet irgendwo anders in dem weiten Gebiet der freien Welt, wo sie am meisten benötigt würde – in Frankreich, England, Kanada, USA, Australien oder sogar in Deutschland jenseits der Wände dieses Raumes.

Vielleicht denken Sie in dieser Gesellschaft, daß die Wahrheit Sie frei machen wird, wie JESUS sagt, aber ich denke das Gegenteil, ist der Fall. Sie müssen erst frei sein, um die Wahrheit zu finden. Aber Freiheit ist nur der Zustand, nicht getäuscht zu werden: Befreien Sie sich selbst von den Täuschungen über sich selbst, Ihre Familie, Ihr Land und Ihr Leben, und Sie werden frei sein. Die Selbsttäuschung beginnt in Ihren Wünschen, in Ihrem Verlangen nach Glück; aber die Freiheit beginnt, wenn Sie sich von Ihren Illusionen freimachen.

Sie glauben, Ihre Arbeit sei wichtig für diesen Prozeß, und sie mag es sein, aber Sie selbst müssen frei sein von Selbsttäuschung, frei wie ein Kind, das noch lernt, nach etwas greift und es hält, frei wie ein Baum, der Licht und Luft und Wasser aufnimmt, frei wie alle Lebewesen in der Natur, die sich zu ihrer eigentlichen Art hin entwickeln. Ihre Arbeit ist wichtig für diesen Prozeß, aber nicht dadurch, daß eine Geschichtsdarstellung durch eine andere ersetzt wird, denn die meisten Geschichtsdarstellungen sind Lügen. Die Lüge endet, wo die Freiheit beginnt. Das wichtigste Wort im Titel Ihrer Gesellschaft ist ›freie‹, die wichtigste Tatsache in Ihren Schriften und Veröffentlichungen ist die Freiheit, wie ich entdeckte, nachdem ich meine Freiheit, die Wahrheit zu schreiben, verloren hatte.

Als ich 1988 zum erstenmal einen Verleger suchte, half mir der Schock des Neuen dabei, in aller Welt veröffentlicht zu werden. Ein berühmter amerikanischer Historiker, Stephen AMBROSE, half mir bei der Veröffentlichung und brachte eine gute Rezension im Fernsehen und im *New York Times Magazine*. Dann vollzog er plötzlich einen Schwenk nach einem Besuch an der US-Kriegsakademie. Er berief eine akademische Konferenz zu dem ausschließlichen Zweck ein, mich unglaubwürdig zu machen, und zwar durch Desinformation, die er aus einer Reihe von Büchern mit falschem Inhalt ableitete, die, wie ich leider sagen muß, von der deutschen Regierung veröffentlicht worden waren. Gemeint ist das bekannte Werk *Zur Geschichte der deutschen Kriegsgefangenen des Zweiten Weltkrieges*, 1971 von Erich MASCHKE auf Veranlassung von Willy BRANDT, dem damaligen Bundeskanzler, herausgegeben. Diese Bücher machen ein Wortgeklingel mit akademischem Anmerkungsteil, sehen dadurch so grundsätzlich maßgebend aus und sind doch voll von Irrtümern, falschen Vorstellungen und Lügen. Sie sind schlimmer als wertlos, sie führen uns von der wirklichen Geschichte fort durch Fälschungen, die dazu bestimmt waren, wie BRANDT selbst sagte, der deutschen Regierungspolitik zu dienen. Nun, ich sage Ihnen, nichts ist mehr wert als die Wahrheit, nicht einmal Regierungspolitik, denn wenn es so wäre, würde das bedeuten, daß Wahrheit die Politik bedrohte. Und das würde die Regierung selbst bedrohen. Natürlich ist jede Regierung besser dran, wenn die Wahrheit ihr dienen darf.

Der Traum, den ich auf der Universität hatte, den Juden zu helfen, ist nun Wirklichkeit geworden. Als ich das Schicksal der unglücklichen Opfer der Tyrannei auf den Rheinwiesenlagern verfolgte, wurde mir klar, daß die Opfer in meinen jugendlichen Träumen im wahren Leben die Deutschen geworden waren. Es waren Deutsche. Ihr Deutschen. Ihr seid mein Schicksal geworden.

Ich habe nicht nach Deutschland kommen können, um diese Rede zu halten, weil ich kürzlich fünf Tage auf der Intensivstation eines Krankenhauses verbracht habe. Dort war ich hilflos im Griff ungeheuer starker Gewalten. Ich konnte nicht gehen, nicht selbst aufstehen, nicht atmen, ohne einen Schlauch, meine Kleidung nicht selbst an- und ausziehen, und ich trug einen Katheter. Ich war wie ein Mensch, der auf die Eisenbahngleise gefallen ist, aufsteht und wieder überfahren wird, noch einmal aufsteht und wieder überfahren wird, bis er schließlich nicht mehr aufstehen kann. Mir stellten sich Fragen wie: Ist dies den Kampf wert, können die Schwestern und Ärzte diese schwierige Arbeit tun, warum will ich trotz solcher Schmerzen überleben? Wie wird das Leben aussehen, wenn ich dahin zurückkehre?

Als ich aus dem Krankenhaus kam, wurde mir klar, daß Ihr Deutsche als Volk durch das Stadium dessen gegangen seid, der genau solchen Tatsachen gegenübersteht, Tatsachen, die wie die Räder eines Eisenbahnzuges einen auf den Gleisen liegenden Menschen überrollen und ihn dabei niederwerfen, gleichgültig, wie oft er aufzustehen versucht. Ich kann mir jetzt mit tiefem Mitgefühl vorstellen, was Sie in Ihrer Stunde Null erlebt haben. Ihre jungen Männer verkamen in Todeslagern, Ihre Frauen wurden vergewaltigt und ausgeraubt, Ihre Bauten zerschlagen, alles, was an Kultur in Ihnen lebte, wurde angegriffen, beleidigt, gestohlen oder beschädigt auf jede Weise, die die Siegermächte sich vorstellen konnten. Nur sehr wenige großzügige Seelen in Nordamerika hatten Mitleid mit Ihnen. Erst als uns klar wurde, daß wir Sie in unserem nächsten Krieg brauchen könnten, hörten unsere Regierungen und Streitkräfte auf, Sie zu foltern.

Bald wurden Sie reich und stark durch Ihre eigenen Anstrengungen, so daß einige in Versuchung waren, sich zu fragen: »Wie können wir Schlesien und die Saar wiederbekommen?« und dergleichen. Nein, Sie konnten nicht, angesichts der einen großen Tatsache, daß Sie den Krieg verloren hatten und daß die Siegermächte nicht bereit waren, Ihnen die Mittel zu gestatten, gegen sie Krieg zu führen. Sie waren gezwungen, Pazifisten zu sein. Ohne eine starke, angriffsbereite Armee konnten Sie nicht an Rache denken – oder an Wiedergutmachung irgendeiner Art.

Wir in Kanada hatten von Anfang an, 1763, uns in einer ähnlichen Lage befunden. Wir waren ein Staat, der aus zwei großen Niederlagen geboren war: 1759 durch die Niederlage der Franzosen gegen die Engländer bei Québec und 1776 der Engländer gegen die Amerikaner bei Yorktown. Die bunte Mischung aus geschlagenen Franzosen, englischen Flüchtlingen aus den USA und den Eingeborenen von Kanada war sich dessen bewußt, daß sie miteinander auskommen mußten oder ihr Leben unerträglich werden würde, oder sie würden von den alles erobernden Amerikanern übernommen. Angesichts mächtiger Feinde mußten wir wie Sie Frieden machen. Und so wie Sie nach dem Fall der Berliner Mauer, mußten wir geteilte Stämme vereinigen.

Während Ihrer Stunde Null 1945 stand Kanada auf der Seite der Sieger mit einem mächtigen Heer, der zweitstärksten Marine der Welt und dem einzigen Atomreaktor der Welt außerhalb der USA. Aber wir lehnten es ab, die Erobererrolle zu spielen und irgendeinen Teil Deutschlands zu besetzen. Statt dessen organisierten wir eine große Aktion der Lebensmittelhilfe, die Millionen Deutschen das Leben rettete. Großbritannien, für das wir 1939 in den Krieg gezogen waren, bat uns, Truppen nach dem Fernen Osten zu entsenden, um bei der Verteidigung des Empire mitzuhelfen, wie wir es 1939 getan hatten, aber diesmal sagten wir nein. Wir würden England verteidigen, aber nicht das Britische Empire. Wir hatten genug vom Krieg.

Alle unsere Truppen kamen nach 1945 heim, wir produzierten Transportflugzeuge statt Bomber, und wir erfanden die medizinische Kobaltbombe, um Leben zu retten, statt der Atombombe, um es zu vernichten. So kamen Kanada und Deutschland aus sehr verschiedenen Gründen zu ihrer heutigen Position, sehr leicht bewaffnet und dadurch jedes Jahr reicher werdend. Wir kamen unter die reichsten, friedlichsten und am wenigsten auf Ausdehnung bedachten Länder der Erde. Sie haben bewiesen, daß Sie gute Europäer sind, bereit, anderen zu helfen, die in Schwierigkeiten sind, anstatt deren Schwäche zum eigenen Vorteil auszubeuten. Und wir in Kanada haben Krieg in Politik verwandelt statt Politik in Krieg, wie es unsere Vorfahren taten. Wir mögen noch viel zu lernen haben, aber wir haben auch viel gelernt, was wir nun lehren können. Lassen Sie uns andere in Frieden anführen, anstatt anderen in Kriege zu folgen.

Das Schicksal der Kriegsgefangenen des Zweiten Weltkrieges

Wie gingen Sieger und Besiegte damit um?

ALFRED E. ZIPS

Sie haben soeben das Andante aus dem wunderbaren Klavierkonzert Nr. 21 von Wolfgang Amadeus MOZART gehört. Ich habe diese tief in das Herz eindringende Musik bewußt gewählt, um Sie auf das Thema meines Vortrages einzustimmen, nämlich in die für viele Menschen nicht nur in unserem Lande noch immer gegenwärtige Tragödie des letzten Jahrhunderts, die mit schmerzlichen Erinnerungen, Verlusten und Trauer untrennbar verbunden ist: Vergangenheit, die nicht vergehen will und die bis heute unsere Geschichte, Kultur und Politik bestimmt. Was ich damit sagen will, hat die Staatspartei in ORWELLS *1984* so beschrieben:

> »Wer die Vergangenheit kontrolliert, kontrolliert die Zukunft. Wer die Gegenwart kontrolliert, kontrolliert die Vergangenheit.«

Fast 70 Jahre nach dem Ende des Zweiten Weltkrieges, genauer: nach der Kapitulation der deutschen Wehrmacht am 8. Mai 1945, scheint das Thema meines Vortrages längst im Orkus der ›political correctness‹ und der These von der Alleinschuld Deutschlands an beiden Weltkriegen erstickt, vergessen, untergegangen zu sein. Zu Recht?, frage ich.

Auf mein Vortragsthema bezogen, erinnere ich an ein Charles DE GAULLE zugeschriebenes Wort:

> »Den Charakter eines Volkes erkennt man daran, wie es mit seinen Soldaten nach einem verlorenen Krieg umgeht.«

Ernst VON DOMBROWSKI drückt diesen Gedanken in seinem Buch *Das Lamm im verlorenen Haufen* so aus:

»Es ist nichts Großes dabei, wenn ein Volk seine Krieger ehrt, die da siegreich heimkehren. Aber wie groß und edel müßte ein Volk sein, das seinen Männern, die geschlagen zurückkommen, seinen Vätern und Söhnen, die ihr Leben gaben für ihr Vaterland, in Würde und Anstand gedenkt und nicht zuläßt, daß ihre Ehre mit Füßen getreten und beschmutzt wird.« (»Bomber Harris, do it again.«)

In diesem Sinne nenne ich es beschämend und charakterlos, wenn ein deutscher Bundeskanzler im Jahre 2004 an der Siegesfeier unserer ehemaligen Kriegsgegner in der Normandie teilnimmt, sich aber weigert, den dort befindlichen größten deutschen Soldatenfriedhof in La Cambe aufzusuchen und der gefallenen deutschen Soldaten zu gedenken. Und ist es nicht geradezu blanker Zynismus, wenn Frau MERKEL am 9. Mai 2010 an der Siegesfeier der Roten Armee teilnimmt, auf demselben Platz, auf dem 1945 Tausende deutscher Kriegsgefangener in elendem Zustand, verhöhnt von einer jubelnden Menge, als ›Siegestrophäe‹ vorgeführt wurden?

Nach diesen mir wichtig erscheinenden Vorbemerkungen möchte ich daran erinnern, daß wir heute abend aller Soldaten gedenken wollen, die im guten Glauben treuer Pflichterfüllung in diesem »unnötigen Krieg«, wie ihn Patrick BUCHANAN nannte, ihr Leben verloren. In meinem Vortrag wird dabei jedoch das Leben und Sterben der deutschen Soldaten und Kriegsgefangenen des Zweiten Weltkrieges im Mittelpunkt stehen.

Zum besseren Verständnis und zur Einordnung dessen, was Sie nachfolgend hören werden, möchte ich Ihnen einige Aussagen zum englischen und amerikanischen Denken in der ersten Hälfte des 20. Jahrhunderts in Erinnerung bringen.

1. Der Herausgeber mehrerer englischer Zeitungen, Lord NORTHCLIFFE, sagte in einem Interview mit der französischen Zeitung *Matin* im Jahre 1907:

»Ja, wir hassen die Deutschen und das von Herzen. . . Ich werde nicht zulassen, daß meine Zeitungen auch nur das Geringste drucken, was Frankreich verletzen könnte. Ich möchte nicht, daß sie irgend etwas aufnehmen, was den Deutschen angenehm sein könnte.«

2. Der Nobelpreisträger Rudyard KIPLING äußerte sich im Jahre 1914 wörtlich:

»Heute gibt es nur noch eine Einteilung: Menschen und Deutsche. Die Menschen haben den Deutschen seit langem satt, ihn und alles, was zu ihm gehört, alles, was er tut, sagt, denkt und glaubt. Von einem Ende der Erde zum anderen wünschen die Menschen nichts sehnlicher, als daß diese unsaubere Sache (die Deutschen!) aus der Gemeinschaft und dem Gedächtnis der Völker hinausgeworfen wird.«

3. Ein weiteres Zitat:

»Allmächtiger Gott, Du weißt, o Herr, daß wir in einem Kampf auf Leben und Tod stehen gegen eine der schändlichsten, gemeinsten, blutdürstigsten und gierigsten Nationen, die jemals die Seiten der Geschichtsbücher geschändet haben. . . Wir bitten Dich, schlage das große Pack hungriger, wölfischer Hunnen zurück, von deren Fängen Blut und Schleim tropfen. Und wenn alles vorüber ist, so werden wir unsere Häupter entblößen und unser Antlitz zum Himmel heben. . . durch JESUS CHRISTUS, Amen.«

Das waren Ausschnitte aus dem gemeinsamen Gebet des US-Parlaments vom 10. Januar 1918 (in: Franz UHLE-WETTLER, *Der Krieg* 2001).

4. Nur etwas mehr als 20 Jahre später reiften in den USA bemerkenswerte Pläne. 1941, also im (noch) neutralen Amerika, meinte der Präsident einer ›American Federation of Peace‹ in einer programmatischen, auch in seriösen Zeitschriften beachteten Schrift: »Um die Auslöschung aller Deutschen zu erzielen, braucht man nur etwa 48 Millionen Deutsche zu sterilisieren.« Und zur Beruhigung einfacher Gemüter rechnete er vor, wie schnell das geht: »Zur Sterilisierung der Männer seien etwa 20000 Ärzte nötig. Wenn jeder von ihnen ca. 25 Operationen pro Tag vornähme, so würde das höchstens einen Monat dauern.« Der Verfasser dieser Schrift ist Theodor KAUFMAN, der Titel: *Germany must perish.* Und Präsident ROOSEVELT meinte sogar:

> »Wir müssen hart sein mit den Deutschen. Das heißt, mit dem deutschen Volk, nicht nur mit den Nazis. Wir müssen sie entweder kastrieren oder mit ihnen so verfahren, daß sie nicht länger Menschen zeugen, die so weitermachen.« (In: H. NAWRATIL, *Vertreibungsverbrechen an Deutschen,* 1982)

Übrigens deutet KAUFMAN in seinem Buch an, man befände sich seit 1917 im Kriegszustand mit Deutschland, das die Weltherrschaft anstrebe.

5. Die Folgen einer solchen Denkweise zeigt der Bericht eines Reporters, der 1944/45 die US/Truppen in Europa begleitete und, weil Zivilist, natürlich *nicht* zum Waffengebrauch berechtigt war: »Ich schoß dem deutschen Kriegsgefangenen dreimal schnell in den Bauch und dann, als er in die Knie ging, schoß ich ihm in die Birne, so daß das Gehirn aus dem Mund kam, oder aus der Nase.« Dieser Reporter brüstet sich damit, weit über 100 Deutsche erschossen zu haben. Sein Name: Ernest HEMINGWAY.

Die in diesen – wenigen – Zitaten zum Ausdruck kommende Menschenverachtung und Hybris (ich darf auf meine Zitatensammlung hinweisen!) schlägt sich auch auf einem anderen Kriegsschauplatz nieder. In einem Befehl des Oberbefehlshabers der australischen Truppen im Pazifik-Krieg, Sir Thomas BLAMEY, an seine Truppen findet sich unter anderem folgender Satz:

> »Euer Feind ist eine seltsame Rasse, eine Kreuzung zwischen Mensch und Affe... Ihr wißt, daß ihr dieses Ungeziefer auslöschen müßt... Der Japse ist ein kleiner Barbar... Wir haben es nicht mit Menschen zu tun, wie wir sie sonst kennen... Unsere Soldaten haben die richtige Einstellung: Sie betrachten sie als Ungeziefer.« Und Admiral HALSEY, Oberbefehlshaber der US-Truppen im Pazifik, erklärte öffentlich: »Der einzige gute Japse ist ein Japs, der seit 6 Monaten tot ist... Die Japaner sind ein Produkt des Geschlechtsverkehrs zwischen einer Äffin und den

schlimmsten chinesischen Verbrechern.« (F. Uhle-Wettler, *Der Krieg,* 2001)

Meine Damen und Herren, Soldaten, die mit solchen Parolen und Vorgaben in einen Krieg ziehen, werden nicht zögern, ihre Gegner als Unmenschen und Mörder zu betrachten und dann auch entsprechend zu handeln, wie wir noch sehen werden.

Nun zurück zum Thema: Kriegsgefangenschaft wurde in den modernen Kriegen zum Massenschicksal. 1870/71 gab es 400 000, im Ersten Weltkrieg 8,5 Millionen und im Zweiten Weltkrieg mehr als 30 Millionen Kriegsgefangene, davon 12 Millionen deutsche. Diese riesigen Zahlen waren für alle Kriegsparteien eine gewaltige Herausforderung, auf die sie, zumindest anfänglich, nicht vorbereitet waren. (Das gilt jedoch nicht für die USA, wie Sie noch hören werden.) Vor allem das deutsche Heer war im Ostfeldzug vor zunächst unlösbare Aufgaben gestellt, was in den ersten Kriegsmonaten zu einem Massensterben russischer Kriegsgefangener führte. Ob und in welchem Umfang die jeweilige politische und militärische Führung aller Beteiligten für Grausamkeiten, Vergehen, Verbrechen und Verstößen gegen das Völkerrecht verantwortlich war und ob hierin gar ein Systemcharakter erkennbar ist, soll nachfolgend untersucht und beantwortet werden. Gehen wir gemeinsam auf Spurensuche und rufen uns zunächst die bereits vor dem Ersten Weltkrieg durch die Haager Landkriegsordnung (HLKO) von 1907, vor dem Zweiten Weltkrieg durch die Genfer Konvention von 1929 ergänzten wichtigsten Bestimmungen des Kriegsvölkerrechtes in Erinnerung. Da heißt es unter anderem:

- Kriegsgefangene unterstehen der Gewalt der feindlichen Regierung. Eine Weitergabe an andere Staaten ist verboten.
- Nahrung, Unterkunft und Bekleidung müssen den Standards für die Truppen der Gewahrsamsländer entsprechen.
- Hilfsorganisationen ist Unterstützung zu gewähren. (Den genannten Verträgen entsprechend, galt dies vor allem für das IKRK bzw. das Rote Kreuz.)

– Kriegsgefangene haben Anspruch auf Achtung ihrer Person und ihrer Ehre. Wertgegenstände, persönliche Dinge und Auszeichnungen sind ihnen zu belassen.

– Kriegsgefangene dürfen nicht zu unerträglichen und gefährlichen Arbeiten eingesetzt werden.

– Kriegsgefangene sind binnen kürzester Zeit *nach dem Friedensschluß* zu entlassen.

Das sind hohe ethisch-moralische Verpflichtungen. Zu den Unterzeichnern dieser Verträge gehörten alle (!) Kriegsgegner, außer der Sowjetunion.

Praktische, vor allem aber ideologische Grundüberzeugungen führten im Zweiten Weltkrieg jedoch dazu, daß sich alle Kriegsparteien vielfach über das Völkerrecht hinwegsetzten. Wie eingangs bereits angesprochen, wird nachfolgend besonders auf das Schicksal deutscher Kriegsgefangener in westalliierter, vor allem US-amerikanischer Hand eingegangen werden. Ich tue das in Anlehnung an ein Wort von Patrick BUCHANAN in seinem Buch *Churchill, Hitler und der unnötige Krieg*:

> »Die Welt weiß alles, was die Deutschen getan haben. Sie weiß nichts darüber, was den Deutschen angetan wurde.«

Zuvor einige wenige, aber zum *Verständnis* wichtige Bemerkungen zu dem Geschehen auf dem östlichen Kriegsschauplatz. Das Leiden und Sterben im russischen Gulag während eines Zeitraumes von nahezu fünfzehn Jahren ist durch viele tausend Erlebnisberichte, Veröffentlichungen in der Fachliteratur, in Traditionsverbänden und Medien nahezu umfassend aufgearbeitet und veröffentlicht worden. Zur Erinnerung: Die Sowjets hatten die Genfer Konvention nicht unterschrieben (wie auch Italien, Griechenland und Jugoslawien) und ihre Handlungen später auch immer mit einem Hinweis hierauf verbunden. Wie in ihren Kriegen zuvor hielt sich die Sowjetunion weder bei den Fronttruppen noch bei der politisch-militärischen Führung an das Völkerrecht, und *dies vom ersten Tage an.* So überlebten von den 120 000 deutschen Kriegsgefangenen der Jahre 1941/42 nur etwa 5 Prozent!

Von den insgesamt 3,2 Millionen deutscher Gefangener im Osten starben nach Schätzung von Prof. MASCHKE rund 1,1 Millionen, also ein Drittel. Helmut DIWALD nennt in *Geschichte der Deutschen* rund 2 Millionen, und Andreas HILLGRUBER kommt auf der Grundlage der Wehrmachtstatistik auf 2,5 Millionen und rund 500 000 verschleppte und verstorbene Zivilisten.

Die Gefangennahme selbst begann immer mit Ausplünderung, Abnahme sämtlicher Wertsachen und oft auch der Stiefel. Die Gefangenen wurden Opfer einer systematischen Rachejustiz. Diese wurde von den alliierten Führern auf allen Ebenen nicht nur geduldet, vielmehr wurde auch durch die Frontbefehlshaber dazu aufgerufen. In seinem Abschlußbericht stellt Prof. MASCHKE fest, daß sich das Schicksal von insgesamt 1,5 Millionen deutscher Kriegsgefangener in Ost und West wohl niemals mehr aufklären lassen werde. Das gilt auch für etwa 30 000 weibliche Kriegsgefangene. Die Sowjets betrachteten diese Frauen, die zum ›Wehrmachtgefolge‹ gehörten, als Zivilinternierte, und damit nicht unter dem Schutz der Genfer Konvention stehend. Ende 1948 befanden sich noch über 500 000, Ende 1949 noch über 300 000 deutsche Kriegsgefangene in russischen Lagern. Die angeblich letzten wurden 1956 entlassen.

Hiermit verstießen die Sowjets auch gegen alliierte Vereinbarungen, denn auf der Außenministerkonferenz in Moskau 1947 wurde beschlossen, alle deutschen Gefangenen bis Ende 1948 zu entlassen. Diesen Beschluß umgingen die Russen mit einem weiteren Rechtsbruch: In Schauprozessen unterstellte man einigen zehntausend deutschen Kriegsgefangenen, schwere Verbrechen begangen zu haben, und verurteilte sie zu 25 Jahren Zwangsarbeit.

Ein besonders schweres Schicksal erlitten die deutschen Soldaten der Heeresgruppe B auf dem Balkan. Fast 200 000 fielen in die Hände von TITOS Partisanenverbänden. Was danach kam, übertraf selbst alles, was die deutschen Soldaten beispielsweise auf den ›Rheinwiesen‹ erdulden mußten. Begleitet von grausamsten Foltern und unmenschlichsten Bedingungen waren die Todesraten auf den sogenannten ›Sühnemärschen‹ enorm hoch. Paul CARELL widmet diesen Mordorgien in seinem Buch *Die Gefangenen* ein eigenes Kapitel. Was er an Grausamkeiten, Quälereien und Foltern an den deutschen Soldaten schildert, übertrifft selbst die perverseste Phantasie. Ihr Leiden endete in einer Tragödie, fast 100 000 kamen ums Leben. Das Martyrium der anderen endete erst 1948.

Derselbe Paul CARELL überschreibt ein weiteres Kapitel seines Buches *Die Gefangenen* mit »Der Sündenfall Schwedens«. Nach der Kapitulation der Wehrmacht hatten sich etwa 3000 deutsche Soldaten in das neutrale Schweden gerettet. Sie glaubten, damit in Sicherheit zu sein. Auf Antrag der Sowjetunion lieferte die schwedische Regierung jedoch etwa 2500 dieser Soldaten, die zum Zeitpunkt der Kapitulation an der Ostfront gekämpft hatten, im Jahre 1946 aus. Das war ein krasser Rechtsbruch und eine Verletzung der Neutralität Schwedens. Der Grund: Die Sowjetunion bot den Schweden besonders günstige Handelsbeziehungen an.

Noch einige wichtige Fakten und Zahlen zum Krieg im Osten. Allein bis zum Jahresende 1941 kam es durch die rücksichtslos ungeheure Verluste in Kauf nehmende Kriegführung STALINS zu 1,75 Millionen Gefallenen auf russischer Seite und zu rund 3,3 Millionen russischen Kriegsgefangenen in deutscher Hand – eine Zahl, die dem Umfang des gesamten deutschen Ostheeres entsprach! Dieser Massenanfall an Kriegsgefangenen, im Rahmen eines stürmischen Vormarsches, stellte die deutsche Führung und die Truppe selbst vor zunächst unlösbare Aufgaben. So kam es in dieser Phase des Krieges zu einem Massensterben unter den russischen Kriegsgefangenen. Die hauptsächlichen Gründe hierfür waren der strenge russische Winter, fehlender Transportraum, schwierigste Wege- und Straßenverhältnisse und der teilweise völlige Zusammenbruch der Logistik, unter dem auch die eigene Truppe sehr zu leiden hatte. Sehr erschwerend kam hinzu, daß die russischen Soldaten bis zur völligen Erschöpfung kämpften und zum Zeitpunkt der Gefangennahme bereits in einem äußerst geschwächten körperlichen Zustand waren. So wurde die deutsche militärische Führung täglich vor überaus schmerzhafte Prioritätsentscheidungen gestellt; mit der Folge, daß das Kriegsvölkerrecht oftmals hinter den Erfordernissen für die eigene Truppe zurückstehen mußte.

Allerdings bleibt festzuhalten, daß die Schutzbestimmungen für diese russischen Kriegsgefangenen durch die politische Führung in vielfacher Weise verletzt wurden durch Arbeitseinsätze im Frontgebiet und als Arbeitskräfte in der Rüstungsindustrie sowie in der Landwirtschaft. Andererseits wurden etwa 300000 russische Kriegsgefangene in ihre Heimat im besetzten Gebiet entlassen. Etwa eine Million dieser Kriegsgefangenen kämpften als sogenannte ›Hiwis‹ auf deutscher Seite, auch in Kampfverbänden, einschließlich der Waffen-SS.

Dazu einige wenige Anmerkungen. In der sattsam bekannten Manie zur Überhöhung der deutschen Schuld wird von einigen Historikern in offiziellen Quellen die Anzahl der in deutschem Gewahrsam verstorbenen russischen Kriegsgefangenen häufig mit einer deutlich überhöhten Anzahl angegeben. So behauptet Christian STREIT in *Keine Kameraden,* 3,5 Millionen russische Kriegsgefangene seien absichtlich getötet oder ermordet worden. Diese Zahl wurde am 25. Juni 1998 von einer wahrlich unverdächtigen Quelle korrigiert: In der russischen Tageszeitung *Iswestija* wurde die Anzahl der in deutscher Gefangenschaft verstorbenen russischen Soldaten mit 1784000 angegeben. Das ist, unabhängig von der Schuldfrage, dennoch eine erschreckend hohe Zahl: *Sie ist und bleibt ein Menetekel.*

Festzustellen ist jedoch, daß die Deutsche Wehrmacht hieran keine Schuld trifft. Der für den Abtransport und die Versorgung dieser Kriegsgefangenen zuständige Offizier der Wehrmacht, Oberst i. G. ROSCHMANN, stellt in seinem Gutachten über »Behandlung und Verluste sowjetischer Kriegsgefangener in deutscher Hand 1941–1945« fest:

> »Die militärischen Führer haben auf allen Kriegsschauplätzen etwaigen Ausschreitungen gegenüber Kriegsgefangenen durch Befehle vorgebeugt und bei Verstößen die Schuldigen bestraft... Es soll aber nicht verschwiegen werden, daß es

Deutsche und baltische Soldaten in Schweden. Vor ihrer völkerrechtlichen Deportation in die Sowjetunion versuchen sie, einen Block zu bilden und Widerstand zu leisten. Aus: Paul CARELL, *Die Gefangenen,* Ullstein, Berlin 1980.

Die schwedische Polizei treibt die internierten Soldaten auf das Deportationsschiff. Mehrere Gefangene flüchten sich in den Selbstmord oder verstümmeln sich. Aus: Paul CARELL, *Die Gefangenen,* Ullstein, Berlin 1980.

In Großbritannien war die Lage der deutschen Kriegsgefangenen bis auf wenige Ausnahmen insgesamt wesentlich besser als in Frankreich. Rechts: Deutsche Kriegsgefangene bei der Heuernte.

Todeskommando: Minenräumen in Frankreich. In Dänemark mußten deutsche Kriegsgefangene 1945 gar mit bloßen Händen Minen aufspüren und unschädlich machen. Siehe *Der Große Wendig,* Tübingen Bd. 1, S. 295 f.

Übergriffe gab. Dennoch hat sich das deutsche Ostheer hervorragend geschlagen, sich gegenüber Kriegsgefangenen und Zivilisten menschlich gezeigt und diesen Feldzug trotz unbeschreiblicher Grausamkeit der Roten Armee und der Partisanen getreu den Grundsätzen deutschen Soldatentums anständig geführt.« Ich verweise auf die empirische Studie des israelischen Generalstabes, 1982.

Nun aber zum westlichen Kriegsschauplatz. Hier sind zwei Phasen zu unterscheiden, nämlich die Zeit bis kurz vor der Kapitulation der Wehrmacht und die danach. In der ersteren wurde das Kriegsvölkerrecht im allgemeinen beachtet. So wurden die 700 000 deutschen Kriegsgefangenen, die sich bis kurz vor Kriegsende in US- oder in englischer und französischer Gefangenschaft befanden, weitgehend nach den geltenden Regeln behandelt. Bis zum Kriegsende, so K. H. Weissmann in seinem Buch *Die Besiegten,*

> »könne, von einigen Ausnahmen, wie zum Beispiel bei der Landung der Alliierten auf Sizilien und in der Normandie, auf seiten der Gegner im Westen keineswegs von systematischen Rechtsverletzungen gesprochen werden«.

Ich möchte das ausdrücklich einschränken. Meine Recherchen, gestützt auf Dutzende von Aussagen und Erlebnisberichten von Zeitzeugen, haben ergeben, daß die US-Armee in den letzten Wochen des Krieges, also vor Kriegsende, vermehrt dazu überging, Gefangene einfach zu erschießen. (S. Treseburg) Auf die unzähligen Verbrechen durch französische, italienische und griechische Partisanen gehe ich aus Zeitgründen nicht ein, obwohl dieses Thema durch den Besuch von Bundespräsident Gauck in Oradour 2013 und in Griechenland 2014 neue Aktualität gewann. Diese Verbrechen sind neben dem völkerrechtswidrigen Bombenterror (A. Nicholson, britischer Historiker, *The Greatest Holocaust by War)* und den Atombombenabwürfen auf Hiroshima und Nagasaki ein weiterer, beispielloser Zivilisationsbruch. Zur Verdeutlichung der Größenordnungen nenne ich jetzt einige Zahlen zu westalliierten Kriegsgefangenen in deutscher Hand:

1,9 Millionen französische Kriegsgefangene (davon etwa 900 000 vorzeitig entlassen, etwa 1 Million Zwangsarbeiter),

600 000 italienische Kriegsgefangene (ab 1943, als ›Militärinternierte‹ eingestuft und ungewöhnlich schlecht behandelt),

160 000 englische Kriegsgefangene,

50 000 US-Kriegsgefangene und 65 000 belgische. (Mehr als 400 000 polnische Kriegsgefangene wurden als zivile Zwangsarbeiter eingesetzt mit der Erklärung, der polnische Staat habe aufgehört zu existieren, also gäbe es auch keine polnischen Soldaten mehr (insgesamt 2,5 Millionen Polen, davon 1/3 Frauen in D.).

Sie alle wurden, so R. Overmans in *Soldaten hinter Stacheldraht,* gut behandelt (mit Ausnahme der italienischen Militärinternierten) und haben ihre Gefangenschaft nicht als unmenschlich erlebt. Bis zum 31. Januar 1945 sind etwa 14000 französische, 1800 englische und 136 amerikanische Soldaten in deutscher Gefangenschaft gestorben. Danach gibt es keine genauen Zahlenangaben mehr.

Nun zum Schicksal der Millionen deutscher Kriegsgefangenen in westalliierter Hand. Dies ist ein Kapitel des Zweiten Weltkrieges und seiner Folgen, das im Gegensatz zum östlichen Kriegsschauplatz im öffentlichen Bewußtsein, in Literatur und Medien vor allem, einen weitaus geringeren Raum einnimmt, ja zum Teil beschönigt oder verdrängt wird. Der Verdacht ist fast Gewißheit: Das paßt nicht in die Westanbindung der BRD und der verordneten Befreiungsrhetorik durch Politik und Medien. Doch auf Dauer lassen sich Lügen und Verbrechen nicht verbergen – das ist eine Erkenntnis der Geschichtswissenschaft. Das Tor zur Wahrheit stieß dann jedoch kein deutscher ›Hofhistoriker‹ auf, sondern der Kanadier James Bacque mit seinem sensationellen Buch *Der geplante Tod* aus dem Jahre 1989. Darauf komme ich gleich zurück. Zum besseren Verständnis muß ich aber noch kurz auf einige politisch-völkerrechtliche Gesichtspunkte eingehen, die entscheidenden Einfluß auf die Behandlung der deutschen Kriegsgefangenen gewannen.

Auf der Konferenz von Casablanca im Dezember 1943 wurde als Kriegsziel die bedingungslose Kapitulation Deutschlands beschlossen. In einer Weisung des US-Kriegsministeriums vom April 1945 wurde dann das eigentliche Ziel genannt: »Deutschland wird nicht besetzt zum Zwecke der Befreiung, sondern als besiegter Feindstaat.« (Als Direktive 1067 der ›Joint Chiefs of Staffs‹ der US-Besatzungstruppen in Deutschland im April 1945 erlassen.)

Trotz erheblicher Bedenken, vor allem durch das ›Judge Advocat General's Corps‹ (Oberste US-Militärgerichtsbarkeit), einigte man sich darauf, die deutschen Gefangenen nicht nach dem geltenden Völkerrecht zu behandeln. Ganz wichtig an dieser Stelle ist es, daran zu erinnern, daß man in Washington bereits Mitte 1944 mit 3 bis 6 Millionen deutscher Kriegsgefangener rechnete. Ende April 1945 entschied man, diese zu ›Disarmed Enemy Forces‹, zu ›entwaffneten feindlichhen Kräften‹ zu erklären, womit man ihnen den ihnen zustehenden völkerrechtlichen Schutz entzog: Das war ein offenkundiger Völkerrechtsbruch und ein Bruch von Verträgen, die man selbst unterschrieben hatte (Genfer Konvention).

Ähnlich verfuhren die Engländer. Sie erklärten zur gleichen Zeit die deutschen Gefangenen zu ›Surrendered Enemy Personnel‹ *(SEP)* = Besiegtes feindliches Personal. Wenn nachfolgend besonders auf die Behandlung deutscher Kriegsgefangener in amerikanischer und französischer Hand eingegangen wird, dann deswegen, weil hier die schlimmsten Völkerrechtsverletzungen zu beklagen waren, während in den britischen Lagern die Behandlung der deutschen Soldaten am glimpflichsten (trotz Bad Nenndorf) abging und die Todesrate mit rund 2000 bis zur Repatriierung unter 1 Prozent lag.

Mit der Einstufung zu DEF wurden die deutschen Soldaten zur ›transformed mass‹, wie es im US-Jargon hieß: rechtlos, wehrlos, schutzlos!

Noch dreister war der nächste Schritt: Man verwehrte der Schweiz als der – außer von der Sowjetunion – anerkannten Schutzmacht ebenso wie dem IKRK am 8. Mai 1945 jegliche Einflußnahme auf die Behandlung und Hilfe für die deutschen Gefangenen – ein weiterer, schamloser Rechtsbruch. Selbst vor dreisten Lügen schreckte man nicht zurück. So wurden zwei Züge mit umfang-

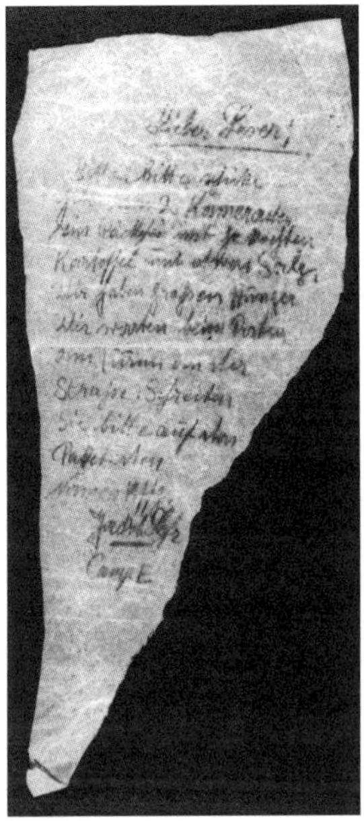

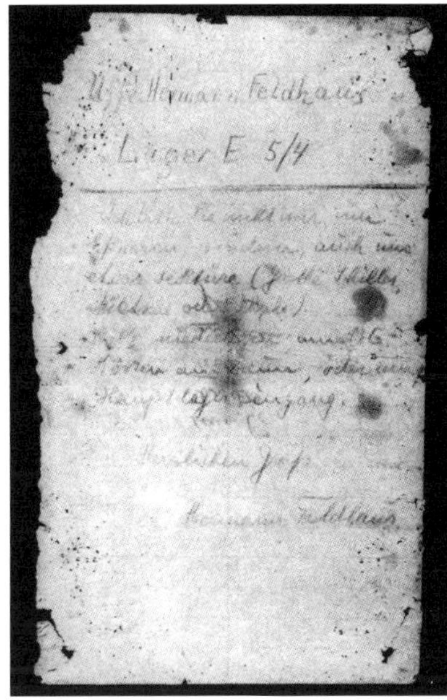

»Lieber Leser: Bitte, bitte, schicke für uns 2 Kameraden ein Päckchen mit gekochten Kartoffel[n] und etwas Salz. Wir haben großen Hunger. Wir warten beim Posten am Turm an der Straße. Schreiben Sie bitte auf das Päckchen den Namen Uffz. Jacob Lohr Camp E.«

»Uffz. Hermann Feldhaus. Lager E 5/4. Ich bitte Sie nicht nur um Eßwaren, sondern auch um etwas Lektüre (Goethe, Schiller, Nietzsche oder. . . [unleserlich] Bitte niederlegen am MG-Posten am Zaun, oder am Hauptlagereingang. Herzlichen Gruß Hermann Feldhaus.« Aus: James Bacque, *Der geplante Tod.*

…wight Eisenhower widmete die kanadische Zeitschrift *…rday Night* auf Grund der Enthüllungen James …ques eine Sondernummer: »Eisenhowers Todeslager«.

Eines der sogenannten ›Rheinwiesenlager‹, die nicht nur nur für Kriegsgefangene, sondern auch für Frauen, Kinder und Greise vorgesehen waren – hier bei Sinzig am Rhein.

Im Gespräch am Gedenkstein in Rheinberg am 8. Juni 2012, *von links:* Generalmajor a. D. Gerd Schultze-Rhonhof, Ernst von Heydebrand, Alfred E. Zips, James Bacque, Merrit Drucker.

Treseburg/Thale im Harz, Gede tafel für die 9 ermordeten Hitlerj gen. Auf dem Foto 3 Geschwister Edgar Frosch am 8. 6. 2012.

Ernst von Heydebrand (li.) und Alfred Zips legen am 26. Juni 2013 einen Kranz am Ehrenmal auf dem Rheinberger Friedhof nieder. Im Hintergrund James Bacque und Merrit Drucker. Foto: A. Fischer

reichen Hilfslieferungen des IKRK im Juni 1945 in Mannheim und Augsburg zurückgewiesen mit dem Hinweis, die eigenen Vorräte seien mehr als ausreichend. Und der US-Außenminister erklärte zudem in nicht zu überbietender Dreistigkeit gegenüber der Schweiz, man werde die deutschen Soldaten selbstverständlich nach dem geltenden Völkerrecht behandeln. Selbst die zwingend vorgeschriebene Herausgabe von Namenslisten an das IKRK wurde verweigert. Ich weise an dieser Stelle darauf hin, daß damit ein Nachweis für die in US-amerikanischer und französischer Gefangenschaft verstorbenen oder getöteten deutschen Kriegsgefangenen wohl für immer unmöglich sein wird, andererseits aber den Gegnern von James BACQUE die Behauptung erst ermöglicht wird, er sei ein Verschwörungstheoretiker.

Das eigentliche Ziel der US-Politik wird deutlich in einer Denkschrift des US-Außenministers HULL, in der er seine Vorstellungen zur US-Besatzungspolitik entwickelt:

> »Es ist von höchster Wichtigkeit, daß in den Anfangsjahren der Lebensstandard der deutschen Bevölkerung derart zugeschnitten wird, daß es ihr zum Bewußtsein kommt, daß sie den Krieg verloren hat... Und daß sich ein Krieg nicht lohnt.«

Dazu schreibt der weltbekannte Völkerrechtler und Historiker Alfred DE ZAYAS in seinem Buch *Die Angloamerikaner und die Vertreibung der Deutschen*:

> »Die Besatzungsmächte in allen vier Zonen schlugen mehrmals die dringenden Bitten des IKRK zugunsten der hungernden deutschen Bevölkerung ab und verzögerten die Lieferungen von Nahrungsmitteln und Medikamenten um viele Monate... Die US-Zone und die Sowjetzone wiesen im strengen Winter 1945/46 alle Spenden zurück.« So entwickelte sich die bereits genannte Direktive JCS 1067 (Joint Chiefs of Staffs) praktisch zur Weiterführung des angeblich aufgegebenen ›MORGENTHAU-Planes‹.

In seinem zweiten Buch, *Die verschwiegene Schuld,* schreibt James BACQUE zur Einführung unter anderem: »Zwar brachten die Alliierten HITLERS Sklaven die Freiheit, doch übten sie auch Rache in einer Weise, welche die Welt nie zuvor gesehen hatte. Wenigstens 7 Millionen deutsche Zivilpersonen kamen nach dem Krieg um, dazu noch 2 Millionen Kriegsgefangene.«

Auch zu diesem Buch schrieb DE ZAYAS ein bemerkenswertes Vorwort, zweifellos eine Auszeichnung für James BACQUE. Ich zitiere einige Sätze:

> »Mancher Leser mag mit Unbehagen auf BACQUES Enthüllungen reagieren und dies aus mehreren Gründen. Erstens, weil diese grotesken Verbrechen im Namen der tugendhaften Demokratien der USA, Frankreichs, Großbritanniens und Kanadas begangen wurden. . . Zweitens, weil er kaum etwas über diese Verbrechen wußte. Drittens, weil die Opfer durchweg ignoriert wurden und nie so etwas wie Mitgefühl oder Entschädigung erhalten haben. Viertens, weil es das intellektuelle Establishment nicht geschafft hat, sich mit den Folgerungen aus diesen Ereignissen ernsthaft auseinanderzusetzen.«

Ich verweise auf die die sogenannte ›Schweigespirale‹. Und weiter meint DE ZAYAS:

> »Nur wenige couragierte Menschen wie Herbert HOOVER, George BELL und Victor GOLLANCZ haben es gewagt, uns das moralische Dilemma vor Augen zu führen. In der Tat, wie konnten wir erst im Namen von Demokratie und Selbstbestimmung in den Krieg ziehen (Anm.: Das allein war ja schon an Verlogenheit und Heuchelei nicht zu überbieten!) und dann, als Frieden (besser Waffenstillstand?) war, unsere eigenen Grundsätze verraten?«

An dieser Stelle erlaube ich mir einige kritische Anmerkungen zur Geschichte und zur Politik der USA seit mehr als 100 Jahren und verbinde damit die Frage: Haben die USA für Demokratie und Selbstbestimmung Krieg geführt gegen Kuba 1898, gegen das Deutsche Reich 1917 (ich erinnere an das Täuschungsmanöver mit der ›Lusitania‹), gegen das Deutsche Reich 1942 (nach vorangegangener massiver, völkerrechtswidriger Ausdehnung ihrer Hoheitsgewässer und unter Bruch ihrer Neutralität durch Lieferungen von Waffen und Munition an Großbritannien unter anderem), den Krieg gegen Japan/Pearl Harbor, den Golf von Tonking, den immer mehr unter Zweifel geratenden ›Nine Eleven‹ und die Kriege gegen den Irak und Afghanistan, um nur einige wenige Beispiele unter Hunderten zu nennen.

Zurück zum Schicksal der Kriegsgefangenen auf dem westlichen Kriegsschauplatz. Das, was ich nachfolgend schildern werde, beschrieb der US-Amerikaner A. L. Smith in seinem Buch *Die Kriegsgefangenen und Frankreich* wie folgt:

> »Ohne den Schutz einer Regierung wurde das Schicksal der Kriegsgefangenen ebenso bedingungslos wie die Kapitulation selbst. . . Die bedingungslose Kapitulation gab den Alliierten den Vorwand, den sie brauchten, um internationale Konventionen zu ignorieren und das Kriegsgefangenenproblem nach Belieben zu behandeln.«

Eisenhower plante sogar, alle Offiziere des deutschen Generalstabes sowie alle NS-Funktionäre und Gestapoleute ohne Gerichtsverhandlung erschießen zu lassen.

Die entsetzlichen Zustände in den sogenannten ›Rheinwiesenlagern‹ beschreibt James Bacque in seinem 1989 erschienenen Buch *Der geplante Tod* mit beklemmenden Worten:

> »Bei der Gefangennahme häufig geschlagen und mißhandelt, aller Wertgegenstände einschließlich der Eheringe beraubt, untergebracht auf Wiesen und Äckern, ohne Nahrung, ohne Zelte, zusammengepfercht in sogen. Cages = Stacheldrahtkäfigen, ohne jegliche medizinische Versorgung, vegetierten die Gefangenen, z. T. alte Männer und Jungen unter 14 Jahren, Verwundete, Amputierte, ja sogar Frauen und Kinder, schutzlos Regen, Kälte und Hitze ausgesetzt, wie wilde Tiere. Es begann ein massenhaftes Sterben. . . auf Befehl Eisenhowers.«

Im Vorwort zu diesem Buch schreibt der US-Oberst Dr. Ernest Fisher, Mitglied des ›US Army Center for Military History‹ und Verfasser des Buches *From Cassino to the Alps*:

»Von April an vernichteten die amerikanischen und französischen Armeen ungefähr eine Million Männer. Niemals zuvor, seit den Greueln des amerikanischen Bürgerkrieges, hatten solche Grausamkeiten unter amerikanischer Militärkontrolle stattgefunden. Mehr als vier Jahrzehnte lang lag diese beispiellose Tragödie in alliierten Militärarchiven verborgen.«

James BACQUE beschreibt die Folgen in den amerikanischen Sammellagern wie folgt:

»Die Zahl der Opfer liegt zweifellos bei 800 000, beinahe mit Sicherheit bei 900 000 und durchaus wahrscheinlich bei mehr als 1 Million. . . Das alles wurde damals verheimlicht. Akten sind vernichtet worden oder werden unter Verschluß gehalten, und dies geht bis zum heutigen Tage so weiter. . . In die 2002 überarbeitete Ausgabe von *Der geplante Tod* sind aktuellste Erkenntnisse zur Unterdrückung von Beweisen durch die Regierungen Deutschlands, der USA und der Sowjetunion eingearbeitet worden. Neu gewonnene Informationen aus dem Zentralen Staatsarchiv in Moskau haben die in diesem Buch vertretenen Thesen im wesentlichen bestätigt.«

In den ›Cages‹ – den Kriegsgefangenenlagern auf den sogenannten ›Rheinwiesen‹ – kam es zu regelrechten Bestialitäten an Gefangenen. Berichte von Augenzeugen (über 70 aus den Jahren 2011/2012 liegen mir vor!) sprechen unter anderem von Folterungen, Schlägen, Knochenbrechen, Hodenquetschen, wahllosem Hineinschießen in die Lager, Scheinhinrichtungen, Strangulieren bis zur Ohnmacht und Überrollen Schlafender mit Planierraupen.

Bevor ich Ihnen Auszüge aus dem Erlebnisbericht eines ehemaligen Kriegsgefangenen im Lager Bretzenheim vorlese, möchte ich noch einige Sätze aus einem Interview mit einem wahrhaft unverdächtigen Zeugen anführen. Am 8. März 1990 erschien in der Tageszeitung *Die Welt* ein Artikel mit der Überschrift »Schwere Verbrechen an deutschen Kriegsgefangenen«. Ein US-Professor für Philosophie und Religion namens BRECH beschreibt in einem Interview mit dem Amerika-Korrespondenten Stephan STROTHE, was er als 17jähriger US-Soldat und Bewacher deutscher Gefangener im Lager Andernach ab März 1945 beobachtete und erlebte. Einige Zitate aus seinem Bericht:

»Ich sah Männer auf freiem Feld, ohne Unterkunft, ohne Zelte. Viele hatten nicht einmal einen Mantel. Sie schliefen im Schlamm. Die Gefangenen aßen Gras, um den schlimmsten Hunger zu stillen. Jeden Tag gab es Tote, Verhungerte, Erfrorene und Opfer der Ruhr, denen jegliche Hilfe verweigert worden war.«

Als er und andere Bewacher protestierten und ihre eigenen Rationen mit Gefangenen teilen wollten, wurden sie unter Strafandrohung daran gehindert und als »Nazi-Freunde« beschimpft. . . »Dabei standen ausreichend Verpflegung, Zelte und Medikamente zur Verfügung.«

Die Anweisungen von oben seien jedoch unmißverständlich gewesen: Keiner durfte helfen, deutsche Zivilisten durften sich den Gefangenen nicht nähern, das Rote Kreuz durfte die Lager nicht betreten. Die einzige Erklärung, die BRECH für diese kriegsverbrecherische Politik seiner Regierung hat, »ist der Haß auf alles Deutsche«.

Ein Zeuge berichtet.

»Niederschrift über ein Interview mit
Herrn Franz KOST am 20. 7. 2011
Am Weitersberg 2, 55452 Laubenheim

»Franz KOST, geb. am 15. 5. 1928, wurde im September 1944 zur Luftwaffe der Wehrmacht eingezogen. Nach wenigen Wochen der vorgesehenen fliegerischen Ausbildung mußte er in einem sog. Luftwaffen-Sturmbataillon zusammen mit Einheiten des Heeres gegen die vorrückende russische Armee kämpfen. Bei Wagrain in Österreich geriet er in Gefangenschaft. Es gelang ihm zu fliehen. In Regensburg wurde er von US-Soldaten gefangengenommen und in das Lager Bretzenheim gebracht. Nach seiner Erinnerung war es Ende Mai 1945. Er war lediglich mit einem Trainingsanzug bekleidet. Es begann eine entsetzliche Leidenszeit, ohne Verpflegung oder mit minimalen Rationen

(Kekse, Kaffeebohnen) und oft tagelang ohne Wasser. Er erinnert sich, daß der deutsche Lagerführer, ein älterer Offizier, die amerikanischen Wachen mehrfach bat, die deutschen Gefangenen gemäß den Richtlinien der Genfer Konvention zu versorgen, da ja – erkennbar – mehr als genug Lebensmittel vorhanden waren. Die amerikanischen Offiziere, die er ansprach, wiesen höhnisch darauf hin, daß sie dafür Sorge zu tragen hätten, daß mindestens 100 Gefangene täglich »mit den Füßen zuerst« aus dem Lager getragen werden müßten. Nach seiner Erinnerung waren dies allerdings sehr oft viel mehr als hundert pro Tag. Er sah, wie viele seiner Kameraden absichtlich vor lauter Verzweiflung und Hoffnungslosigkeit, irrsinnig vor Hunger und Schmerz, auf die Lagerzäune zuliefen, um vom Wachpersonal erschossen zu werden. Viele Zivilisten, die den deutschen Soldaten mit Essen und Getränken helfen wollten, wurden mit Waffengewalt verjagt, manche, die es trotzdem versuchten, erschossen.

Wörtlich sagte er: ›Viele meiner Kameraden waren so entkräftet, daß sie von den Latrinenbalken in die Scheiße fielen. Wir alle waren so schwach, daß wir unfähig waren, sie herauszuziehen.‹

Eine weitere Schilderung gebe ich nur mit Widerwillen und Abscheu wieder. Von Zeit zu Zeit erhielten die Gefangenen eine Art Bohnensuppe. Da die meisten die Bohnen nicht verdauen konnten, wuschen einige seiner Kameraden diese aus dem Kot heraus, um sie zu essen. Bei dieser Schilderung stockte das Gespräch, Franz Kost rang um Fassung. Als er sich gefaßt hatte, sagte er wörtlich: ›Die US-Armee hat entsetzliche, unverzeihliche Verbrechen an den deutschen Kriegsgefangenen begangen. Für mich ist das Wort von der sog. Befreiung pure Heuchelei.‹

Im Mai 1946 wurde er entlassen. Er wog noch 86 Pfund (= 39 Kilo). Auf dem Weg zu Fuß in seine Heimat Kirn, etwa 30 km von Bretzenheim entfernt, brach er mehrmals zusammen. Als er an die Tür seines Elternhauses klopfte, öffnete ihm seine Mutter. Sie hielt ihn zunächst für einen Bettler. Erst als der Hund ihren Sohn Franz mit überschwenglicher Freude begrüßte, erkannte sie ihn.

Am Ende dieses Gesprächs bat mich Franz KOST, die Tragödie der deutschen Kriegsgefangenen auf den Rheinwiesen in meinem geplanten Buch als das zu benennen, was es aus seiner Sicht war: ein Verbrechen, absichtlicher und geplanter Mord.«

Ein zweiter Zeitzeuge berichtet:

Auszüge aus dem Tagebuch eines ehemaligen deutschen Kriegsgefangenen, Joachim BUFF/Osterode, in den Lagern Büderich und Rheinberg 1945.

»29. April, Büderich

Wir werden ausgeladen. Im Laufschritt geht es durch ein Spalier schwerbewaffneter US-Soldaten. Eine kleine Büchse Bohnen als erste Verpflegung... Wir müssen durch eine Schleuse: Wer noch einen Mantel, Zeltplan, Decke, Kochgeschirr und Feldflasche besitzt, muß diese Habseligkeiten auf einen großen Haufen werfen, der später von Planierraupen zusammengeschoben, mit Benzin übergossen und verbrannt wird. Bei der Gefangennahme waren mir bereits meine Armbanduhr, mein Taschenmesser u. mein Rasierapparat abgenommen worden. Wir liegen auf blanker Erde, es regnet.

10. Mai

Im Lager wird der Hunger immer unerträglicher. Täglich müssen von jeder Hundertschaft (so wurden die Gefangenen eingeteilt) 5 Mann Verpflegung in Empfang nehmen. Sie kommen meist mit einigen Weißbroten und ein paar Kartons mit Rosinen und Nudeln zurück. Es wird redlich geteilt: Eine halbe Scheibe Weißbrot, 38 Rosinen und fünfzehn kleine Spaghetti sind eine gute Tagesration. Heute kehren die Essenholer mit leeren Händen zurück. Die austeilenden US-Soldaten saßen auf Bergen von Verpflegungskartons und winkten lässig ab. ›Offiziere Verbrecher‹, stotterte ein Sergeant.

11. Mai

Es regnet in Strömen. Wir beginnen mit dem Bau von Erdlöchern, mit Konservenbüchsen als Werkzeug. Ein schwarzer US-Soldat bringt mir (trotz Verbot, denn jeder Kontakt war streng verboten) einen kleinen Spaten... mit den Worten: ›Ich dir helfen, wir beide Mensch 2. Klasse‹...

Anmerkung: Viele Gefangene berichten übereinstimmend, daß die schwarzen US-Soldaten menschlicher mit ihnen umgingen und halfen, wenn sie sich nicht beobachtet fühlten.

12. Mai

Heute Nacht ist unser Nachbar in einem Erdloch eingebrochen und erstickt. Wer sich dem Stacheldraht nähert, wird erschossen. Für viele Apathische ist das eine Erlösung. Die Toten werden täglich von Planierraupen in lange Gruben geschoben und abschnittweise einplaniert.

Anmerkung: Die meisten Gefangenen berichten, daß die Verstorbenen zusammengetragen und mit LKW abtransportiert werden (immer nachts).

4. Juni

Auflösung des Lagers Büderich. Wir werden zu Fuß, unter strenger Bewachung, in das Lager Rheinberg getrieben. Wir sind vom Regen in die Traufe gekommen. Wenigstens das Essen hat sich verbessert: Es gibt täglich eine Konservenbüchse Suppe – heißes Wasser mit einigen Erbsen oder Bohnen... Das übliche Filzen geht weiter. Plündernd gehen zwei, drei kaugummikauende US-Soldaten, bewaffnet mit MP, durch das Lager: Geld, Armbanduhren, Ringe und Orden sind besonders beliebt... Man sieht US-Soldaten, die den ganzen Arm voll Armbanduhren und ihren Gurt rundherum voll deutscher Orden haben. Die Offiziere sehen diesen Plünderungen gelangweilt zu...

13. Juni

Über Nacht haben britische Soldaten die Bewachung des Lagers übernommen. Wir erhalten Zelte. Die Engländer behandeln uns wieder als Menschen. Es gibt regelmäßig Verpflegung, nicht viel, aber ausreichend. Die Schikanen hören auf.

29. Juni
Entlassung. Ich wog noch ganze 48 Kilogramm.«

Schon allein aus Zeitgründen möchte ich es bei diesen Erlebnisberichten belassen. Mir liegen, wie schon gesagt, über 70 Aussagen und Erlebnisberichte von ehemaligen deutschen Kriegsgefangenen in US-/französischem Gewahrsam vor. Die eben zitierten Erfahrungen werden von allen (!) nicht nur bestätigt, vielmehr gehen einige in den Schilderungen von erlebten Grausamkeiten und Brutalitäten noch weit darüber hinaus. Beweise finden sich auch in Paul CARELLS Schrift *Die Gefangenen*, insbesondere in dem Kapitel »Rheinwiesenlager«. Seine Schrift erschien im Jahre 1980, also neun Jahre vor BACQUES *Der geplante Tod*. Die von CARELL genannten Verluste orientieren sich an den von der sogenannten ›Maschke-Kommission‹ im Jahre 1973 veröffentlichten Zahlen. Diese sind mit Sicherheit viel zu niedrig – ich komme noch darauf zurück.

Ein besonders schwerwiegendes Kapitel westalliierter Kriegsverbrechen, begangen vor allem nach der Landung in der Normandie und insbesondere in den letzten Kriegswochen auf deutschem Boden, ist die Erschießung deutscher Soldaten, Jugendlicher und Zivilisten unmittelbar nach deren Gefangennahme. Dafür gibt es Hunderte von Berichten, eidesstattliche Erklärungen und Zeugenaussagen. Ein besonders tragischer Vorfall ereignete sich am 19. April 1945 in Treseburg/Thale im Harz. Neun Hitler-Jungen im Alter von 15 bis 16 Jahren und fünf Soldaten der Wehrmacht wurden, nachdem sie sich mit weißer Fahne und erhobenen Händen ergeben hatten, in einem kleinen Steinbruch am Ortsrand per Genickschuß ermordet. Die Stadt Thale führte am 8. Juni 2012 auf dem Friedhof von Treseburg eine Gedenkfeier durch, wobei auch die Grabanlage renoviert und neue Gedenksteine aufgestellt wurden. Der ehemalige Major der US-Armee Merrit DRUCKER hielt eine bewegende Rede, und der Bürgermeister der Stadt Thale nannte in seiner Ansprache dieses Verbrechen das, was es tatsächlich war: Mord. Am 18. Juni 2012 fand eine Gedenkfeier in Rheinberg statt, wo sich 1945/46 eines der berüchtigten Rheinwiesenlager befand. Merrit DRUCKER, James BACQUE und General SCHULTZE-RHONHOF hielten Ansprachen. Ich weise in diesem Zusammenhang auch auf das Buch des ehemaligen Oberstleutnants der Bundeswehr, Ulrich SAFT, hin: *Krieg in der Heimat. Bis zum bitteren Ende im Harz.* SAFT weist anhand von dokumentierten, eidesstattlichen Zeugenaussagen nach, daß es in den letzten Kriegswochen allein in dieser Region Dutzende von ähnlichen Verbrechen der US-Armee mit weit über 250 Ermordeten gegeben hat.

Noch ein Wort zu den sogenannten ›Rheinwiesenlagern‹. Am 9. Mai 1945 mußte der Regierungspräsidenten von Koblenz eine Anordnung der Militärregierung an die Bevölkerung herausgeben. Darin heißt es, daß deutsche Zivilpersonen »unter keinen Umständen« Lebensmittel an deutsche Kriegsgefangene übergeben dürfen. Die Übertretung dieses Gebotes werde von den US-Bewachern mit der Schußwaffe verhindert werden.

Um die Dimensionen meines Vortragsthemas zu erfassen, muß ich Ihnen jetzt doch noch einige Zahlen nennen. Sie beziehen sich auf den Stand 8. Mai 1945. Zu diesem Zeitpunkt waren 3800000 deutsche Kriegsgefangene in US-Gewahrsam. Von diesen wurden im Laufe der Jahre 1945/46 fast 1 Million an Frankreich abgegeben (ein schwerer Verstoß gegen die Genfer Konvention und die HLKO 1907). Anzumerken ist auch, daß die USA Tausende deutsche Kriegsgefangene an die Sowjetunion auslieferten – auch dies ein schwerer Verstoß gegen das Kriegsvölkerrecht/Genfer Konvention. Entsprechende Berichte liegen mir auch hierzu vor.

3700000 Kriegsgefangene befanden sich in britischer Hand.

250000 waren schon vor Kriegsende in französischem Gewahrsam.

Insgesamt befanden sich 1945 über 11 Millionen Kriegsgefangene und Zivilinternierte verschiedener Nationen in mehr als 12800 Lagern in über 80 Ländern. Um möglichst genaue Angaben über Zahlen und Verluste zu deutschen Kriegsgefangenen zu erhalten, richtete ich im Jahre 2005 eine entsprechende Anfrage an das Militärgeschichtliche Forschungsamt (MGFA) in Potsdam. Ich zitiere aus der Antwort:

»Grundsätzlich kann das MGFA keine auch nur annähernd genauen Zahlen zu Kriegsgefangenen bzw. zu deren Verlust nennen. Die bisher veröffentlichten Zahlenangaben sind als Schätzungen zu verstehen... Ursächlich dafür ist, daß weder auf deutscher noch auf alliierter Seite genaue Aufzeichnungen existieren... Auch bei den damaligen Alliierten stehen keine verläßlichen Zahlen zur Verfügung... Daraus folgernd sind besonders die Zahlen zu Todesfällen in Kriegsgefangenschaft unter Vorbehalt zu betrachten, da sie nur die dokumentierten Todesfälle und nicht die Summe der tatsächlich Gestorbenen ausweisen... Es ist nicht möglich nachzuvollziehen, ob ein Teil der Verschollenen (ca. 1,5 Millionen, MASCHKE) in Kriegsgefangenschaft verstorben ist, wie in einigen Hochrechnungen angenommen wird...«

Der ›Volksbund Deutsche Kriegsgräberfürsorge‹ teilte mir am 20. Mai 2005 folgendes mit: »Die Anzahl der in westlichem Gewahrsam verstorbenen deutschen Soldaten wird auf 25000 geschätzt. Im osteuropäischen Raum sollen über 1,2 Millionen deutsche Soldaten ums Leben gekommen sein.«

Im Jahre 1957 wurde durch die Bonner Regierung eine Wissenschaftliche Kommission eingesetzt. Ihr Auftrag lautete: »Erforschung der Geschichte der deutschen Kriegsgefangenen.« Der Leiter dieser Kommission war Prof. Erich MASCHKE. 1973 legte sie ihren Abschlußbericht vor, der insgesamt 22 Bände umfaßte. Sie enthielt folgende Verlustzahlen:

In den USA	491
In US-Lagern in Europa	3053
(deutsche Angaben:	4537)
In englischen Lagern	1254
In französischen Lagern	21886

(Ein französischer Bericht nennt über 24000.)

Einige Bemerkungen zu den rund 1 Million deutschen Kriegsgefangenen in französischer Hand (etwa 700000 durch Übergabe der USA und Großbritanniens). Unter den Abgaben durch die

USA waren etwa 200 000 Gefangene aus den ›Rheinwiesenlagern‹, die zu jenem Zeitpunkt bereits erheblich geschwächt waren, zudem eine hohe Anzahl von Frauen, Jugendlichen und Verwundeten, was schon bald zu einer erheblichen Verschärfung der Versorgungsprobleme führte. Die Franzosen setzten diese Gefangenen entsprechend ihrer Rechtsauffassung umgehend zu Reparationsleistungen, sprich Zwangsarbeit, ein. Eine besonders schwerwiegende Mißachtung und Beugung des Kriegsvölkerrechtes war deren Einsatz zum Minenräumen, der als ›gefährlicher Einsatz‹ ausdrücklich verboten war. Insgesamt wurden in Frankreich etwa 40 000 deutsche Gefangene gegen ihren Willen und mit Wissen der USA zu diesen Tätigkeiten eingesetzt. Da diese Männer hierfür nicht ausgebildet waren, war die Todesrate entsprechend hoch. Sie lag anfänglich bei über 40 Prozent und ging erst nach energischen Protesten des IKRK auf etwa 4 Prozent zurück. Die Verhältnisse in den französischen Lagern blieben lange Zeit unmenschlich hart, woran sich für die meisten bis zu ihrer Entlassung 1949 nichts änderte. Allerdings wurden viele bereits 1947 entlassen, wie auch die etwa 64 000 Kriegsgefangenen in belgischer Hand.

Die Behandlung deutscher Kriegsgefangener in britischer Hand erfolgte, trotz mancher Übergriffe und Vergehen (wie zum Beispiel in dem Folterlager Bad Nenndorf), im allgemeinen nach den völkerrechtlichen Bestimmungen. Es war auch England, das nicht zuletzt auf Druck der britischen Öffentlichkeit als erster Siegerstaat auf Repatriierung der deutschen Gefangenen drängte. Die Wissenschaftliche Kommission unter Erich MASCHKE stellte den Briten folgendes Zeugnis aus, nachzulesen bei Paul CARELL, *Die Gefangenen*, auf Seite 119:

> »Die deutschen Gefangenen wurden, von einigen Ausnahmen abgesehen, in englischem Gewahrsam menschlich behandelt und ausreichend verpflegt und gekleidet ... infolgedessen kehrte die weitaus überwiegende Mehrheit gesund und arbeitsfähig zurück.« Die mir vorliegenden Zeitzeugenberichte bestätigen diese Aussage.

Noch eine Anmerkung zu der Arbeit der Wissenschaftlichen Kommission (MASCHKE): Sie erstellte insgesamt, wie schon gesagt, 22 Bände, wovon aber nur zwei für die Öffentlichkeit freigegeben wurden. Man wollte wohl nicht den Eindruck der Aufrechnung erwecken oder die Versöhnungspolitik stören. Für den Historiker dürfen solche Vorbehalte nicht gelten!

Werfen wir nun noch einmal einen Blick auf die von James BACQUE genannten Verlustzahlen, die in bestürzender Weise von den offiziellen Zahlen, die ich soeben erwähnte, abweichen. Das verlangt nach einer Erklärung. Die Tatsache, daß es bis heute von deutscher Seite keine Forderungen nach einer umfassenden Untersuchung der Verluste und Verbrechen gibt, erklärt BACQUE wörtlich mit den »Auswirkungen der ›reeducation‹, einem System aus Propagandalügen und Beschweigen der historischen Wahrheit«. Diese Erklärung greift meines Erachtens zu kurz. Richtig ist, daß sich in den sogenannten ›Überleitungsverträgen‹ von 1953 und 1954, ebenso im sogenannten ›2+4-Vertrag‹ die Bundesrepublik Deutschland dazu verpflichtet hat, keine juristischen und völkerrechtlichen Forderungen zur Aufklärung und Aburteilung von Verbrechen der westalliierten Siegermächte zu erheben. In Abwandlung eines klassischen Zitates VON CLAUSEWITZ' bezeichnet Gerd SCHULTZE-RHONHOF dies in seinem Buch *Der Krieg, der viele Väter hatte* so: »Die Geschichtsschreibung ist die Fortsetzung des Krieges mit anderen Mitteln.« Die wesentlichen Inhalte wurden mit dem Dogma von der Alleinschuld Deutschlands am Zweiten Weltkrieg festgeschrieben. Da die Bundesrepublik bis zum heutigen Tag kein souveränes Land ist (so SCHÄUBLE am 18. November 2011 in Frankfurt/M.), müssen wir das wohl oder übel zur Kenntnis nehmen. Hinnehmen, so meine ich, dürfen wir das nicht, wenn das Wort ›Versöhnung‹ nicht eine Floskel bleiben soll.

Es ist mir wichtig, noch einmal darauf hinzuweisen, daß die mir vorliegenden Erlebnisberichte von ehemaligen deutschen Gefangenen in US- und französischer Hand unabhängig voneinander die Aussagen von James BACQUE bis ins Einzelne bestätigen. Damit ist die Frage nach der Wahrheit zwar nicht beantwortet, sie läßt jedoch durchaus eine Bewertung, aber auch Rückschlüsse, zu. Diese möchte ich Ihnen überlassen.

Erlauben Sie mir noch einige Schlußbemerkungen. Voranstellen möchte ich ein Wort von Theodor FONTANE:

> »Ich glaube an die Wahrheit. Sie zu suchen, nach ihr zu forschen, in und um uns, muß unser höchstes Ziel sein. Damit dienen wir vor allem dem Gestern und dem Heute. Ohne Wahrheit gibt es keine Sicherheit und keinen Bestand.«

Von diesen Gedanken habe ich mich bei der Arbeit zu diesem Teil unserer Geschichte leiten lassen und bin dankbar, daß ich mit Merrit DRUCKER, James BACQUE und dem Engländer Duncan WADE Gleichgesinnte bei unseren ehemaligen Gegnern gefunden habe.

Es bleiben kritische Fragen, die sich heute mehr oder weniger aufdrängen, fast 70 Jahre nach dem Beginn eines »sinnlosen Krieges« (BUCHANAN). Warum haben Staaten mit höchsten ethischen und moralischen Postulaten, zudem gemeinsam mit dem größten Verbrecher des 20. Jahrhunderts, STALIN, Krieg gegen uns geführt und dabei bedenkenlos und planmäßig ihre eigenen Grundsätze verraten? Der bekannte US-Kriegsberichterstatter Edgar L. JONES schrieb in einem Artikel der Zeitschrift *The Atlantic Monthly* im Februar 1946:

> »Was glauben die Zivilisten denn, auf welche Art wir Krieg geführt haben? Wir haben kalten Blutes Gefangene niedergemacht, Verwundeten den Garaus gemacht, feindliche Zivilisten getötet oder verwundet!. Wir haben unsere Phosphorbombenabwürfe und unsere Morde an der Zivilbevölkerung mit dem Abwurf von Atombomben auf zwei unverteidigte Städte gekrönt und haben damit einen Rekord im Massenmord erreicht. Als Sieger haben wir uns das Recht angemaßt, unsere Feinde für ihre Kriegsverbrechen vor Gericht zu stellen, aber wir sollten Realisten genug sein zu begreifen, daß wir in einem Dutzend Anklagepunkten für schuldig erklärt werden würden, wenn man uns wegen Bruchs der Kriegsgesetze vor Gericht

stellte. Wir haben einen ehrlosen Krieg geführt, denn die Moral stand im Denken der kämpfenden Soldaten erst an letzter Stelle.«

Das ist wahrlich ein scharfes Urteil, zumal aus dem Munde eines US-Amerikaners. Ob es zutreffend, vielleicht auch zu hart und zu pauschal ist, darüber mag es verschiedene Meinungen geben. Ich selbst versuche, mein Urteil an den Fakten und Beweisen auszurichten. Und wenn ich nachfolgend einige Worte des Reverend Ludwig FRITSCH aus seinem Buch *The Crime of our Age (Amerikas Verantwortung für das Verbrechen am deutschen Volk*, Grabert-Verlag, Tübingen*)*, das 1947 in Chicago erschien, zitiere, dann geht es mir nicht etwa um einen Freispruch für Deutschland, sondern einzig und allein um die Wahrheit. Das empfinde ich auch als eine Verpflichtung gegenüber unseren tapferen deutschen Soldaten der Wehrmacht, denn nur auf Wahrheit ist eine wirkliche Versöhnung möglich. Einige Zitate aus dem genannten Buch:

»1. Sagt unserem Volk, daß die Deutschen niemals die Absicht hatten, die Welt zu erobern, wie das von General G. C. MARSHALL und vom Nürnberger Gerichtshof bestätigt wurde.

2. Sagt unserem Volk, daß die Deutschen sich niemals in unsere Angelegenheiten eingemischt haben, als wir Eroberungskriege gegen die Indianer, gegen Spanien, Mexiko, Hawaii usw. führten.

3. Sagt unserem Volk, daß die Deutschen niemals Krieg mit uns führen wollten, sondern daß wir es waren, die zweimal zu ihrer Vernichtung auszogen, weil unsere Staatsmänner fürchteten, deutscher Erfindergeist und Fleiß werde die Erde auf friedlichem Wege erobern.

4. Sagt unserem Volk, was... Oliver LYTTLTON am 20. Juni 1944 vor der amerikanischen Handelskammer aussprach. ›Japan wurde dazu herausgefordert, die Vereinigten Staaten bei Pearl Harbor anzugreifen. Es ist eine Travestie der Geschichte zu behaupten, Amerika sei zum Krieg gezwungen worden.‹

5. Sagt unserem Volk, welche Grausamkeiten unsere Truppen im Herzen Europas begingen, wie unsere Flieger alles rücksichtslos zerstörten und Hunderttausende ziviler Menschenleben vernichteten, wie gemeine Soldaten und Offiziere stahlen und vergewaltigten, wie unsere Regierung eine systematische Hungerkampagne führte, wie Millionen unschuldiger Deutscher aus ihrer seit Jahrhunderten angestammten Heimat in den Kälte- und Hungertod getrieben wurden.

6. Sagt unserem Volk, wie heuchlerisch und selbstsüchtig es ist, wenn wir aufgrund der MONROE-Doktrin Nichtamerikanern verbieten, in Fragen der westlichen Hemisphäre zu intervenieren, während wir uns selbst, gestützt auf unsere Machtstellung, in Angelegenheiten aller anderen Völker und Kontinente drängen.«

Das ist ein wahrhaft flammender Protest gegen die grausame Behandlung des deutschen Volkes und der deutschen Kriegsgefangenen durch die Sieger. FRITSCH prangert ROOSEVELTS Weg in den Krieg an, stellt viele Falschbehauptungen richtig und rückt die Maßstäbe zurecht.

In ähnlicher Weise, zum Teil in noch schärferer Form, äußerte sich der US-amerikanische Universitätsprofessor Austin APP in seinem 1946 erschienenen Buch *Der erschreckendste Friede der Geschichte.* Zwei Aussagen möchte ich hier anführen:

»Die Männer, die Amerika mit dem Versprechen der Atlantik-Charta in den Krieg führten, haben diesen mit dem Denkmal ewiger amerikanischer Schande, dem MORGENTHAU-Plan zur Vernichtung der deutschsprachigen Menschen, beendet. . . Die Leiden von 5 Millionen deutscher Kriegsgefangener, die man verhungern läßt oder als Sklavenarbeiter mißbraucht, müssen jeden Amerikaner krank machen!. . . Bedingungslose Kapitulation hat unsere Verantwortung, nicht unsere Rechte erhöht.«

Viele von Ihnen werden den Vortrag von General SCHULTZE-RHONHOF im Februar dieses Jahres gehört haben, als er über das herausragende Buch von John DENSON *Sie sagten Frieden und meinten*

Krieg vortrug – eine eindrucksvolle Bestätigung dessen, was FRITSCH und Austin APP kurz nach dem Ende des Krieges anprangerten. Das hinderte aber einen ehemaligen deutschen Bundespräsidenten nicht, den Siegern des Zweiten Weltkrieges für unsere Befreiung zu danken: zumindest für die Millionen von Toten auf den ›Rheinwiesen‹, in den Bombennächten, dem Vertreibungsgenozid und den Hungerjahren nach 1945 ist das doch wohl eher eine Verhöhnung oder blanker Zynismus!?

Der bereits mehrfach erwähnte Erich MASCHKE, von der Bundesregierung beauftragt, das Schicksal der deutschen Kriegsgefangenen zu erforschen, stellte in 18jähriger Arbeit 22 Bände zusammen, in denen das Schicksal der deutschen Kriegsgefangenen geschildert und erfragt wird. In seiner Zusammenfassung stellte er fest:

> »Rund 10 Millionen deutsche Kriegsgefangene befanden sich von den Kriegsjahren bis zum Jahre 1956 in Gewahrsam von mindestens 20 Staaten. Vom Polarkreis bis zu den Tropen und rund um den Erdball gab es Lager, in denen sie festgehalten wurden. Es gibt in der Zeitgeschichte keine durch gleiche Merkmale und gleiches Schicksal ausgezeichnete menschliche Gruppe, die nach Zahl und räumlicher Streuung mit den deutschen Kriegsgefangenen verglichen werden könnte.«

In einem Interview mit der *Junge Freiheit* am 4. Juni 2004 antwortete James BACQUE auf die Frage nach der Zahl der in Gefangenschaft verstorbenen deutschen Soldaten wie folgt:

> »Kein Historiker hat jemals angezweifelt, daß über 1,5 Millionen Deutsche nach 1945 in alliierter Kriegsgefangenschaft umgekommen sind. Die Diskussion dreht sich lediglich darum, wer ihren Tod verursacht hat. Nach dem Studium der Akten in Ost und West komme ich zu dem Schluß, daß es im Westen etwa 1 Million, und – es mag Sie überraschen – im Osten etwa eine halbe Million tote deutsche Kriegsgefangene gegeben hat. . .«

Und BACQUE meinte weiter:

> »Meine Recherchen haben ergeben, daß diese Lager ›eher Vernichtungs- als Kriegsgefangenenlager‹ waren... Dies alles geschah auf Initiative des Oberkommandierenden der US-Streitkräfte, General Dwight D. EISENHOWER, und zwar aus primitivem Haß auf die Deutschen, so wie ihn bekanntlich auch Präsident ROOSEVELT gehegt hat. Erschreckend ist aber nicht nur das planvolle Vorgehen der Alliierten und das Ausmaß des Sterbens, sondern daß es darüber hinaus zu regelrechten Bestialitäten gegenüber Gefangenen kam...«

Auf die Frage, für welche Werte die Alliierten gekämpft haben – etwa für Freiheit, Gerechtigkeit und Demokratie – antwortete er:

> »Es ging natürlich nicht um Gerechtigkeit, sondern um Macht... Denken Sie daran, was sich die Hinterbliebenen fragen, deren Männer oder Söhne etwa in der Normandie gefallen sind. Sie fragen: Wofür? Etwa dafür, daß EISENHOWER später deutsche Gefangene ermorden ließ? Mein Gott, das nenne ich Verrat auch an unseren Gefallenen.«

Diese Einschätzung BACQUES bestätigte in gewisser Weise ein Artikel in der englischen Sonntagszeitung *Sunday Correspondent* vom 16. September 1989, überschrieben mit »Learning to live with the Germans«:

> »Wir sind 1939 nicht in den Krieg eingetreten, um Deutschland vor HITLER oder die Juden vor Auschwitz oder den Kontinent vor dem Faschismus zu retten. Wie 1914 sind wir für den nicht weniger edlen Grund in den Krieg eingetreten, daß wir eine deutsche Vorherrschaft in Europa nicht akzeptieren konnten.«

Günter NENNING findet in seinem Werk *Auf den Klippen des Chaos* kluge Worte zu den heute herrschenden Geschichtsdogmen, wenn er schreibt:

> »Alle Geschichte ist Revisionismus. Alle Geschichte muß immer wieder neu geschrieben werden, sogar die deutsche.«

Meine Damen und Herren, in diesem Sinne bezeichne ich mich als bekennenden Revisionisten. Ich sehe einen von der ganzen Welt bewunderten Zeugen für diese Aussage auf meiner Seite, nämlich Mahatma GANDHI:

> »Der letzte Krieg hat deutlicher als sonst die satanische Natur der Zivilisation erwiesen: Jedes Sittengesetz ist von den Siegern gebrochen worden... Keine Lüge war zu schlecht, um nicht angewandt zu werden...« (*Hier spricht Gandhi*, 1954, Barth Verlag, München)

Die eingangs gestellte Frage, ob sich am Beispiel der Behandlung der deutschen Kriegsgefangenen durch die USA auch ein Systemcharakter nachweisen ließe, möchte ich mit einem eindeutigen »Ja« beantworten, weil

– die USA (und zum Teil auch Frankreich) absichtlich, geplant und wissentlich gegen selbst unterzeichnete und damit verbindliche Verträge verstießen, wie zum Beispiel gegen die Genfer Konvention und die UN-Charta,

– sie sich über alle Warnungen ihrer eigenen Gerichtsbarkeit hinwegsetzten,

– sie Hunderttausende Gefangener an Hunger und Seuchen sterben ließen, obwohl ausreichend Lebensmittel und Medikamente (teilweise im Übermaß) vorhanden waren,

– sie das auch taten aus blindem Haß und aus (nicht gerechtfertigter!) Rachsucht und unter völliger Mißachtung ihrer eigenen proklamierten Grundsätze.

Es ist eine bittere Erkenntnis: Auch die westlichen Demokratien, allen voran die USA, haben das Völkerrecht ohne Skrupel gebrochen und den Mißbrauch und die Mißachtung der Regeln des Völkerrechtes bewußt geplant, organisiert und praktiziert. Dies geschah alles aus Gründen der politischen Zweckmäßigkeit. Wo das Recht nicht imstande war, der Politik zu dienen, wurde es einfach mit fragwürdigen Konstruktionen außer Kraft gesetzt. Ich verweise mit diesem harten Urteil auf die Dokumentation des Völkerrechtlers Burkhard SCHÖBENER mit dem Titel *Die amerikanische Besatzungspolitik und das Völkerrecht*, die unwiderlegbare Beweise enthält.

Zu Beginn meines Vortrages sagte ich, daß wir heute abend aller Soldaten beider Seiten gedenken wollen, die in gutem Glauben, einer gerechten Sache zu dienen, ihr Leben verloren. Sie alle sind Opfer! Dies möchte ich gemeinsam mit Ihnen tun, indem ich die Worte des Kardinals Josef RATZINGER zitiere, die er am 5. Juni 2004 auf dem größten deutschen Soldatenfriedhof in Frankreich sprach:

> »In dieser Stunde verneigen wir uns in Ehrfurcht vor den Toten des Zweiten Weltkrieges. Wir gedenken der vielen jungen Menschen aus unserer Heimat, deren Zukunft und Hoffnung in den blutigen Schlachten des Krieges zerstört wurden... Sie haben ganz einfach ihre Pflicht getan, aber sie blicken uns an und reden zu uns: Was werdet ihr tun, damit nicht wieder junge Menschen in solche Kriege getrieben werden? Was werdet ihr tun, damit die Welt nicht von Neuem durch Haß und Gewalt und Lügen verwüstet wird?«

Ich meine, diese einfühlsamen Worte des späteren Papstes hätten auch genauso gut an einem der Orte gesprochen werden können, wo auf den sogenannten ›Rheinwiesen‹ und in mehr als 200 anderen Kriegsgefangenenlagern der USA und Frankreichs deutsche Kriegsgefangene einen elenden Tod fanden. Wir dürfen sie nicht vergessen.

Schließen möchte ich mit einem Zitat unseres großen Dichters Friedrich SCHILLER:

> »Wenn kein Mensch mehr die Wahrheit suchen und verbreiten wird, dann verkommt alles Bestehende auf der Erde, denn nur in der Wahrheit sind Gerechtigkeit, Frieden und Leben.«

George ORWELL drückte das so aus:

> »In einer Zeit des Universalbetruges ist, die Wahrheit zu sagen, eine revolutionäre Tat.«

Es bleibt die (auch meine) Hoffnung, daß sich eines Tages auch die Siegermächte daran erinnern und sich dazu bekennen, daß sie in hohem Maße an den Katastrophen des letzten Jahrhunderts mitverantwortlich sind.

Laudatio für Generalmajor a. D. Schultze-Rhonhof zur Verleihung der ›Ulrich von Hutten-Medaille‹

ALFRED E. ZIPS

Sehr geehrter Herr Vorsitzender,
meine sehr verehrten Damen und Herren,
liebe Freunde, liebe Kameraden,

zunächst möchte ich mich bei der ›Gesellschaft für freie Publizistik‹ sehr herzlich bedanken für die hohe Ehre, die Laudatio für den diesjährigen ›Huttenpreisträger‹, Herrn Generalmajor a. D. Gerd SCHULTZE-RHONHOF, halten zu dürfen. Ganz persönlich empfinde ich den heutigen Tag und diese Gelegenheit auch als eine sehr willkommene Möglichkeit, Ihnen, Herrn General, wieder einmal meinen Dank auszudrücken für Ihre mir seit vielen Jahren gewährte Unterstützung, vor allem aber Ihre herzliche Kameradschaft, bewährt in Rat und Tat.

Meine Damen und Herren, Mark TWAIN hat einmal gesagt: »Eine gute Rede habe einen guten Anfang und ein gutes Ende, und beide sollten möglichst dicht beieinander liegen.« Zum Glück hat er über den Abstand zwischen beiden keine Zeitangaben gemacht. Ohne Zweifel habe ich aber allein mit dem Namen des Preisträgers bereits »einen guten Anfang« gemacht. Mit der Verleihung der Ulrich von Hutten-Medaille ehren wir heute einen Mann, der wie nur wenige im heutigen Deutschland wegen seiner beispielhaften Haltung und seinem Mut in hohem Maße unsere Anerkennung und unseren Dank verdient. Sie, Herr General, verkörpern geradezu den so selten gewordenen Typus eines aufrechten Patrioten. Das werde ich noch begründen, wenn es um die Würdigung Ihrer Lebensleistung geht. Auf dem langen Weg zu Ihrer heutigen Ehrung, in Ihrem Kampf für die Wahrheit und um ein gerechtes Urteil über unser Volk haben Sie sich nie geschont und sind oft an die Grenzen Ihrer psychischen und physischen Leistung gegangen. Die daraus resultierenden Folgen haben Sie zum Glück, auch mit Hilfe tüchtiger Ärzte, gut überstanden. Heute sind Sie zu unserer großen Freude gesund unter uns. Unsere allerbesten Wünsche für noch viele weitere gute und erfolgreiche Jahre darf ich an dieser Stelle schon vorwegnehmen: Unser Vaterland braucht Sie dringender denn je!

Bei allem Respekt, verehrter Herr General, gibt es da aber jemanden, ohne den Sie Ihre umfangreichen Arbeiten, die so unendlich viel Fleiß, Energie und Einsatz erforderten, wohl nicht hätten so überaus erfolgreich erledigen können. Es ist eine alte Erkenntnis, daß hinter jedem erfolgreichen Mann eine kluge und starke Frau steht. Mit großer Freude und Dankbarkeit begrüßen wir deshalb Ihre Gattin. Herzlich willkommen, verehrte Frau SCHULTZE-RHONHOF. Ich weiß, Sie sind nicht nur Mittelpunkt Ihrer Familie, zu der drei Töchter und mittlerweile neun Enkelkinder zählen. Sie waren und sind auch und vor allem ein starker Rückhalt und eine verläßliche Stütze für Ihren Mann. So gehört mindestens die Hälfte dieses Preises auch Ihnen für Ihren unschätzbaren Anteil an dem erfolgreichen Lebensweg und die besonderen Verdienste, für die Ihr Mann heute ausgezeichnet wird. Ich meine, das hat unseren starken Beifall verdient.

Meine Damen und Herren, ohne eine kurze Schilderung Ihres bisherigen Lebensweges, Herr General, wäre diese Laudatio unvollständig. Geboren am 26. Mai 1939 in der geschichtsträchtigen Stadt Weimar, verbrachten Sie Ihre ersten Kindheits- und frühen Jugendjahre dort, später in Halle und Bad Kösen. Ihre ersten Kindheitserinnerungen, so erzählten Sie mir in einem langen Gespräch in Ihrem schönen neuen Haus in Haldensleben, sind verbunden mit dem in diesen Städten herrschenden Bombenterror der Kriegsjahre und den vielen Nächten in den Kellern und Luftschutzbunkern. »Bomben«, so sagten Sie, »gehörten zum täglichen Leben in meiner Kindheit.« Aus der kindlichen Perspektive seien vor allem die optischen Eindrücke in Erinnerung geblieben: Die Nächte in den Kellern, die brennenden Häuser am Tage. Zum Glück für die Familie wurde Ihr Vater vor Kriegsende aus der Wehrmacht entlassen, und zwar aufgrund einer vom Oberbefehlshaber West verfügten ›Aktion für ältere Akademiker‹. In Halle wurden Sie noch eingeschult, das 2. Schuljahr absolvierten Sie in Bad Kösen.

Im Jahre 1947 flüchtete die Familie dann in den Westen, und zwar nach Bonn. Dort machten Sie im März 1959 Ihr Abitur. Im April traten Sie als freiwilliger Offiziersanwärter in die Bundeswehr ein, Ihrer Persönlichkeit entsprechend in die Panzerkampftruppe. Meine Frage nach den Motiven für Ihre Berufsentscheidung beantworteten Sie mit Ihrem familiären Hintergrund, der prägend wirkte: Alle Männer waren entweder Juristen oder Soldaten. Einen erheblichen Einfluß gewann aber auch Ihre Mitgliedschaft im ›Christlichen Verein Junger Männer‹, der, wie Sie sagten, straff organisiert und geführt wurde. Sie erinnern sich an eine reine »Männergesellschaft«, in der bei Geländespielen und Kämpfen Mut verlangt und gefördert wurde. Vermutllich waren dies auch Ihre ersten Schritte in den Soldatenberuf. Nachhaltig geprägt hat Sie auch eine Reise mit Ihrer Schulklasse nach Schleswig-Holstein. Dort erfuhren Sie von den dänischen Gebietsansprüchen auf Süd-Schleswig. Wörtlich sagten Sie: »Das empfand ich als einen Appell an meinen politischen Geist – Deutschland mußte doch verteidigt werden.« Nicht zuletzt hatten nicht nur die vielen Offiziere in Ihrer Familie, sondern auch Bücher, die Sie in Ihrer Schulzeit lasen, so unter anderen über ROMMEL, VON SEYDLITZ und V. MOLTKE, für die Sie eine gewisse Bewunderung empfanden, einen entscheidenden Einfluß auf Ihre Berufswahl. Ehemalige Offiziere der Wehrmacht, denen Sie später in der Bundeswehr begegneten, so unter anderen der beidseitig beinamputierte General VON BLOCK, bestätigten Sie nachhaltig.

Am 1. April 1959 traten Sie als Panzerschütze in das Panzerbataillon 144 in Koblenz ein. Es folgten die normalen Ausbildungsgänge für einen Offiziersanwärter in der Truppe, an der Offiziersschule und der Panzertruppenschule mit der abschließenden Beförderung zum Leutnant. Den weiteren Berufsweg haben Sie dann auf ungewöhnliche Weise unterbrochen. Da Sie schon in frühester Jugend ein starkes Interesse für Südafrika entwickelten, beantragten Sie eine halbjährige Beurlaubung, um eine Studienreise nach Südwestafrika machen zu können. Durch einen glücklichen Zufall – so erzählten Sie – sei dieser Antrag durch den damaligen Staatssekretär GUMBEL genehmigt worden. Ihrer Karriere war diese Entscheidung eher förderlich, wie sich zeigte.

Nach Ihrer zweieinhalbjährigen Generalstabsausbildung in Hamburg erhielten Sie einige Spitzenverwendungen, unter anderem als Bataillonskommandeur des Panzerbataillons 183 in Boostedt, als Brigadekommandeur der Panzergrenadierbrigade in Ahlen, als Kommandeur der 3. Panzerdivision in Buxtehude und als Befehlshaber im Wehrbereich II in Hannover. Für Ihre herausragenden Leistungen und Verdienste erhielten Sie 1984 das Ehrenkreuz der Bundeswehr in Gold, 1988 das Bundesverdienstkreuz am Bande und 1992 das Bundesverdienstkreuz Erster Klasse. Politische Entscheidungen führten zu einem Einschnitt in Ihrer Karriere und zu Ihrem Antrag auf vorzeitige Entlassung aus dem aktiven Dienst. Diese erfolgte dann am 31. März 1996.

Obwohl Sie zuvor schon mehrfach Kritik an dem sogenannten ›Mörder-Urteil‹ geübt hatten, war das aber nicht der Anlaß. Vielmehr war die Verkürzung des Wehrdienstes auf 12 Monate und die gleichzeitig bereits angedachte weitere Reduzierung auf 10 Monate für Sie eine so schwerwiegende – falsche – Entscheidung, daß damit nach Ihrer Beurteilung der Auftrag der Bundeswehr gemäß dem Grundgesetz nicht mehr sichergestellt werden konnte. Auf meine Frage, wie denn die Generalität insgesamt auf diese politische Entscheidung reagierte und ob Sie etwa eine solidarische Unterstützung fanden, antworteten Sie: »Nein, die Reaktion war Apathie.« Das muß auch aus der Rückschau noch nachdenklich stimmen!

Mit Ihrer persönlichen, konsequenten Entscheidung reihten Sie sich ein in die vielen berühmten und bedeutenden Offiziere der deutschen Militärgeschichte, die ihre Verantwortung, ihre Überzeugung und ihre Verankerung in christlich-ethischen Werten höher achteten als Karriere und etwaige Vorteile. Einige bedeutende Namen in der Geschichte deutschen Soldatentums, die Ihr Vorbild waren, habe ich schon genannt. Stellvertretend für alle nenne ich einen der eher weniger bekannten: Es ist Johann Friedrich VON DER MARWITZ, auf dessen Grabstein steht: »Er wählte Ungnade, wo Gehorsam nicht Ehre brachte.« Ihre Entscheidung, Ihrem Gewissen und Ihrer Überzeugung zu folgen, kennzeichnet Ihren Charakter und Ihre aufrechte Haltung auch in den folgenden Jahren. Für diese gelten die Worte von POLONIUS in SHAKESPEARES *Hamlet* geradezu als Ihre Richtschnur: »Dies über alles. Sei Dir selber treu.«

Nach Ihrer Entlassung fanden Sie Zeit, nachzudenken – über Ihren Beruf, über die jüngere deutsch-europäische Geschichte und über die politische Lage unseres Landes, und Sie erkannten bald eine neue Herausforderung für sich. Die Ergebnisse sind – bis heute – vier erfolgreiche Bücher. Nicht nur wegen der Reihenfolge, sondern vor allem wegen des Inhaltes möchte ich auf Ihr erstes Buch näher eingehen. *Wozu noch tapfer sein?* erschien bereits 1997. Sie wollten, so schrieben Sie im Vorwort, »für die Dauer dieses Buches innehalten und zurück- sowie vorausschauen«. Das ist Ihnen brillant gelungen. Ihre Erinnerungen an Ihre Jugend- und Soldatenzeit, das sich vertiefende politische Bewußtsein und Bewußtwerden, das Nachdenken und Vergleichen der Geschichte »von der Antike bis zur Gegenwart« verbinden Sie mit der Frage nach dem Sinn des Soldatenberufes, nach dessen ethischen Werten und Tugenden. Sie stellen nicht, wie es der Titel dieses Buches vermuten lassen könnte, diesen Beruf in Frage, sondern suchen nach dessen Berechtigung in einer sich rasch verändernden Welt, und Sie geben erstaunliche Antworten.

Meine Frage, ob Sie trotz einer eher negativen Entwicklung und Strukturierung der Bundeswehr und deren politisch umstrittenen Auslandseinsätze wieder Soldat werden würden, beantworteten Sie überraschend klar und, ohne zu zögern, wie folgt: »Ja, denn ich glaube an mein Volk, an mein Vaterland und sehe das unverändert als meine persönliche Verpflichtung an. Aber richtig ist auch, daß die heutige Bundeswehr ihren Verteidigungsauftrag nicht mehr glaubwürdig durchführen kann.«

Auf meine weitere Frage, warum Sie die Theorie von der Einzigartigkeit mancher Fehlleistungen unseres Volkes für eine Irrlehre halten, sagten Sie:

> »Es ist die Siegergeschichtsschreibung, die von uns Deutschen gewollt und kritiklos übernommen worden ist und quasi ›von der Wiege bis zur Bahre‹ als gültige Lehre von unserer jüngsten deutschen Geschichte übernommen wird. Eine Revision wäre nur durch die Rücknahme oder die Löschung der alliierten Vorbehaltsrechte möglich.«

Deren unveränderte Gültigkeit bestätigte Bundesfinanzminister SCHÄUBLE in seiner Rede beim ›European Banking Congress‹ am 18. November 2011 in Frankfurt, als er wörtlich sagte:

> »Die BRD ist seit 1945 zu keinem Zeitpunkt mehr ein souveränes Land gewesen.«

Dieses Buch ist wegen seiner intellektuellen Tiefe und Schärfe und seiner kritischen Bilanz zu aktuellen politischen, juristischen, militärischen und gesellschaftlichen Fragen meines Erachtens eine Pflichtlektüre, nicht nur für Soldaten. Dafür allein wären Sie schon dieses heute an Sie zu verleihenden Preises würdig, denn Sie haben es gewagt, in einer Weise Kritik an der politischen und militärischen Führung unseres Landes zu äußern, für die es, wie ich meine, keine ernst zu nehmenden Gegenargumente gibt.

Ihr »Innehalten und Vorausschauen« war mit Ihrem ersten Buch aber keineswegs beendet, denn nur sechs Jahre später erschien Ihr zweites, nämlich *Der Krieg, der viele Väter hatte*. Warum dieses Buch, habe ich Sie gefragt, und Ihre Antwort war wörtlich wie folgt:

> »Vor ein paar Jahren bin ich der Frage nachgegangen, inwieweit das deutsche Volk in den dreißiger Jahren aus der Hochrüstung zwischen 1933 und 1939 schließen konnte, daß HITLER Kriegs- und Angriffsabsichten hatte.«

Ihre Antwort auf diese für Sie entscheidende Frage ist, wie wir wissen, dieses eben genannte, überaus erfolgreiche, nun in der

7. Auflage erschienene und inzwischen auch auf Englisch übersetzte Buch »über den langen Anlauf zum Zweiten Weltkrieg«. Ausgehend von einer analytischen Lagebeurteilung, begannen Sie mit der Spurensuche, bei der eine entscheidende Frage im Mittelpunkt stand: »Woran erkennt man den Zweck einer militärischen Rüstung, und bereitete HITLER ab 1933 einen Angriffskrieg vor?« Es galt, die Rüstungsanstrengungen der Nachbarstaaten einschließlich der USA mit denen des Deutschen Reiches zu vergleichen. Zu Ihrem Erstaunen fanden Sie dazu in der deutschen Nachkriegsliteratur überhaupt nichts, also mußten Sie auf ausländische Quellen zurückgreifen. Was Sie herausfanden, gründet auf einer politisch-militärischen Grundregel:

> »Wenn eine Regierung dreimal soviel Streitkräfte aufstellt wie seine Nachbarstaaten, kann man davon ausgehen, daß diese sich langfristig auf einen Krieg vorbereitet.«

Sie kamen zu überraschenden Schlußfolgerungen, nachdem Sie Ihr Quellenstudium abgeschlossen hatten. Ich zitiere:

> »Zu meinem Erstaunen fand ich eine ganze Reihe von ausländischen Historikern, die ihren Regierungen der 20er und 30er Jahre vorwarfen, sie hätten den Zweiten Weltkrieg leicht verhindern können, wenn sie es denn nur gewollt hätten. Manche gingen sogar so weit, zu schreiben, daß ihre Regierungen diesen Krieg mit entfacht haben. So etwas hatte ich in der deutschen Literatur noch nicht gelesen.«

Das war die ›Geburtsstunde‹ Ihres im Jahre 2003 veröffentlichten Buches *Der Krieg, der viele Väter hatte*, das mit seinen umfangreichen Quellenangaben, den dokumentarischen Belegen und wegen der klaren, disziplinierten Sprache ein aus meiner Sicht geradezu epochales Werk genannt werden muß. Ich nenne es die deutsche Antwort auf die Kollektivschuldthese der Sieger.

Wäre die BRD ein freies, souveränes Land, müßte dieses Buch eigentlich einen hohen Stellenwert im Geschichtsunterricht an unseren Schulen und Bildungseinrichtungen einnehmen! Für diesen Gedanken suchte ich nach ›Verbündeten‹ und bekam eine starke

Unterstützung von einem Mann, den ich sehr schätze und mit dem ich seit vielen Jahren in Verbindung stehe. Sein Name: Gerard MENUHIN. Ihn bat ich um ein Grußwort. Er schrieb:

»Gerne komme ich Ihrem Wunsche für ein Grußwort an Herrn SCHULTZE-RHONHOF nach. Ich begegnete ihm am 6. Dezember 2008 und bekam sein Buch *1939. Der Krieg, der viele Väter hatte*, das mich sehr beeindruckt hat. Es ist mir daher eine Freude, daß ich Herrn SCHULTZE-RHONHOF heute zu seiner Auszeichnung gratulieren darf. Im Gegensatz zu der Vielzahl von Preisverleihungen an politische Mitläufer in Sachen ›Political Correctness‹ und der Absolvierung eines lebenslangen Lügenmarathons, zeichnet die ›Ulrich von Hutten-Medaille‹ Menschen aus, die mutig und erhobenen Hauptes durch das Leben gehen. Der frühere Leiter der Schule Schloß Salem, an der ich 1957 einige Zeit verbrachte, Bernhard BUEB, hält Ehrlichkeit für eine Tugend, die Macht verleiht. Allerdings setze sich die Wahrheit keineswegs immer von selbst durch – vielmehr brauche sie mutige Fürsprecher! Man muß kein Kulturpessimist sein, um Ehrlichkeit heute für eine gefährdete Tugend zu halten. Die Allgegenwart der Lüge erschwert die Urteilsfähigkeit der Menschen in zunehmendem Maße. FRIEDRICH DER GROSSE sagte: ›Die Wahrheit hat weder Waffen nötig, um sich zu verteidigen noch Gewalt, um die Menschen zu zwingen, an sie zu glauben. Sie hat nur zu erscheinen, und sobald ihr Licht die Wolken verdrängt hat, ist ihr Sieg gesichert.‹ Einhundert Jahre nach Beginn des Ersten Weltkrieges scheint es, als ob die Wahrheit hinter diesen Wolken ihren Siegeszug angetreten hat. Das Buch des britischen Historikers Christopher CLARK *Die Schlafwandler* deckt auf, was alle halbwegs seriösen Historiker und Politiker längst hätten erkennen und sagen können: ›Deutschland ist keineswegs alleinverantwortlich am Ausbruch des Ersten Weltkrieges, denn schon dieser Krieg hatte bereits viele Väter.‹ Für sein Buch *1939. Der Krieg, der viele Väter hatte* müssen wir Herrn SCHULTZE-RHONHOF zutiefst dankbar sein. Solche bahnbrechenden Bücher werden dringend gebraucht – ein Kampf gegen Lügen und importierte Umerziehung. Es wäre zu wünschen, daß dieses Buch an allen Schulen und Hochschulen diskutiert würde. Herr SCHULTZE-RHONHOF, Sie sind ein Aufklärer und ein wahrhaftiger Befreier Deutschlands.«

Das sind mutige Worte, für die ich G. MENUHIN sehr herzlich gedankt habe. Wer sein Buch *Die Antwort* kennt, das 2007 erschien, wird wissen, daß wir ihm und seinem weltberühmten Vater zu großem Dank verpflichtet sind, über das Hier und Heute hinaus!

Meine Damen und Herren, nach Herrn MENUHIN bat ich auch noch einen bekannten und erfolgreichen Historiker und Buchautor um einen Beitrag zu meiner Laudatio. Er ist Sudetendeutscher wie ich. Ich kenne und schätze ihn seit vielen Jahren: Es ist Professor Dr. Franz SEIDLER. Ich zitiere aus seinem Grußwort:

»Ich lernte General SCHULTZE-RHONHOF erst kennen, als er die Bundeswehr bereits verlassen hatte. Es mag so etwa 15 Jahre her sein, als ich ihn in der Arbeitsgemeinschaft ›Stimme der Mehrheit‹, einer Gruppe aus konservativen Autoren und Verlegern, traf. Er hatte sich mit seinem Buch *Wozu noch tapfer sein?* in der Bundeswehr und bei vielen Politikern ebenso unbeliebt gemacht wie ich mit meinen beiden Büchern über die Kriegsverbrechen an der Wehrmacht. In diesem Buch fand ich die für seine zukünftige Arbeit wegweisenden Sätze: ›Wer weiß, woher er kommt, kann leichter bestimmen, wohin er geht. Wer es vorzieht, im Nebel zu gehen, darf sich nicht wundern, wenn er im Kreise läuft. Ohne die Kenntnis der deutschen Geschichte gibt es keine Standortbestimmung und keine Orientierung.‹ In den folgenden Jahren hatte ich häufige Gelegenheit, zu sehen, mit welch ungewöhnlicher Scharfsicht er die zeitgeistbedingten Verdrehungen in den Büchern der deutschen Hofhistoriker analysierte. Er erkannte, daß die meisten Darstellungen die Absicht transportierten, alle Schuld am Zweiten Weltkrieg auf HITLER-Deutschland abzuladen und die Siegermächte zu exkulpieren. Auslassungen, Überarbeitungen und Fälschungen fand er nicht nur in den Sachbüchern, sondern auch in den Publikationen offizieller Dokumente wie den ›Akten zur deutschen auswärtigen Politik‹. Ich erinnere mich noch besonders gut an ein Gespräch, in dem er mich darauf hinwies, daß in den Originalakten des ›Auswärtigen Amtes‹, die in den fünfziger Jahren an das Bundesarchiv zurückgegeben worden waren, einzelne Blätter ausgetauscht worden waren, was er an der unterschiedlichen Papierfärbung erkannt hatte. Ich fühlte mich beschämt, weil mir das entgangen war.

Wir waren uns einig, daß die Nürnberger Kriegsverbrecherurteile die Lesart der deutschen Geschichte vorschrieben und die Schulbuchschreiber dieses Geschichtsbild bis in die heutige Generation zementierten: Die Geschichte wurde zu einem Instrument der Umerziehung degeneriert.

Schneller und klarer als meine wissenschaftlich ausgebildeten Zunftkollegen erkannte SCHULTZE-RHONHOF, daß die Darstellung des Kriegsausbruches 1939 nicht nur tendenziös, sondern voller Fehler war. So entstand das sensationelle Werk *1939. Der Krieg, der viele Väter hatte.* Der Titel war ein richtiger Aufreißer. Er machte neugierig: Welche Väter? Wieviele Väter? Entsprechend dem Untertitel: ›Der lange Anlauf zum Zweiten Weltkrieg‹ befaßte sich der Autor lange und intensiv mit dessen Vorgeschichte. Anders ausgedrückt, er suchte nach den Gründen, die dem ersten Schuß vorausgegangen waren. Bald wurde ihm bewußt, daß dieser Krieg nicht auf der Westernplatte, sondern in den Kabinetten der europäischen Großmächte und der USA begonnen wurde. Dort wurde er schon lange vorher geplant.

Der Autor schildert die britisch-deutsche ›Rivalität‹ vor dem Ersten Weltkrieg, die französisch-deutschen Auseinandersetzungen um Elsaß-Lothringen und die Kolonien und die Rivalitäten zwischen HITLER und ROOSEVELT bei der Beseitigung der Arbeitslosigkeit in ihren Ländern. Das ›Versailler Diktat‹, fälschlicherweise ›Vertrag‹ genannt, wurde schließlich zur eigentlichen Ursache für den ›zweiten dreißigjährigen Krieg‹.«

Wenn ein historisches Werk in sieben Auflagen mehr als 50000mal verkauft wird, dann hat der Autor wohl einen Nerv getroffen. Das konnten die der ›political correctness‹ verpflichteten Medien nicht durchgehen lassen. Im allgemeinen gibt es vier Möglichkeiten, ein Buch mit unangenehmen Wahrheiten zu bekämpfen. Um es zu ignorieren, waren die Verkaufszahlen zu hoch geworden. So blieben drei Möglichkeiten übrig: Man schreibt negative Rezensionen, die regelmäßig mit dem Hinweis verbunden werden, das Buch sei nicht auf dem neuesten Stand der wissenschaftlichen Forschung. Zum zweiten kann man Bagatellen aufdecken, die man zu groben Fehlern hochstilisiert. Das ist bei einem Buch von fast 600 Seiten nicht allzu schwer. Drittens kann man den Autor diffamieren, etwa mit der Herablassung, der Mann sei ja nicht ›vom Fach‹. SCHULTZE-RHONHOF erlebte alle Arten von Vorwürfen. Er begegnete ihnen sämtlich mit der ihm eigenen intellektuellen Souveränität. Nebenbei verbesserte und ergänzte er das Buch mit jeder Neuauflage. Bestätigung und Zuspruch fand er in einigen hundert Leserzuschriften und Fragen, die er alle beantwortete – eher die Ausnahme in der wissenschaftlichen ›Society‹. Sie trugen zur Verbreitung des Buches bei und brachten ihm eine ungewöhnliche Zuneigung der Leser und Hörer.

Einen der Väter dieses Zweiten Weltkrieges hatte der Autor in seinem Buch nicht genannt: BENESCH, den Präsidenten der tschechoslowakischen Republik bis 1938. Auf Bitten des Verlegers Dr. MÖSTL schrieb SCHULTZE-RHONHOF sein drittes Buch mit dem bezeichnenden Titel *Das tschechisch-deutsche Drama 1918–1939*, in dem er die Mitverantwortung der Prager Regierung am Ausbruch dieses Krieges nachweist.

›Die Jahre von 1918 bis 1939 sind es‹, so der Autor in seinem Vorwort, ‹die ohne Umweg in den Zweiten Weltkrieg führten. Der Blick auf das tschechisch-deutsche Verhältnis in dieser Zeit zeigt exemplarisch, wie aus der explosiven Nachkriegsordnung von 1919/21 erst langsam, dann mit zunehmender Geschwindigkeit und Wucht der neue Krieg entsteht.«

Die unglückliche Geburt dieses künstlichen Vielvölkerstaates in der Mitte Europas sorgte seit seiner Gründung für ständige Unruhen – nicht nur bei den Minderheiten und beim Völkerbund, sondern auch bei den Nachbarstaaten. Die Intoleranz der Prager Regierung gegenüber den sechs Millionen Menschen zählenden Minderheiten im Staat mußte früher oder später zur Implosion führen. Die Siegermächte des Ersten Weltkrieges mußten einsehen, daß dieses Konstrukt nicht zu halten war. Großbritannien und Frankreich stimmten dem Münchener Abkommen zu. Wenig später mußten sie erkennen, daß in Polen ähnliche Minderheitenprobleme auf eine Lösung warteten.

Es ist nicht überraschend, daß dieses Buch in der tschechischen Republik auf wütende Proteste stieß, deckte es doch mit unwiderlegbaren Dokumenten deren Lüge auf, die Vertreibung der Sudetendeutschen nach dem Zweiten Weltkrieg sei die Folge des Staatsstreiches gewesen, den sie 1938 angeblich verübten. Richtig ist – und das wird in der politischen Diskussion regelmäßig ausgelassen oder absichtlich falsch dargestellt –, daß es England und Frankreich waren, die einsahen, daß dieses unglückliche Konstrukt nicht zu halten war und deshalb 1938 dem Münchener Abkommen zustimmten. Es sind die Ereignisse jener Zeit, die direkt zum Zweiten Weltkrieg führen. Die Vertriebenenverbände, so sollte man annehmen, hätten dieses Buch eigentlich begrüßen müssen. Das taten sie nicht: Ihre Zurückhaltung macht deutlich: Auch dieses Buch war ›politisch unkorrekt‹. Das hinderte Herrn SCHULTZE-RHONHOF aber nicht, einen weiteren ›eye-opener‹ (= Augenöffner) zu veröffentlichen, indem er das Buch des US-amerikanischen Rechtsanwaltes und Richters John DENSON, *A Century of War,* übersetzte und veröffentlichte. Er fand dafür den großartigen Titel *Sie sagten Frieden und meinten Krieg.* Für die deutschen Leser sind besonders die Kapitel über WILSON und ROOSEVELT von Bedeutung. Ich zitiere einige Sätze aus der Einführung, die SCHULTZE-RHONHOF diesem Buch vorangestellt hat:

›John DENSON beschreibt die Methoden, mit denen amerikanische Regierungen seit 1846 ihre Kriege als ›Feldzüge für Frieden, Menschlichkeit und Freiheit‹ deklariert und doch oft als Intrigenspiele inszeniert haben. Er deckt dabei die Kriegsgründe, Kriegsmotive und Kriegsziele der USA auf, die immer eher in den Expansionen der amerikanischen Herrschaft und den Wirtschaftsvorteilen als bei dem Engagement für Menschenrechte, Demokratie und Frieden zu erkennen waren. Es ging dabei kaum um Ideale, es ging fast immer um Interessen... Das Buch kann dem Leser auch helfen, die Diskrepanz zwischen den humanitären Idealen der USA und ihren immer wiederkehrenden Menschen- und Völkerrechtsverstößen zu verstehen. Am 6. April 1917 erklärte Präsident WILSON dem Deutschen Reich den Krieg, ohne daß Deutschland je die Interessen der USA bedroht oder gar – wie von WILSON behauptet – nach der Weltherrschaft gestrebt hätte. Nach Kriegsende gab WILSON in einer Rede am 5. September 1919 in St Louis zu: ›Dieser Krieg war von Beginn an ein wirtschaftlicher und industrieller Krieg. Es war kein politischer Krieg.‹ Mit seiner These vom ›Selbstbestimmungsrecht der Völker‹ tarnte er die wahre Begründung, nämlich die Rettung der amerikanischen Banken. Präsident ROOSEVELT bestärkte 1939 die polnische Regierung darin, das Kompromißangebot HITLERS für Danzig abzulehnen und verheimlichte ihr den geheimen Teil des RIBBENTROP-MOLOTOW-Paktes. Die Wirtschaftsinteressen der USA in Europa ließen ihm nach den Siegen der Wehrmacht 1939–1941 keine andere Möglichkeit, als über den Krieg mit Japan die deutsche Kriegserklärung herbeizuführen. Zwei Ziele waren damit erreicht: Die Rüstungsindustrie blühte auf, und die Arbeitslosigkeit verschwand.‹«

Professor SEIDLER schloß:

»SCHULTZE-RHONHOF hat Großes geleistet. Seine Bücher aber werden wohl erst dann gebührend gewürdigt werden, wenn die Deutschen ohne politische Zwänge ihre eigene Geschichte schreiben können. Solange das Nürnberger Geschichtsbild für alle Aussagen zur Geschichte des Dritten Reiches gilt und solange von den USA bestimmt wird, was gut ist für Deutschland, wird sich wenig ändern. Im Vorwort seines ersten Buches schrieb SCHULTZE-RHONHOF, daß sich das Pendel des Zeitgeistes nicht in der Mitte festbinden lasse. Es ist höchste Zeit, daß es von der extrem linken Seite auf die andere Seite schwingt. Das Bild macht Hoffnung. Herzlichen Glückwunsch zu dieser verdienten Auszeichnung, lieber Herr SCHULTZE-RHONHOF.«

Soweit die Grußbotschaft von Prof. SEIDLER. Meine Damen und Herren, ich erlaube mir an dieser Stelle eine Frage: Wieviel Ignoranz, Unterwürfigkeit und Feigheit gehört eigentlich dazu, wenn das ›offizielle Deutschland‹ noch immer von der deutschen Alleinschuld an beiden Weltkriegen spricht? Um es klarzustellen: Es geht mir bei dieser Frage nicht um einen Freispruch, sondern um Wahrheit und Gerechtigkeit! General SCHULTZE-RHONHOF findet darauf überzeugende Antworten: Präzise, knapp und diszipliniert in der Sprache und getreu dem Grundsatz des großen deutschen Historikers Leopold VON RANKE:

> »Man hat der Historie das Amt, die Vergangenheit zu richten, die Mitwelt zum Nutzen zukünftiger Jahre zu belehren, beigemessen: so hoher Ämter unterwindet sich gegenwärtiger Versuch nicht: er will bloß zeigen, wie es eigentlich gewesen.«

Einer der führenden US-amerikanischen Historiker, Harry Elmer BARNES, drückt diesen Gedanken so aus: »Revisionismus bringt die Geschichtsschreibung in Einklang mit den Fakten.« Günter NENNING findet in seinem Werk *Auf den Klippen des Chaos* kluge Worte zu den heute herrschenden Geschichtsdogmen, wenn er sagt: »Alle Geschichte muß immer wieder neu geschrieben werden, sogar die deutsche.« Mit der intellektuellen Disziplin des deutschen Generalstabsoffiziers sind Sie, Herr General, diesen Grundsätzen in vorbildlicher Weise gefolgt.

Fast am Ende meiner Laudatio kann ich mit großer Freude ein Grußwort eines weiteren, von mir hochgeschätzten Mannes überbringen. Brigadegeneral Reinhard GÜNZEL schrieb:

»Ich gratuliere der GfP zu ihrer Entscheidung, Herrn General SCHULTZE-RHONHOF den ›Ulrich von Hutten-Preis‹ zu verleihen.

Wer sich mit dem Leben und Werk dieses großen Humanisten befaßt hat und wer den Preisträger nur ein wenig kennt, der wird eine Vielzahl von Gemeinsamkeiten in beiden Lebensläufen entdecken, die diese Entscheidung untermauern.

Es steht mir natürlich nicht zu, einen Mann wie Herrn General SCHULTZE-RHONHOF zu beurteilen oder zu bewerten; und ich will erst recht der Laudatio nicht vorgreifen. Ich möchte lediglich zwei Punkte herausgreifen:

All diejenigen, die unter ihm gedient haben oder mit ihm in den unterschiedlichsten Verwendungen kameradschaftlich verbunden waren, haben ihn immer als einen herausragenden Soldaten geschätzt und geachtet.

Über die Grenzen der Bundeswehr ist er jedoch bekannt geworden durch sein couragiertes Eintreten gegen die wiederholte Verkürzung der Wehrpflicht sowie das unsägliche ›Soldaten-sind-Mörder‹-Urteil.

Vor allem aber hat er mit seinen Büchern, Kommentaren und Vorträgen eine nachhaltige Bresche geschlagen in unsere politisch korrekte Geschichtsschreibung, womit er natürlich gleichzeitig zum Staatsfeind Nr. 1 der historischen Hofberichterstattung geworden ist. Aber in einem fremdbestimmten Land, das zudem von einer Fülle von Denkverboten umstellt ist, gilt das Aussprechen der Wahrheit immer als revolutionärer Akt und damit als ›Kapitalverbrechen‹.

Schon LICHTENBERG wußte, daß es ›fast unmöglich ist, die Fackel der Wahrheit durch ein Gedränge zu tragen, ohne jemanden den Bart zu versengen‹.

General SCHULTZE-RHONHOF hat sich nie um ›versengte Bärte‹ gekümmert, sondern nach der Maxime der Humanisten und Aufklärer immer den Mut gehabt, sich seines eigenen Verstandes zu bedienen, zu eigenen Urteilen zu gelangen und diese mit großem Bekennermut zu vertreten.

Hätten wir mehr Männer seines Schlages, dann könnte man auch in diesem Land wieder in den Ruf des ULRICH VON HUTTEN einstimmen: ›Es ist eine Lust zu leben!‹«

Diesen Worten von General GÜNZEL schließe ich mich gern an. Es ist mir aber ein ganz besonderes Bedürfnis, zum Schluß noch einige persönliche Worte an Sie, verehrten Herrn General, zu richten. Ich kenne Sie nun schon einige Jahre. Jede Begegnung, jedes Gespräch mit Ihnen empfand ich als eine persönliche Bereicherung. Mit Ihrem Denken und Handeln, mit Ihrem Mut und mit Ihrem überzeugenden Einsatz für unser Deutschland sind Sie für mich und, wie ich weiß, für sehr viele Menschen in unserem Lande zu einem wegweisenden Vorbild geworden, dies auch und nicht zuletzt wegen Ihrer uneigennützigen Hilfsbereitschaft und Bescheidenheit, mit der Sie Menschen gewinnen und Herzen berühren. Ich bin dankbar, daß ich Ihnen begegnet bin.

Der ›Ulrich von Hutten-Preis‹ trägt den Namen eines Mannes, den besondere Eigenschaften auszeichnen: Mut, dem Zeitgeist zu trotzen – Mut, seiner Überzeugung zu folgen und ihr treu zu bleiben, auch wenn dies mit persönlichen Nachteilen verbunden ist. Er war ein Kämpfer für die Freiheit, und in diesem Sinne war er auch ein großer Patriot. Als einen solchen zeichnen wir Sie heute aus, verehrten Herrn General. »Das Ministerium für Wahrheit« in ORWELLS 1984, in welchem die Geschichtsschreibung gefälscht wird, beginnt – und dafür gibt es untrügliche Anzeichen –, seine Macht und seinen Einfluß zu verlieren. Daran haben Sie mit Ihrem Lebenswerk inzwischen einen hohen Anteil, und dafür haben Sie unseren Dank und unsere Anerkennung in höchstem Maße verdient.

Meine sehr verehrten Damen und Herren, mit den folgenden Worten von Margaret MEAD möchte ich einen Appell an uns richten: »Man sollte nie dem Glauben verfallen, eine kleine Gruppe ideenreicher engagierter Leute könne die Welt nicht ändern. Tatsächlich wurde sie nie durch etwas anderes verändert.« Wir sind, das ist meine feste Überzeugung, ein Teil einer solchen kleinen Gruppe. Auf unserem Weg soll uns einer der größten und bedeutendsten Dichter unseres Landes, Friedrich SCHILLER, Mut machen und Ansporn sein:

> »Wenn kein Mensch mehr die Wahrheit suchen und verbreiten wird, dann verkommt alles Bestehende auf der Erde, denn nur in der Wahrheit sind Gerechtigkeit, Frieden und Leben.«

Lassen Sie mich zum Schluß auch noch an einen anderen großen Wegbegleiter erinnern. In GOETHES *Wilhelm Meisters Wanderjahre* finden wir die notwendigen aufmunternden Worte:

> »Es ist nicht genug zu wollen, man muß es auch tun.«

Sie sind uns darin Vorbild, Freund und Kamerad. Herzlichen Glückwunsch, Herr General.

Dankesrede zur Verleihung des Huttenpreises

GERD SCHULTZE-RHONHOF

Meine sehr verehrten Damen, liebe Frau NICKEL, sehr geehrter Herr PFEIFFER, lieber Herr ZIPS, meine werten Herren!

Ihnen, Herr PFEIFFER, meinen Dank für die Verleihung der Hutten-Medaille. Ich fühle mich ausgesprochen geehrt. Ihnen, liebe Frau NICKEL, meinen herzlichen Dank für die Vorbereitung dieser würdigen Veranstaltung. Und Ihnen, lieber Herr ZIPS, meinen Dank für Ihre Laudatio. Sie haben mich über den grünen Klee gelobt. Das tut zwar meiner Seele gut. Aber zu viel Lob verdirbt den Charakter des Gelobten. Ich fühle mich durch die Verleihung der Hutten-Medaille und Ihre Worte sehr geschmeichelt.

Herr PFEIFFER hat mir in seinem ersten Brief geschrieben, ich hätte mich um die Freiheit des Wortes verdient gemacht. Ich danke Gott, daß ich in der Bundesrepublik Deutschland lebe, in der Wort und Schrift noch immer vom Grundgesetz geschützt sind und in der der politisch korrekten Zwangsverwaltung unserer Sprache noch immer weitgehende Grenzen gesetzt sind.

Daß ich hier – heute stehen darf und die Hutten-Medaille empfangen durfte, verdanke ich der Gesinnung meines Vaters und der Prägung durch meinen Beruf.

Mein Vater hat mich durch Vorbild und Gespräche zu einem preußisch empfindenden deutschen Patrioten gemacht, und mein Beruf hat mein Zielstreben auf das Leben und Überleben unseres deutschen Volkes ausgerichtet. Wir haben das in der Bundeswehr immer die »Verteidigung von Recht und Freiheit des deutschen Volkes« genannt.

Als Soldaten haben wir uns durch jahrelanges Training in der sogenannten ›Beurteilung der Lage‹ ein klares und strukturiertes Denken und die Fähigkeit zur ungefärbten Lagefeststellung und Analyse angewöhnt.

Warum sollte das alles am Tage meiner Pensionierung in mir erlöschen?

In meinem Beruf habe ich alle meine Kraft und Zeit auf meine Dienstpflichten konzentriert und, was dann noch blieb, auf meine Familie verwendet. Mich da um Politik oder die gesellschaftlichen Entwicklungen in unserem Land zu kümmern, blieb kein Spielraum. Ich hätte auch nicht allzu viel Grund dazu gehabt. Die Bundeswehr diente im Kalten Krieg einem begreifbaren Zweck. Die NATO diente der Besitzstandwahrung ihrer Mitgliedsstaaten, was deren Territorien und Rechte und Freiheiten betraf. Die demographische Katastrophe – heute euphemistisch ›demographischer Wandel‹ genannt – zeichnete sich erst ab, war aber noch nicht spürbar. Es war noch Konsens im deutschen Volk, daß wir ein solches sein und bleiben wollten. Aber an unserem Geschichtsbild wurde bereits kräftig herummanipuliert.

Die Zeit meiner Pensionierung fiel zufällig mit dem Ende des Kalten Krieges und dem Beginn einer Epoche des Wandels zusammen. Die deutsche Öffentlichkeit glaubte, von da an kein eigenes Militär mehr nötig zu haben. Parallel dazu begannen NATO und EU, sich ohne Rücksicht auf russische Empfindsamkeiten nach Osten auszubreiten. Die Perspektive, nur noch von Freunden umgeben zu sein, gab dem Europa-Enthusiasmus einen neuen Schub und demontierte im selben Umfang unser Nationalbewußtsein. Politik, Medien und manche Historiker machten den alten Nationalstaat als die Ursache für die Jahrhunderte der Kriege in Europa aus. Das Volk der Deutschen wurde als allein schuld an diesen Kriegen angesehen, und es wurde als sinnvoll erachtet, es gegen eine Vielvölkermischung auszutauschen. Selbst die Assimilierung der Einwanderer wurde nicht erwünscht. Die politische, wirtschaftliche und kulturelle Selbstbestimmung der Deutschen wurde zunehmend als ein Hindernis auf dem Weg in einen europäischen Superstaat wahrgenommen. Neulich warf eine grüne Abgeordnete einem Vertreter der ›Alternative für Deutschland‹ in einer Fernseh-Talkshow sogar mit bitterem Ernst vor, in seinem Parteiprogramm stünden die Worte »Deutsches Volk«. Da kommt einem der prägnante SARRAZIN-Titel *Deutschland schafft sich ab* in den Sinn.

Diese Entwicklungen eröffneten zahlreiche neue Fronten. In diesem Kreis und auch sonst in Deutschland gibt es viele Menschen, die sich bemühen, das, was sie dabei für Fehlentwicklungen halten, zu bekämpfen. Das sind, um Beispiele zu nennen,

– der Kampf um ein Europa der Vaterländer oder um einen europäischen Gesamtstaat,

– der Kampf um mehr Zurückhaltung bei den verlorenen Finanzhilfen für Südeuropäer oder um mehr Solidarität mit jenen,

– der Kampf um weniger oder mehr Zuwanderung,

– der Kampf um den klaren Vorrang des herkömmlichen Familienbildes oder um die Gleichwertigkeit einer Vielzahl von möglichen Ehe- und Familienmodellen,

– der Kampf um deutsche Kulturtraditionen oder um Multikulti,

– der Kampf um die Ausrichtung der Bundeswehr auf Landesverteidigung oder auf Auslandseinsätze und vieles andere mehr.

Mir als altem Soldaten ist klar, daß man erfolgreich nur an einer Front kämpfen kann. So sehr ich mich auch über das eine oder andere der eben aufgezählten Themen erhitzen kann, so engagiere ich mich doch nur an einer Front. Ich kämpfe um die Ehre meines Volkes und um sein Selbstbewußtsein, und ich bitte die zahlreichen anderen Engagierten um Verständnis, daß ich an ihren Fronten nicht mitstreite.

Ich halte unser zerstörtes Selbstbewußtsein für die Wurzel vieler der eben aufgezählten Fehlentwicklungen. Wie sehr unser Selbstbewußtsein, unser Nationalbewußtsein und damit unsere positive Lebenseinstellung gestört sind, kann man fast täglich erleben, wenn Deutsche alles Deutsche zerreden und schlecht machen.

Wenn zum Beispiel ein Franzose etwas erfunden hat, ist es großartig.

Wenn aber der deutsche Bakteriologe und Nobelpreisträger Robert KOCH etwas Bedeutendes entdeckt hat, muß ein Makel daran kleben. Zwei deutsche Professoren haben sich in einer Fernsehsendung nicht entblödet, zu erzählen, Robert KOCH hätte das Gegenmittel gegen die Schlafkrankheit nur entwickelt, damit die schwarzen Arbeitssklaven in den deutschen Kolonien nicht so oft als Arbeitskräfte ausfielen. Ein humanitäres Motiv wurde ihm damit abgesprochen, und seine Leistungen bei der Bekämpfung der Cholera, der Tuberkulose und der Pest wurden natürlich nicht erwähnt.

Ein anderes Beispiel: Wenn im Dritten Reich großzügig gebaut wurde, ist das heute im deutschen Sprachgebrauch ›Nazi-Stil‹. Daß zur selben Zeit von Chicago bis Ankara im gleichen Stil gebaut wurde, bleibt den Nazi-Stil-Schwätzern offensichtlich verborgen. Sie müßten sonst ja auch bemängeln, daß das Gebäude der Federal Reserve Bank in Washington D. C. im Nazi-Stil errichtet worden ist (einschließlich des großen Adlers über dem Hauptportal).

Das dritte Beispiel führt mich zu meinem Hauptanliegen, der Wahrheit über die Vorkriegs- und Kriegsgeschichte. Wenn über Vorkriegs- oder Kriegsgeschichte gesprochen und geschrieben wird, liegt in der Regel alles Teuflische bei Deutschland. Wenn zum Beispiel der deutsche Luftangriff auf Coventry das Thema ist, werden die Bomben auf die Kathedrale erwähnt, und das Ganze ist barbarisch und ein Kriegsverbrechen. Ich habe noch bei keinem Fernsehjournalisten gehört und keinem Zeitungskommentator gelesen, daß vor dem deutschen Luftangriff auf die Flugzeugfabriken in Coventry 41 deutsche Städte bombardiert worden waren. Es wird auch nie erwähnt, daß das englische Kriegskabinett den deutschen Angriff auf Coventry in einer internen Sitzung als »legitime Kriegshandlung« klassifiziert hat.

Damit bin ich bei dem Thema angekommen, das mich seit nun 15 Jahren intensiv beschäftigt. Das Thema ist hauptsächlich: »Wie sind die beiden Weltkriege entstanden?« und in der Nebensache: »Wie anständig oder unanständig sind sie geführt worden?«

Beides zusammen ist eines der zwei Schlüsselthemen unserer Zeitgeschichte, die inzwischen zu einer ständigen Einprägung ausgesuchter Negativ-Erinnerungen geworden ist. Diese ständig wiederholten Negativ-Erinnerungen erziehen uns zur nationalen Selbstverachtung.

Mir geht es hier um die Bedeutung der deutschen Geschichtsschreibung für unser kollektives Bewußtsein und in dessen Folge um die Auswirkung auf unser kollektives Handeln, also die Politik von heute. Es ist zugegebenerweise sehr schwer, die eigene Vergangenheit objektiv und richtig darzustellen. Aber es gibt auch beweisbare Falschdarstellungen von Geschichte. Es ist auffallend, wie sich diese in Deutschland durch deutsche Historiker und Publizisten häufen, wenn es darum geht, deutschen historischen Personen und Institutionen Fehler, Sünden und Verbrechen zuzuschreiben. Ich meine, im Dritten Reich hat es genug davon gegeben. Da bräuchte man nichts hinzuzuerfinden.

Falsche Zitate, Übersetzungsfehler, Übertreibungen oder Herunterrechnen von Opferzahlen, Erfindungen von Geschehnissen, das Umwandeln von Gerüchten in Tatsachenbehauptungen und das Übernehmen von ehemaliger Feindpropaganda als Wahrheiten sind zwar oft schwer nachzuweisen, aber mit etwas Mühe gelingt das meist doch.

Geschichtliche Irrtümer, die auf leisen Sohlen daherkommen, halte ich für viel gefährlicher, weil sie oft nicht auffallen und deshalb meist ohne Argwohn übernommen werden.

Das sind die Auslassung beurteilungsrelevanter Fakten,

– das Darstellen falscher Zusammenhänge und irreführende Pseudovergleiche,

– das Anlegen unterschiedlicher Maßstäbe,

– die Schwarz-Weiß-Malerei,

– das Vorschieben edler oder niederträchtiger Beweggründe durch Motiv-Vernebelung,

– das Bedienen von Klischees,

– das Mischen historischer Bewertungen mit heutigen soziologischen Meinungen, das Belasten von Untersuchungen durch Vorverurteilungen (da hat sich das Militärgeschichtliche Forschungsamt (MGFA) deftige Beispiele geleistet),

– die Auftragserteilungen an Historikerkommissionen mit Ergebnisvorgaben (die jüngste deutsch-italienische Kommission dient da als Beispiel) und

– die unterschwellige Manipulation durch Diskriminierung in der Sprache, wie zum Beispiel mit dem Un-Wort ›Nazi-Stil‹.

Hier kommt mir meine Ausbildung als Offizier zugute. In der jahrelangen Schulung und Übung der sogenannten ›Beurteilung der Lage‹ haben wir gelernt, Tatsachen festzustellen, sie zu überprüfen, sie von Gerüchten und Vermutungen zu trennen und Feind-Täuschungen und -Propaganda herauszufiltern – kurzum, bei den Fakten zu bleiben. Und vor allem darum geht es bei der Erforschung und Darstellung von Geschichte.

Die gängigste der eben von mir aufgezählten Fehler-Methoden, die auf leisen Sohlen daherkommen, ist die Auslassung. Es ist auffallend, daß die Schilderungen der meisten Ereignisse, die zum Zweiten Weltkrieg geführt haben, in allen deutschen Schulgeschichtsbüchern erst da einsetzen, wo Deutschland anfängt, sich zu wehren. Lesen Sie einmal in einem gymnasialen Schulgeschichtsbuch etwas über den Österreich-Anschluß 1938, oder den Sudetenland-Anschluß 1938, oder die Kriegseröffnung wegen Danzig 1939. Sie werden so gut wie nichts über das Verhalten der Tschechen, Polen und Franzosen in den 20 Jahren vorher finden, das die Ereignisse von 1938 und 1939 hinlänglich erklärt.

So bleiben unsere Schüler und Studenten unfähig, die damaligen Ereignisse zu durchschauen, geschweige denn, sie zu beurteilen. Da bereits zwei Lebensgenerationen von Gymnasiasten diese verkrüppelte Art von Geschichtsunterricht in Westdeutschland, in der DDR und im wiedervereinigten Deutschland durchlaufen haben, ist auch erklärt, warum inzwischen auch Studienräte mit dem Fach Geschichte und andere Akademiker die Vorkriegsgeschichte nicht mehr durchschauen können. Voran mit dieser Unfähigkeit gehen uns unser Staatsoberhaupt, so wie die meisten unserer Parlamentarier und Presseleute.

Nicht unterschlagen wird natürlich HITLERS moralische, völkerrechtliche und strategische Fehlleistung, im März 1939 die Resttschechei besetzen zu lassen und damit der Welt einen Anlaß zum Krieg gegen Deutschland zu geben. Auch das ist entscheidend gewesen, aber eben nicht allein entscheidend.

Der katholische Moraltheologe Prof. Dr. Klaus BERGER hat in vergleichbarem Zusammenhang einmal gesagt: »Fälschung setzt da ein, wo ein Teil der Wirklichkeit unterschlagen wird.«

Warum wird heute in Deutschland so viel Geschichtswissen unterschlagen? Die Gründe sind sicherlich zuerst politisch. Die geschichtlichen Erinnerungen dürfen die Außenpolitik nicht belasten. Die Darstellung der Vergangenheit darf die Völkerverständigung und die europäische Einigung nicht stören. Die verbleibenden Kenntnisse über die eigene Vergangenheit müssen das abschreckende Gegenteil zur heutigen Politik darstellen. Geschichtsdarstellungen sollen unsere Bevölkerung zu einem vorgegebenen Weltbild erziehen. Und nicht zuletzt, die Regierungen der Bundesrepublik Deutschland haben sich 1954 und 1990 zweimal vertraglich verpflichtet, die Geschichtsdarstellungen der Sieger von 1945 nicht zu revidieren.

Und so wird dann eben ein Teil der eigenen Geschichte unterschlagen und dem Vergessen übergeben. Ein wesentlicher Teil unserer kollektiven Erinnerung wird so gelöscht.

Die traurige Rolle, die die meisten deutschen Historiker und Publizisten dabei spielen, will ich hier übergehen.

Wenn man Geschichte nicht mehr durchschauen kann, kann man auch keine Lehren aus ihr ziehen. Die vergangenen Jahre und Monate haben uns ein treffliches Beispiel dafür geliefert. 1914 hätte uns 2014 und davor einiges lehren können. Wenn man sich in den letzten 40 Jahren nicht nur mit der Schuld Deutschlands und Österreichs am Zustandekommen des Ersten Weltkriegs beschäftigt hätte, sondern in den Schulen und an den Universitäten genauso intensiv die Wirtschafts- und Bündnis-Politik der Briten, Russen und Franzosen in den Jahren vor dem Ersten Weltkrieg untersucht und ihre Einkreisungspolitik gegen Deutschland und Österreich studiert hätte, wären die EU, die NATO und mit ihr die USA den Russen mit ihrer Ukraine-Politik nicht so unverfroren auf den Leib gerückt.

Man hätte auch lernen können, zu welcher Eigendynamik Bündnissysteme fähig sind. Die deutschen Versuche von 1914, Briten,

Russen und Franzosen von einer Kriegsteilnahme abzuhalten und sich selbst einen Krieg zu ersparen, verhedderten sich unter anderem in den Bündnisabsprachen der Erstgenannten. Auch jetzt verpflichten sich die westlichen Bündnisstaaten immer wieder gegenseitig zu lageverschärfenden Sanktionen. 1914 schien die Kriegsgefahr zwischen Serbien und Österreich zunächst gebannt, bis die gekränkte Großmacht Habsburg keine Ruhe gab und eine Spirale der Eskalation in Gang setzte. Diesmal sind es die USA, die treiben. Und wir Deutsche sind wieder einmal die treuen Bundesgenossen, die leider nichts dazugelernt haben. Hoffentlich bleibt der Welt ein Ukraine-Krieg erspart.

Was mich heute tröstet, ist, daß nun wenigstens von einigen Ausländern die monokausale Sicht der Kriegsschuld von 1914 aufgebrochen wird. Die Mehrzahl der deutschen Historiker wagt sich zu diesem Thema noch nicht aus der Deckung. Ich sage voraus, daß 2039 die gleiche Revision der deutschen Alleinschuld am Zweiten Weltkrieg auch vom Ausland ausgeht. Die Historiker und Publizisten, die bis dahin anderes schreiben, wie zum Beispiel Dr. Post, Dr. Scheil, Dr. Rose, Dr. Kosiek und Prof. Dr. Seidler werden einsame Rufer in der Wüste bleiben.

Ich werde weiter versuchen, mein Scherflein dazu beizutragen. Nun kann ich nicht wie Ulrich von Hutten sagen: »Ich hab's gewagt.« Ich kann nur sagen: »Ich hab's versucht!« Und ich habe auch keinen so kurzen und prägnanten Leitspruch wie von Hutten.

Als ich Fahnenjunker war, gab mir mein Vater einmal einen handbeschriebenen Zettel, und darauf stand das viel zitierte Schiller-Wort:

»Feiger Gedanken,
Bängliches Schwanken,
Ängstliches Klagen
Wendet kein Elend,
Macht dich nicht frei.
Allen Gewalten
Zum Trutz sich erhalten,
Nimmer sich beugen,
Kräftig sich zeigen,
Rufet die Arme
Der Götter herbei!«

Ich wünsche der Gesellschaft für Freie Publizistik und allen ihren Mitgliedern, daß die Arme der Götter stets auf ihrer Seite bleiben.

Das Mysterium der weißen Blätter

Gerd Schultze-Rhonhof

Wichtige Vorgänge der Geschichte werden zeitnah am Geschehen in Akten zu Papier gebracht und 20 oder 30 Jahre später, zu Dokumentensammlungen zusammengestellt, abgedruckt, veröffentlicht und so der Wissenschaft zur Verfügung gestellt. Der Autor hat bei seinen Arbeiten zur Zeitgeschichte oft von solchen gedruckten Sammlungen Gebrauch gemacht, um sich damit die Reisen in die Archive, in denen die jeweiligen Originalakten lagern, zu ersparen.

Hin und wieder fielen dem Autor dabei Textstellen auf, die nach den Zeitumständen oder anderen Indizien so, wie gedruckt, nicht stimmen konnten. Irgendwann begann der Autor, sich solche verdächtigen Stellen mit ihren Akten- und Dokumentennummern zu notieren, um sie beim nächsten Archivbesuch in den Originalakten zu überprüfen. In aller Regel bekommt der Archivbesucher nur Fotokopien der Akten ausgehändigt. Doch auch Kopien können noch den Leser täuschen. Der Autor bat jedes Mal um die Originale, und er bekam sie vorgelegt: Aktenordner mit 60 oder 70 Jahre alten, bis ins Bräunliche vergilbten DIN A4-Blättern, dem damals gängigen, billigen Schreibmaschinenpapier. Nun kam die Überraschung.

In vielen Fällen war das Papier, auf dem die zweifelhaften Stellen standen, ein hellweißes Blatt. Manchmal stand oben auf der Seite ›Abschrift‹, manchmal fehlte der Vermerk. Es ist schon auffallend, daß hin und wieder ein einziges Blatt in mehrseitigen Dokumenten nicht dem Alterungszustand aller anderen Seiten entspricht. Da der Autor fast immer nur dort die weißen Seiten fand, wo er offensichtlich nicht Stimmendes vermutet hatte, lag für ihn der Verdacht nahe, daß hier nachträglich Textänderungen vorgenommen und die entsprechenden Seiten ausgetauscht worden waren.

Es fragt sich, warum das bisher offensichtlich kaum jemandem aufgefallen ist. Die Akten, um die es geht, lagen bis 1956 zum Teil in den USA und zum Schluß alle in England. Als sie dann an Deutschland ausgehändigt worden sind, waren die Papiere gerade 20 Jahre alt, und der Alterungsprozeß der originalen, nicht ausgetauschten Blätter war offensichtlich noch nicht so weit fortgeschritten, daß ein Unterschied zu den ausgetauschten Papieren aufgefallen wäre. So mußten die deutschen Historiker, die diese Akten unmittelbar nach der Rückgabe ausgewertet und über sie geschrieben haben, nicht über die offensichtlich ausgetauschten Blätter stolpern. Jetzt, nach weiteren 50 Jahren, ist das billige Schreibmaschinenpapier der dreißiger Jahre so stark vergilbt, und sind die ausgetauschten Blätter noch so gut erhalten, daß man den Unterschied nicht übersehen kann.

Zwei Beispiele sollen im Folgenden demonstrieren, wie hier die spätere Geschichtsschreibung von denen, die die deutschen Akten bis 1956 in Verwahrung hatten, ›schon in den Quellen‹ manipuliert werden sollte.

Erntehelfer aus der Tschechoslowakei

Die Originalakten zu den Geschehnissen in der Tschechoslowakei von 1937 liegen im Archiv des Auswärtigen Amts in Berlin. Sie enthalten zwischen anderen Berichten über Sudetendeutsche und Slowaken ein Schriftstück, das dort nach dem Datum auch scheinbar hingehört. Dieses Schreiben, datiert auf den 3. März 1937 und ausgefertigt in Berlin, berichtet, daß der stellvertretende Parteivorsitzende der Sudetendeutschen Partei Konrad FRANK zum Reichsführer der SS Heinrich HIMMLER beordert worden sei. HIMMLER habe ihm befohlen, sofort 25000 sudetendeutsche Knechte und 40000 Mägde als Arbeitskräfte nach Deutschland umzusiedeln. Auf den Einwand FRANKS, daß die Tschechoslowakei ein souveräner Staat sei und eine solche Umsiedlung deshalb nicht zu machen sei, habe HIMMLER erwidert, daß die »Sudetendeutschen ja im übrigen in nicht allzu ferner Zeit sowieso zum Reich kämen«. Das Schreiben schließt mit der Bitte um eine Stellungnahme des Reichsaußenministers.[1] Der bemerkenswerte Satz in diesem Text vom 3. März 1937 ist, daß »die Sudetendeutschen ja... in nicht allzu ferner Zeit sowieso zum Reich kämen«.

Der Satz wirkt wie ein Beweis dafür, daß der spätere Anschluß der Sudetenlande in Berlin schon Anfang 1937 eine beschlossene Sache gewesen sei. Die Spur, die hier gelegt wird, ist falsch und das Schreiben eine schlecht gemachte Fälschung. Das fragliche Blatt ist schneeweiß und hat ein Wasserzeichen, das sonst nirgends in den Akten auftaucht. Das Schreiben weist weder einen Kopf mit dem Verfasser noch eine Unterschrift auf. So ist seine Echtheit kaum zu überprüfen. Einige Zeilen des Textes sind von Hand rot unterstrichen, als wäre das Schreiben vom Empfänger gelesen und bearbeitet worden, doch die beim Lesen üblicherweise angebrachte Paraphe fehlt. Auch eine Antwort oder Stellungnahme des Ministers ist im Ordner nicht zu finden. Selbst der Inhalt dieses Schreibens ist nicht stimmig. Ende Februar 1937 gab es in Deutschland noch immer über 1,5 Millionen Arbeitssuchende[2] und fast 63000 arbeitslose Landarbeiter.[3] Selbst von den fast 63000 beschäftigungslosen Landarbeitern im Januar 1937 waren zu Jahresende noch immer über 34000 arbeitslos. Ein Dauerzuzug von 65000 Arbeitskräften aus dem Ausland wäre 1937 kontraproduktiv gewesen. Statt dessen verhandelte das Auswärtige Amt wenig später tatsächlich mit der Tschechoslowakei um 3000 Saisonarbeitskräfte. Der Erfinder dieses Schreibens hat die wirtschaftliche Lage zu der Zeit nicht richtig recherchiert, aber wohl gewußt, daß der Bedarf an Landarbeitern wieder zunahm. So hat der Verfasser die falsche ›Botschaft‹, daß die Deutschen schon im März 1937 die Absicht hatten, der Tschechoslowakei die Sudetenlande abzunehmen, in das Thema ›Arbeitskräfte‹ eingepackt. Er hat als Überbringer den Reichsführer der SS gewählt, dem ohnehin ein jeder alles zutraut. Aber HIMMLER war zu der Zeit dienstlich weder mit Wirtschaftsfragen noch mit den Problemen der Auslandsdeutschen befaßt. Als Absicht des Erfinders dieser ›Botschaft‹ kann vermutet werden, ein frühes Indiz für deutsche Kriegsschuld in die Originalakten des Jahres 1937 zu plazieren. Diese Akten

Karl-Hermann Frank.

Der Bedarf an Landarbeitern nahm Ende der dreißiger Jahre wieder zu. Ein so hoher Bedarf an Erntehelfern aus dem Sudetenland bestand aber nicht. Die BDM-Mädchen leisteten ihrerseits einen wertvollen Beitrag. Die Aufnahme entstand 1939.

Mitglieder des slowakischen Kabinetts: Josef TISO (3. v. l.) und Innenminister Ferdinand DURCANSKY (4. v. l.).

befanden sich während des Nürnberger Prozesses in amerikanischem und danach bis 1956 in englischem Gewahrsam.

Görings Flugplatzwünsche in der Slowakei

Am 19. Oktober 1938 machten der slowakische Ministerpräsident Monsignore TISO und sein Stellvertreter Dr. Ferdinand DURCANSKY ihre Antrittsbesuche in Berlin. DURCANSKY hat bei der Gelegenheit Gespräche mit Außenminister VON RIBBENTROP und Reichstagspräsident und Luftfahrtminister GÖRING. Nach dem nur kurzen Protokoll der Unterredung mit GÖRING warb DURCANSKY – wie schon bei VON RIBBENTROP – für eine unabhängige Slowakei in Anlehnung an Deutschland. GÖRING äußerte, daß das Deutsche Reich die »Bestrebungen der Slowaken auf Selbständigkeit in geeigneter Weise unterstützen« werde. Dem folgt in dem Protokoll eine Einlassung GÖRINGS, die wieder einmal etwas Rätselhaftes in der Aktenlage darstellt. Nach dem Protokolltext sagt GÖRING zum Schluß der Unterredung: »Flughafenbasis in Slowakei für Luftwaffe im Einsatz gegen Osten sehr wichtig.«

Der Satz wirkt zusammenhanglos an den übrigen Gesprächstext angefügt. Gerade deswegen leuchtet er als Menetekel an der Wand, legt GÖRING hier doch erstmals offen, daß er sich schon im Oktober 1938 gedanklich mit einem Krieg im Osten auseinandersetzt. Östlich der Slowakei liegt nur die Sowjetunion und, wenn man es allegorisch nimmt, auch Polen. Dies wäre, wenn das Dokument stimmt, der erste Hinweis, daß ein Spitzenpolitiker des Dritten Reichs die Absicht eines späteren Angriffs in Richtung Osten offenlegte.

Inhaltlich fällt auf, daß der GÖRING-Satz nicht zu allen anderen Gesprächsinhalten paßt. Die einschlägige Fachliteratur läßt vielmehr darauf schließen, daß sich GÖRING 1938 als ›Beauftragter des Vierjahresplans‹ mit DURCANSKY ausschließlich über Wirtschaftsfragen unterhalten hat[4] und daß er sich gedanklich erst recht spät mit einem Einsatz seiner Luftwaffe gegen die Sowjetunion befaßt hat.[5] Formal fällt auf, daß die Aufzeichnung des Gesprächs weder Ort, noch Datum der Besprechung, noch den Protokollführer erkennen läßt. Das Papier trägt weder Unterschrift noch Namenszeichen.

Nimmt man statt der gedruckten und veröffentlichten Version des Gesprächsprotokolls in den *Akten zur Deutschen Auswärtigen Politik* das ›Original-Papier‹ im Archiv des Auswärtigen Amts in Berlin zur Hand, fallen zwei weitere Eigentümlichkeiten auf.[6] Das ›Original‹ trägt den Vermerk ›Abschrift‹, was in der gedruckten Version ausgelassen ist. Solch eine Unterlassung ist beim Aktenabdruck äußerst ungewöhnlich. Da das so genannte Original eine Abschrift ist, ist es durchaus möglich, daß das ursprüngliche Besprechungsprotokoll durch GÖRINGS inkriminierenden Satz erweitert worden ist. Es ist auch möglich, daß das ganze Gespräch erfunden worden ist. Das Fehlen von Orts- und Zeitangaben und der Unterschrift läßt das vermuten.

Die zweite Eigentümlichkeit, die bestätigt, daß das ›Original‹ kein Original ist, ist wieder der Zustand des Papiers. Es ist hellweiß, während die sonstigen Blätter im ganzen Aktenordner stark vergilbt sind. Dies ›Dokument‹ mit GÖRINGS verräterischem Satz ist offensichtlich zu einer Zeit dem Ordner beigeheftet worden, als das 1938 gebräuchliche Schreibpapier und das Papier des ›Dokuments‹ noch gleich weiß waren, so daß der Pfusch zunächst nicht sofort aufgefallen ist. Das ›Dokument‹ vom DURCANSKY-Besuch vom Oktober 1938 bei GÖRING ist höchstwahrscheinlich wieder eine Fälschung. Die Botschaft, die es überbringen soll, heißt: GÖRING hat schon im Oktober 1938 an einen Angriff gegen Polen oder die Sowjetunion gedacht.

Der anonyme Verfasser dieser Botschaft hat sie geschickt in das Thema › Staatsbesuch TISOS und DURANSKYS‹ eingepackt und das ›Dokument‹ dann unverdächtig zum Protokoll des TISO-DURCANSKY-RIBBENTROP-Gesprächs geheftet. Als Absicht des Erfinders dieser ›Botschaft‹ kann vermutet werden, ein frühes Indiz für deutsche Kriegsschuld in die Originalakten des Jahres 1938 zu plazieren. Diese Akten befanden sich während des Nürnberger Prozesses in amerikanischem und danach bis 1956 in englischem Gewahrsam. Eine Fälschung aus deutscher Feder nach 1956 kann der Autor nicht ausschließen, aber erhält sie für äußerst unwahrscheinlich.

Schlußbemerkung

Die Entschlüsse, die Sudetenlande an Deutschland anzuschließen und die Sowjetunion anzugreifen, reifen bei HITLER und in seiner Umgebung nachweisbar erheblich später, als das die ›weißen Blätter‹ suggerieren. Mit den 65000 sudetendeutschen Landarbeitern, die HIMMLER angeblich schon im März 1937 hatte haben wollen, verlegt der Fälscher den Zeitpunkt der ersten Äußerung aus HITLERS Umfeld, daß die Sudetenlande Deutschland angeschlossen werden sollen, um acht Monate nach vorn. HITLERS eigene erste Aussage dazu stammt aus dem Gespräch, das mit dem berühmt-berüchtigten HOSSBACH-Protokoll vom November 1937 überliefert worden ist.

Mit GÖRINGS angeblicher Bemerkung vom Oktober 1938, daß die slowakischen Flugplätze für den Einsatz der Luftwaffe nach Osten wichtig wären, verlegt der Fälscher den ersten Hinweis auf Überlegungen aus dem Umfeld HITLERS, die sonst erst aus dem Juli 1940 stammen, um 20 Monate nach vorn.

Wenn es da nicht die Parallele der auffälligen weißen Blätter in vielen solcher Fälle gäbe, wäre der massive Verdacht der Fälschung höchstwahrscheinlich gar nicht aufgekommen.

[1] *Politisches Archiv des Auswärtigen Amts,* Akte R 103654, Blatt 068.

[2] *Reichsarbeitsblatt Arbeitsministerium 1937,* Teil II, Seite 141.

[3] *Statistisches Jahrbuch Deutsches Reich 1938* , S. 371.

[4] Stefan MARTENS, *Hermann Göring, ›Erster Paladin des Führers‹ und ›Zweiter Mann im Reich‹*, Ferdinand Schöningh Verlag, Paderborn, 1985, S. 167.

[5] MGFA DR u. 2. WK, Bd. 4, S. 282 f.

[6] Politisches Archiv des Auswärtigen Amts, Akte R 29932, Blatt 210058.

Görings angebliches Kriegsangebot an Polen

GERD SCHULTZE-RHONHOF

Görings Besuch in Polen im Januar 1935

Nach Abschluß des Deutsch-polnischen Freundschaftsvertrages von 1934 entspannte sich das bis dahin sehr frostige Verhältnis zwischen beiden Staaten. Im Zuge dieser erfreulichen Entwicklung gab es zahlreiche politische Besuche, um die Beziehungen weiter zu verbessern. So reiste auch der damalige Reichstagspräsident und Luftfahrtminister Hermann GÖRING des öfteren nach Polen. Seine Warschauer Gastgeber pflegten, ihn – der ein leidenschaftlicher Jäger war – dann zu Jagdausflügen einzuladen. Im Zuge seines Staatsbesuchs vom 27. bis zum 31. Januar 1935 wurde GÖRING zu einer Jagd in das Waldgebiet bei Bialowiecy eingeladen. Er traf dort und in Warschau mit Regierungschef Jósef PILSUDSKI und anderen polnischen Persönlichkeiten zusammen und soll – so berichten zahlreiche deutschsprachige, französische und polnische Geschichtswerke – dem polnischen Marschall vorgeschlagen haben, daß die deutschen Streitkräfte zusammen mit den polnischen unter PILSUDSKIS Oberbefehl einen Krieg gegen die Sowjetunion eröffnen sollten. Doch das war nicht der Fall.

Görings Angebot für einen Krieg gegen die Sowjetunion

So schreibt zum Beispiel Prof. Hans-Adolf JACOBSEN in seinem Dokumentenband *1939–1945, Der Zweite Weltkrieg in Chronik und Dokumenten,* Bd. 1,[1] auf Seite 82 zu diesem Ereignis: »Aus den Aufzeichnungen des polnischen Staatssekretärs SZEMBEK: Gespräch mit LIPSKI«.

Josef LIPSKI war zu der Zeit polnischer Botschafter in Berlin. Er war bei GÖRINGS Polen-Besuch anwesend und dabei auch bei den Gesprächen, die Marschall PILSUDSKI und Minister GÖRING miteinander geführt haben. LIPSKI ist also der eigentliche Zeuge. SZEMBEK war als stellvertretender polnischer Außenminister meist nicht anwesend, vor allem nicht bei den fraglichen Gesprächen, über die er später ›aus zweiter Hand‹ in seinem Tagebuch berichtet hat. Er ließ sich deshalb später von LIPSKI über den Besuch berichten. In dem von SZEMBEK wiedergegebenen Bericht des Botschafters LIPSKI heißt es unter anderem:

> ». . . GÖRING war ungewöhnlich mitteilsam; . . . er ging sehr weit, als er uns ein antirussisches Bündnis und einen gemeinsamen Marsch auf Moskau vorschlug.«

Diese Aussage ist eindeutig. Sie besagt, daß GÖRING das betreffende Angebot tatsächlich gemacht hat. Nun ist das Angebot GÖRINGS nach dem geringen Rüstungsstand der deutschen Reichswehr vom Januar 1935 allerdings so unwahrscheinlich, daß diese Angabe JACOBSENS es wert ist, genauer überprüft zu werden.

JACOBSEN druckt den gesamten Tagebucheintrag aus SZEMBEKS Tagebuch vom 10. Februar 1935 im Wortlaut ab. Er gibt an, daß er diese Tagebucheintragung SZEMBEKS aus der französischen Übersetzung der polnischen Erstfassung übertragen hat. In der polnischen Erstfassung steht aber:

> ». . . ist er sehr weit auf das Thema eingegangen, er hat beinahe eine antirussische Allianz und einen gemeinsamen Marsch gegen Rußland vorgeschlagen.«

Der polnische Ausdruck ›*prawie*‹ (zu Deutsch ›beinahe‹) sagt, daß Hermann GÖRING das nur beinahe, tatsächlich aber nicht gesagt hat.

Schon die französische Übersetzung der polnischen Urfassung ist ungenau. Sie heißt:

> ». . . er ist sehr weit gegangen, er hat uns beinahe eine antirussische Allianz und einen gemeinsamen Marsch auf Moskau vorgeschlagen.«

Im polnischen Text bezieht sich das »sehr weit« auf das Eingehen auf das Thema, in der ungenauen französischen Übersetzung aber auf die Allianz und auf den Marsch nach Moskau.

Aus der polnischen Erstfassung »er schlug uns beinahe vor«, ist durch die ungenaue Arbeit des Professors ein tatsächlich gemachter Vorschlag geworden.

Aus der Fülle der überprüften Literatur (26 Abhandlungen zum Thema) und der Quellen ergibt sich, daß die Behauptung, GÖRING habe den Polen 1935 einen gemeinsamen Angriff auf die Sowjetunion vorgeschlagen, allein auf das von JACOBSEN zitierte Tagebuch des polnischen stellvertretenden Außenministers Graf SZEMBEK zurückgeht. SZEMBEK schreibt dort, was ihm der polnische Botschafter LIPSKI berichtet haben soll.

Das Gerüchtekarussell

SZEMBEK, der den angeblichen Vorschlag nicht selbst mitgehört hat, beruft sich dabei auf zwei Ohrenzeugen, den polnischen Botschafter LIPSKI und den polnischen General FABRYCY. Weiterhin ist der deutsche Militärattaché in Warschau General SCHINDLER Zeuge der fraglichen GÖRING-Gespräche gewesen. Er wird an späterer Stelle noch erwähnt.

General FABRYCY schrieb in seiner Erwähnung des fraglichen GÖRING-Besuchs aber selber nichts über die GÖRINGsche Angriffsofferte. Ein so erstaunliches Angebot von deutscher Seite hätte er vermutlich nicht unerwähnt gelassen.

Botschafter LIPSKI wird zwar von SZEMBEK in seiner Tagebucheintragung als Berichterstatter der GÖRING-Äußerung zitiert. LIPSKI selbst erwähnt die GÖRING-Äußerung aber in einer Schrift von 1950 nicht, in der er das seinerzeitige deutsch-polnische Verhältnis beschreibt.[2]Auch er hätte dieses so brisante Angebot GÖRINGS sicherlich erwähnt, wenn GÖRING es PILSUDSKI unterbreitet hätte. Später, 1968, erwähnt LIPSKI den fraglichen GÖRING-Besuch in seinem Buch *Diplomat in Berlin*, ohne allerdings auch dort GÖRINGS angebliche Angriffsofferte zu erwähnen.[3] Lediglich in einer Fußnote dazu zitiert LIPSKI die Stelle in SZEMBEKS Tagebuch, in der sich SZEMBEK selbst auf LIPSKI als Zeugen beruft. LIPSKI kann also nicht der Berichterstatter der fraglichen GÖRING-Äußerung gewesen sein, sonst hätte er wenigstens einmal selbst authentisch über das

Klaus Jürgen MÜLLER, *General Ludwig Beck. Studien und Dokumente zur pol.-mil. Vorstelllungswelt und Tätigkeit des Generalstabschefs des deutschen Heeres 1233–1938* (Schriften des Bundesarchivs, Bd. 30).

Nr. 27
Aufzeichnung des Chefs T 3, Oberst i. G. v. Stülpnagel, über die gegenwärtige militärpolitische Lage vom 11. 04. 1935

BA-MA N 28/2
Ms, 3 Seiten, pag.
Hs E S. 1, von Beck: „Bez. Kdr. in entmil. Zone"

Chef T 3 **11. 4. 1935**

Notizen
zur augenblicklichen militärpolitischen Lage.

Ein bewaffneter Konflikt in absehbarer Zeit[1]) findet Deutschland in einer Lage, die um vieles günstiger ist als 1914.

1. Auf die finanzielle und allgemein auf die wirtschaftliche Lage Deutschlands soll nicht näher eingegangen werden, sie ähnelt der gegen Ende des Weltkrieges[2]).

Chef T 3 11.4.35.

Notizen

zur augenblicklichen militärpolitischen Lage.

Ein bewaffneter Konflikt in absehbarer Zeit findet Deutschland in einer Lage, die um vieles ungünstiger ist als 1914.

1.) Auf die finanzielle und allgemein auf die wirtschaft = liche Lage Deutschlands soll nicht näher eingegangen werden, sie ähnelt der gegen Ende des Weltkrieges.

geschrieben, was er selbst aus GÖRINGS Mund vernommen haben soll. SZEMBEK beruft sich auf LIPSKI, und LIPSKI beruft sich auf SZEMBEK. Das wirkt wie ein Kreislauf der Gerüchte.

Nun bleibt noch ein Zeuge auf deutscher Seite, der deutsche Militärattaché in Warschau, General SCHINDLER. SCHINDLER berichtet schriftlich an das Reichswehrministerium in Berlin über GÖRINGS Gespräche während dessen Besuchs in Polen. Er meldet, daß es sich bei den Gesprächen GÖRINGS um »die Abwehr des russischen Vordringens« gedreht habe und daß ein Gespräch in bezug auf »Polens freie Hand in der Ukraine« von den Polen selbst angeschnitten worden sei.[4] Von einem Vorgehen Deutschlands gegen die Sowjetunion ist auch hier kein Wort zu finden. Als Militärattaché hätte General SCHINDLER über ein so bedeutendes Angebot GÖRINGS dem Reichswehrminister unbedingt berichten müssen.

Damit bestätigt keiner der Gesprächszeugen die angebliche GÖRING-Äußerung.

Ein Beispiel in der Sekundärliteratur

Interessant ist auch, wie GÖRINGS angebliches Angriffsangebot an anderen Stellen der deutschen Sekundärliteratur als ›Faktum‹ auftaucht. Der Hamburger Professor Klaus Jürgen MÜLLER z. B. schreibt in seinem Buch *General Ludwig Beck*[5] auf der Seite 436, in der sehr langen und ausführlichen Fußnote 9:

> »Andererseits waren seit Januar erfolgte deutsche Versuche, Polen für den Gedanken eines gemeinsamen Feldzuges gegen die Sowjetunion zu gewinnen, gescheitert.«

MÜLLER stellt die angeblichen Versuche damit als Tatsache dar. MÜLLER bezieht sich dabei zum Beleg in seiner Fußnote 9 auf eine damalige Akte des deutschen Auswärtigen Amts[6] und auf den schon erwähnten Bericht des deutschen Militärattachés in Warschau. In dem zitierten Aktenstück des Auswärtigen Amts ist aber nur der Bericht des deutschen Botschafters in Warschau über den guten Ablauf der GÖRING-Reise in Polen zu lesen. In dem Papier findet sich kein Sterbenswörtchen zu dem, über das GÖRING und PILSUDSKI in Warschau und in Bialowiecy gesprochen haben.

Wie zum Beleg der Fähigkeit der damaligen Reichswehr, schon zu Beginn des Jahres 1935 einen solchen Angriff gegen die Sowjetunion führen zu können, liest man im selben Buch Prof. MÜLLERS zwei Seiten vorher ein ergänzendes Dokument.[7] Es handelt sich um »Notizen zur augenblicklichen militärpolitischen Lage« Deutschlands, geschrieben von Oberst i. G. VON STÜLPNAGEL, dem Leiter der Abteilung T3 des Truppenamts der Reichswehr. In dem Papier vom 11. April 1935 äußert sich VON STÜLPNAGEL zur Kriegstauglichkeit der Reichswehr kurz, nachdem Hermann GÖRING Marschall PILSUDSKI angeblich einen Angriffskrieg unter deutscher Beteiligung vorgeschlagen haben soll.

In MÜLLERS Version lautet der erste Satz des STÜLPNAGEL-Papiers:

> »Ein bewaffneter Konflikt in absehbarer Zeit findet Deutschland in einer Lage, die um vieles günstiger ist als 1914.«

Im Original des STÜLPNAGEL-Papiers, das sich im Bundesarchiv/Militärarchiv unter der Findnummer N 28/2 auf den Seiten 24–26 befindet, heißt es aber:

> »Ein bewaffneter Konflikt in absehbarer Zeit findet Deutschland in einer Lage, die um vieles ungünstiger ist als 1914.«

Das sagt genau das Gegenteil aus. Die Arbeitsweise vieler Historiker ist bei genauer Überprüfung überhaupt ernüchternd. So fand der Autor in sechs deutschsprachigen Werken, die diese Kriegsofferte GÖRINGS erwähnen, insgesamt 25 Quellenangaben zu GÖRINGS Angebot an Marschall PILSUDSKI. Der normale Leser glaubt, wenn er das entstellte GÖRING-Zitat, mit einer Fußnote mit genauer Fundstellenangabe versehen, liest, daß er in der dort angegebenen Quelle auch tatsächlich GÖRINGS Angebot nachgewiesen findet. In 19 der angegebenen Quellen stellte sich aber heraus, daß dort nur GÖRINGS Besuch in Warschau und in Bialowiecy erwähnt ist, aber die inkriminierten Äußerungen GÖRINGS mit keinem einzigen Wort. Solche Zitierungen sind die Vortäuschung von wissenschaftlicher Arbeit.

Aus der Fülle der überprüften Literatur und Quellen ergibt sich, daß die Behauptung, GÖRING habe den Polen 1935 einen gemeinsamen Angriff gegen die Sowjetunion vorgeschlagen, allein auf das Tagebuch des polnischen Vize-Außenministers Graf SZEMBEK zurückgeht.

Abschließend ist zu erwähnen, daß das SZEMBEK-Tagebuch, das den Ursprung des Gerüchts von GÖRINGs Angriffsangebot bildet, nicht von SZEMBEK selbst redigiert und in Druck gegeben worden ist. Das Tagebuch ist nach SZEMBEKS Tod im August 1945 von einem französischen und einem polnischen Bearbeiter redigiert und veröffentlicht worden. So bleibt auch noch die Frage offen, ob jene Formulierung von dem »beinahe-Vorschlag« wirklich aus der Feder SZEMBEKS stammt.

Die Behauptung, GÖRING habe den Polen im Januar 1935 einen gemeinsamen Angriffskrieg gegen die Sowjetunion vorgeschlagen, ist offensichtlich falsch.

[1] Hans-Adolf JACOBSEN, *1939–1945. Der Zweite Weltkrieg in Chronik und Dokumenten,* Wehr und Wissen Verlagsgesellschaft, Darmstadt 21959.

[2] Josef LIPSKI, »Noweprzyczynkidolyczacewybuchupolsko-niemieckij w 19«, in *Bellona,* 1950.

[3] Josef LIPSKI, Papers and Memoirs of JozefLipski, Ambassador of Poland, *Diplomat in Berlin 1933–1939,* Columbia University Press, New York–London 1968.

[4] General SCHINDLER, Gesprächsbericht von Warschau nach Berlin vom 22. 2. 1935, BA/MA N28 Blatt 56.

[5] Klaus Jürgen MÜLLER, *General Ludwig Beck. Studien und Dokumente zur pol.-mil. Vorstellungswelt und Tätigkeit des Generalstabschefs des deutschen Heeres 1933–1938* (Schriften des Bundesarchivs Band 30), Boppard 1980, S. 436.

[6] *ADAP,* Serie C, Band III2, Dokument 474.

[7] MÜLLER, aaO. (Anm. 5), Dokument 27, S. 434.

Zwischen militärischer Kapitulation und der Zweistaatlichkeit auf dem Boden des Deutschen Reiches

Das Potsdamer Protokoll

ULRICH SCHWARZE

Das Jahr 1945 war mächtepolitisch geprägt vom Zurückweichen der Anglo-Amerikaner vor dem Expansionsdrang der Sowjetunion. Vor Kriegsende waren westalliierte Truppen weit in den vereinbarungsgemäß von den Sowjets zu besetzenden mitteldeutschen Raum vorgestoßen. Am 14. Juni verlangte US-Präsident Harry S. TRUMAN, Nachfolger des verstorbenen F. D. ROOSEVELT, vor einem Rückzug auf die vorgesehene Demarkationslinie müsse der freie Zugang der Westmächte zu den Westsektoren Berlins geregelt werden. Obwohl STALIN diese Forderung überging und insoweit nur mündliche Absprachen auf untergeordneter Ebene zuließ, zogen sich die britischen und amerikanischen Verbände in ihre Zonen zurück. CHURCHILL hatte dieser Machtverschiebung widersprochen und vorgeschlagen, das mitteldeutsche Gebiet als Faustpfand besetzt zu halten, hatte sich damit aber nicht durchsetzen können. So rückte die Rote Armee ab 1. Juli 1945 in die von den Westmächten preisgegebenen Teile Sachsens, Brandenburgs und Mecklenburgs und in das ganze Thüringen nach, womit das territoriale Fundament für die spätere DDR gelegt war.

In Österreich konnten die westlichen Besatzer ihre in der Dreimächte-Deklaration vom 1. November 1943 vereinbarte Stellung gegen hinhaltenden sowjetischen Widerstand erst nach Monaten durchsetzen.

In der Polenfrage unterlief STALIN die Position seiner angloamerikanischen Freunde mit Erfolg. Bereits vor Kriegsende hatte der sowjetische Führer die von der Roten Armee eroberten deutschen Gebiete jenseits von Oder und Neiße der provisorischen polnischen Regierung zu endgültigem Eigenbesitz überlassen, freilich ohne mit dieser Überschreitung der Beschlußlage von Jalta auf den Widerstand der Westmächte zu stoßen. Damit hatte er die polnische Westgrenze, die zugleich die westliche Grenze des Sowjetimperiums bildete, praktisch bis zur Linie von Oder und Neiße vorgeschoben.

Den in Jalta geschlossenen Kompromiß, aus seinen polnischen Satrapen sowie Vertretern der polnischen Emigranten eine ›Regierung der Nationalen Einheit‹ zu bilden, ignorierte STALIN. Um den westlichen Waffenbrüdern den völligen Gesichtsverlust in dieser Sache zu ersparen, fand er sich aber schließlich bereit, polnische Exilpolitiker, die positiv zum kommunistischen System eingestellt sein müßten, in der Warschauer Führung zu dulden. Auf dieser Grundlage wurde am 28. Juni 1945 eine polnische Regierung gebildet, in der der Exilpolitiker MIKOLAJCZYK als demokratisches Feigenblatt wirkte. Die Westmächte erkannten diese Regierung am 5. Juli 1945 an. Die legitime Londoner Exilregierung Polens aber, das England im Jahre 1939 für die eigenen Kriegsabsichten gegen Deutschland instrumentalisiert hatte und für dessen Freiheit es vorgeblich in den Krieg gezogen war, ließ CHURCHILL bedenkenlos fallen. STALIN aber hatte seine Macht über Polen einschließlich der deutschen Oder-Neißegebiete nunmehr fest etabliert.

1. Das Potsdamer Protokoll vom 2. August 1945

Vom 17. Juli bis zum 2. August 1945 traten die Regierungschefs der drei Siegermächte im Schloß Caecilienhof in Potsdam zusammen, um die Ergebnisse der Konferenz von Jalta der gegenwärtigen Lage anzupassen und fortzuschreiben. An Stelle des verstorbenen F. D. ROOSEVELT erschien der neue US-Präsident TRUMAN. Winston CHURCHILL reiste im Hinblick auf die in England anstehenden Wahlen vorsorglich in Begleitung des Oppositionsführers Clement ATTLEE an, der ihn nach dem Wahlsieg der Labour-Partei seit dem 29. Juli dann auch ersetzte. Allenfalls STALIN konnte die Konferenz als Erfolg verbuchen. Ein krönender Abschluß im Sinne eines alle wesentlichen Fragen regelnden völkerrechtlichen Vertrages kam nicht zustande. Daß es je ein ›Potsdamer Abkommen‹ gegeben habe, ist eine Legende. Es gab lediglich ein Abschlußkommuniqué vom 2. August 1945 in Form eines Protokolls, in dem programmatisch-propagandistische Floskeln, Absichtserklärungen und Übereinkünfte der Staatschefs in Einzelpunkten enthalten waren.

In den Verhandlungen der drei Siegermächte ging es vorderhand um die Ausgestaltung der alliierten Militärherrschaft in den Besatzungszonen. Ein wichtiges Thema war auch der fernöstliche Krieg; TRUMAN drängte STALIN zum baldigen Angriff auf Japan. Der aufkeimende Kalte Krieg prägte die Konferenz. An die Stelle der von ROOSEVELT gepflegten naiv-euphorischen Freundschaft mit STALIN trat bei TRUMAN das Bewußtsein, daß zwischen den Hegemonen USA und Sowjetunion ein Verhältnis machtpolitischer und weltanschaulicher Rivalität bestand. Bereits am 8. Mai 1945 hatte TRUMAN die Leih- und Pachtzuwendungen an Moskau drastisch gekürzt; die Politik des ›*containment*‹, der Eindämmung Moskaus, zeichnete sich ab. Zwar waren die Geschicke Europas dem globalen Denken TRUMANS an sich eher gleichgültig, doch ihn beunruhigten die riesigen militärischen Potentiale der Roten Armee, der damals stärksten Landstreitkräfte der Welt.

Zum Auftakt des Potsdamer Treffens ließ TRUMAN am 16. Juli 1945 in Neu-Mexiko die erste amerikanische Atombombe zünden, und am 6. und 9. August, sogleich nach dem Abschluß der Konferenz, demonstrierte er die vernichtungstechnologische Überlegenheit der USA, indem er zwei Exemplare der teuflischen neuen Errungenschaft auf Städte des faktisch besiegten und kapitulationsbereiten Japan abwerfen ließ. Der Zusammenhang dieses Zivilisationsbruches mit der Potsdamer Konferenz und mit dem Ost-Westkonflikt steht außer Frage. TRUMAN bezweckte, die selbstbewußt ausgreifenden Sowjets in ihre Schranken zu weisen und ihnen klar zu machen, wer letztlich der Stärkere war. Sein Außenminister James F. BYRNES machte hieraus keinen Hehl. Viel wichtiger als die Wirkung auf Japan, so erklärte er damals, sei eine andere Wirkung:

> »Wir werden die Bombe einsetzen, damit wir in Europa besser mit Rußland umgehen können.«[1]

Mit Winston CHURCHILL hatte TRUMAN den Einsatz der Atombombe bereits am 4. Juli 1945 abgesprochen. Daß die Untaten von Hiroshima und Nagasaki die Gewissen der anglo-amerikanischen Kriegsherren hätten schlagen lassen, ist angesichts der vorangegangenen, solcherlei Regungen abstumpfenden Jahre des routinemäßigen Luftterrors mit herkömmlichen Bomben kaum zu vermuten.

Ungeklärt stand in Potsdam zunächst noch die Frage der künftigen Staatlichkeit Gesamtdeutschlands im Raum. Über eine völlige Beseitigung des Deutschen Reiches durch Zerstückelung – im völkerrechtlichen Sprachgebrauch ›Dismembration‹ genannt –, auf die sich die ›Großen Drei‹ in Teheran und in Jalta grundsätzlich geeinigt hatten, wurde in Potsdam allerdings nicht mehr verhandelt. Vielmehr ließen die Anglo-Amerikaner ihre diesbezüglichen, vom anwachsenden Ost-Westkonflikt überholten und gegenüber STALIN nicht mehr durchsetzbaren Pläne stillschweigend fallen. Womöglich sahen sie ihrerseits bessere Chancen für eine Expansion des Westblockes nach Osten, wenn der einheitliche deutsche Nationalstaat erhalten bliebe. Die drei Siegermächte gingen nun jedenfalls einhellig vom Fortbestand des gesamtdeutschen Staates in den Grenzen vom 31. Dezember 1937 aus. Dies ist unterschiedlichen Formulierungen und Erklärungen des Kommuniqués vom 2. August 1945[2] zu entnehmen:

In Abschnitt II. Nr. 3a heißt es hinsichtlich eines in London einzurichtenden Rates der Außenminister, dieser werde »zur Vorbereitung einer friedlichen Regelung für Deutschland benutzt werden, damit das entsprechende Dokument durch die für diesen Zweck geeignete Regierung Deutschlands angenommen werden kann, wenn eine solche Regierung gebildet sein wird«. Also war eine künftige Regierung für Gesamtdeutschland vorgesehen. Daß die drei Siegermächte in Potsdam den Abschluß eines Friedensvertrages mit einer demnächst für ganz Deutschland handelnden Regierung beabsichtigten, ergibt sich auch daraus, daß in Abschnitt VII. (»Stadt Königsberg und das anliegende Gebiet«) von »der bevorstehenden Friedensregelung« und in Abschnitt IX. (»Polen«) davon die Rede war, »daß die endgültige Festlegung der Westgrenze Polens bis zu der Friedenskonferenz zurückgestellt werden« solle.

Gemäß Abschnitt III. A. 3. IV. sollte »eine eventuelle friedliche Mitarbeit Deutschlands am internationalen Leben« vorbereitet werden. Auch das betraf Deutschland als Ganzes, als ein einheitliches Subjekt des Völkerrechts.

Abschnitt III. A. 9. IV. bestimmte, daß »bis auf weiteres. . . keine zentrale deutsche Regierung errichtet« werde. Doch sollten »einige wichtige zentrale deutsche Verwaltungsabteilungen errichtet werden, an deren Spitze Staatssekretäre stehen« und die »unter der Leitung des Kontrollrats tätig sein« würden. Damit war der Weg vorgezeichnet, auf dem die Handlungsfähigkeit des einheitlichen deutschen Staates wiederhergestellt werrden sollte.

Abschnitt III. B. 14 legte fest: »Während der Besatzungszeit ist Deutschland als ein einziges wirtschaftliches Ganzes zu betrachten.« Gemäß 15 c) strebte man »ein ausgeglichenes Wirtschaftsleben in ganz Deutschland« an. Demnach sollte das ökonomische Substrat des deutschen Nationalstaates auch unter der Herrschaft des Kontrollrates fortleben.

Einen Schwerpunkt der Potsdamer Konferenz bildeten die Verhandlungen über den deutschen Osten. Hinsichtlich Nordostpreußens war man sich bereits seit der Teheraner Konferenz einig. STALIN begründete den sowjetischen Griff nach dieser alten deutschen und deutsch besiedelten Kulturlandschaft mit seinem Interesse an dem eisfreien Hafen Königsberg. In Abschnitt VII. des Protokolls vom 2. August 1945 hieß es dazu:

»Die Konferenz hat grundsätzlich dem Vorschlag der Sowjetregierung hinsichtlich der endgültigen Übergabe der Stadt Königsberg und des anliegenden Gebietes an die Sowjetunion... zugestimmt, wobei der genaue Grenzverlauf einer sachverständigen Prüfung zu unterwerfen ist. Der Präsident der USA und der britische Premierminister haben erklärt, daß sie den Vorschlag der Konferenz bei der bevorstehenden Friedensregelung unterstützen werden.«

Streitig verhandelte man über die polnische Westgrenze und über die Austreibung der rein deutschen Bevölkerung der Oder-Neiße-Gebiete. Hier hatte STALIN seine Position bestens vorbereitet, indem er diesen zur sowjetischen Besatzungszone gehörenden Teil Deutschlands bereits informell dem moskauhörigen polnischen Regime übertragen hatte. Schon im März 1945 hatten seine polnischen Statthalter hier fünf eigene staatliche Verwaltungsbezirke, die neuen ›Woiwodschaften‹ Masuren, Pommern, Niederschlesien, Oberschlesien und Danzig eingerichtet. Im Hinblick auf diese Realitäten forderte er von den Anglo-Amerikanern, sich schon jetzt auf die Oder-Neiße-Linie als polnische Westgrenze festzulegen. TRUMAN hielt dem entgegen, daß STALIN hier abprachewidrig eine neue – polnische – Besatzungszone eingerichtet habe.

Dabei hatte der US-Präsident im Ergebnis wenig gegen die völkerrechtswidrige Annexion dieses deutschen Landes durch Polen und die Festlegung einer nach Westen vorgeschobenen Staatsgrenze dieses sowjetischen Satellitenstaates einzuwenden. Er hege »sehr freundschaftliche Gefühle gegenüber Polen und ebenfalls gegenüber Rußlands Vorschlägen zur Westgrenze«, erklärte er. Nur gegen das vorzeitige, eigenmächtige Vorgehen STALINS in einer Frage, die nach der Vereinbarung von Jalta erst auf der Friedenskonferenz entschieden werden sollte, wandte er sich mit Nachdruck. Die Herausnahme der Oder-Neiße-Gebiete aus dem Territorium der Besatzungszonen schmälere, so argumentierte er, die Verfügungsmasse für westliche Reparationsansprüche, die aus ganz Deutschland befriedigt werden sollten:

»Wir können über Art und Höhe der Reparationen keine Einigung erzielen, wenn Teile des deutschen Gebiets bereits verschenkt sind«, erklärte er in der Plenarsitzung vom 21. Juli.[3] Dem

Die deutsch-polnische Grenze auf der Potsdamer Konferenz. Aus: Michael A. Hartenstein, *Die Geschichte der Oder-Neiße-Linie,* München[2]2007.

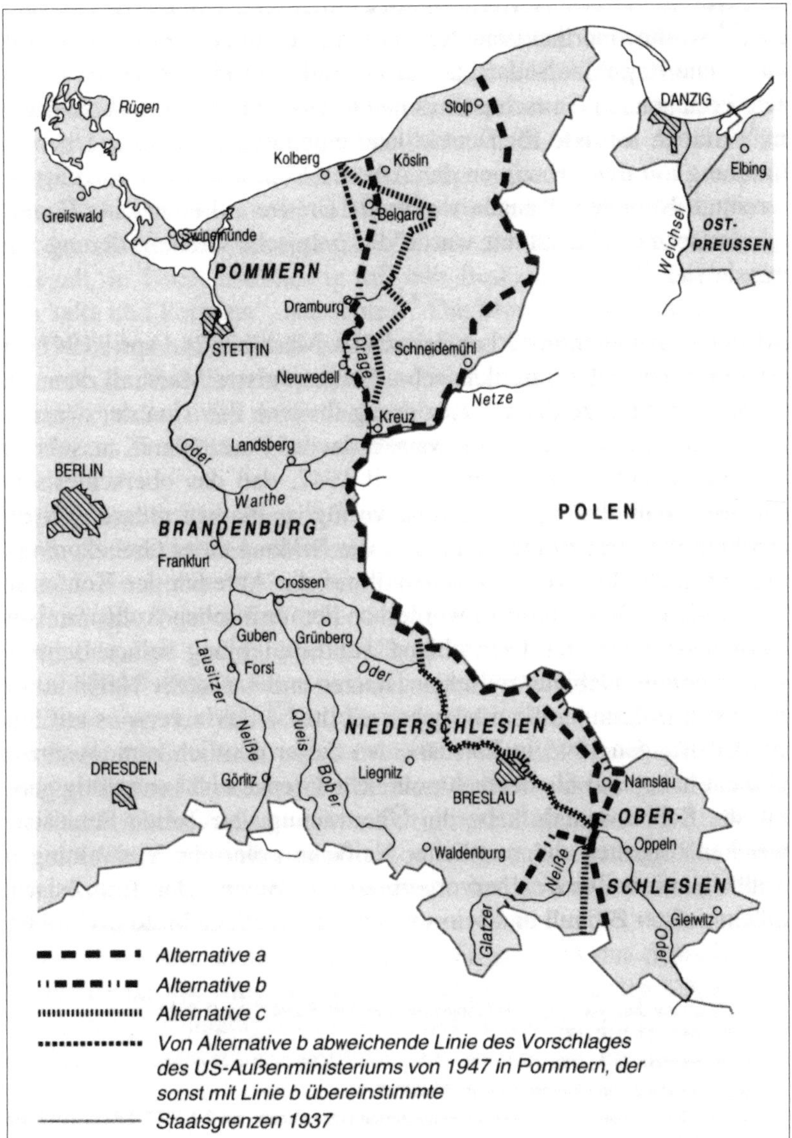

Amerikanische Revisionsvorstellungen der Jahre 1946/47. Aus: Michael A. Hartenstein, *Die Geschichte der Oder-Neiße-Linie,* München [2]2007.

hielt STALIN entgegen, es habe, da alle Deutschen geflüchtet seien, keinen anderen Ausweg gegeben, als polnische Verwaltungen einzurichten. »Wo sind die 9 Millionen Deutschen?« wollte TRUMAN wissen. »Alle geflohen«, log STALIN.[4] »Im Westen zwischen Oder und Weichsel«, ergänzte er wenig später, »haben die Deutschen ihre Felder verlassen, und diese werden jetzt von den Polen bestellt. Es ist unwahrscheinlich, daß die Polen zustimmen werden, daß die Deutschen diese Felder wieder bestellen.«[5] In Wirklichkeit hatte der von polnischen Behörden angeordnete mörderische Terror wilder Vertreibungen, der bis ins Jahr 1948 andauerte, in großem Stil erst im Mai 1945 begonnen. Zur Zeit der Potdamer Konferenz lebten noch weit mehr als 5 Millionen Deutsche in den polnisch verwalteten Ostgebieten.

Nach britischen Schätzungen, denen Vorkriegsstatistiken zugrunde lagen, handelte es sich dabei um 7 bis 11 Millionen[6] Menschen. Der als wissenschaftlicher Mentor in Sachen Bombenholocaust bekannte Professor Friedrich LINDEMANN, geadelt als Lord CHERWELL, einer der engsten Berater CHURCHILLS, ging am 17. Juli 1945 in einer warnenden Denkschrift an den Premierminister von 8 bis 10 Millionen Deutschen aus, die im Falle ihrer Vertreibung Restdeutschland überfluten würden und für deren Ernährung die westlichen Besatzer würden aufkommen müssen. Hinzu kämen, so LINDEMANN, noch 2 Millionen von den Tschechen vertriebene Sudetendeutsche. Den Polen solle daher nicht erlaubt werden, die Ostdeutschen auszutreiben.[7]

Die Argumentation LINDEMANNS beeindruckte CHURCHILL. In der Sitzung vom 21. Juli erklärte er:

> »Wir wollen nicht mit einer riesigen deutschen Bevölkerung belastet werden, die ihrer Ernährungsbasis beraubt ist. Denken Sie einmal an die Bevölkerung des Ruhrgebiets. Wenn sich nicht genug Lebensmittel beschaffen lassen, dann können wir Verhältnissen gegenüberstehen wie früher in den deutschen Konzentrationslagern – nur in einem noch viel größeren Umfang.«[8]

Eine persönlichkeitsfremde Anwandlung humaner Gesinnung wird man CHURCHILL hier wohl kaum unterstellen können, doch hatte er als britischer Regierungschef die Kritik von Teilen der britischen Öffentlichkeit und des Unterhauses zu fürchten, wenn er allzu offensichtlich die Mitverantwortung für Verbrechen gegen die Menschlichkeit übernahm.

Hinsichtlich der Konferenzen von Teheran, Jalta und Potsdam ist zusammenfassend also zu betonen, daß die Amerikaner und Briten die Oder-Neiße-Linie als polnische Staatsgrenze und die Austreibung der deutschen Bevölkerung grundsätzlich befürworteten. Das galt jedoch noch nicht für die Zeit der Besetzung Deutschlands. Besonders CHURCHILL befürchtete die politischen Folgen einer Hungerkatastrophe in den Besatzungszonen, für die die Westmächte verantwortlich waren. Und namentlich TRUMAN bestand darauf, daß der von STALIN bereits den Polen überlassene Teil des deutschen Ostens zunächst noch als Besatzungsgebiet erhalten bleiben sollte, das auch den westlichen Siegern zur Ausplünderung für ihre Reparationsansprüche zur Verfügung stand. Erst der beabsichtigte Friedensvertrag sollte nach den westlichen Vorstellungen die Linie an Oder und westlicher Neiße zur Staatsgrenze bestimmen und den Polen die, wie man heute sagen würde, »ethnische Säuberung« des geraubten Gebietes erlauben.

In Abschnitt IX. (»Polen«) des Abschlußkommuniqués vom 2. August 1945 wurde schließlich ein Kompromiß zwischen den Westmächten und STALIN protokolliert: Die Oder-Neiße-Gebiete sollten

> »bis zur endgültigen Festlegung der Westgrenze Polens. . . unter die Verwaltung des polnischen Staates kommen und in dieser Hinsicht nicht als Teil der sowjetischen Besatzungszone in Deutschland betrachtet werden«.

Obwohl in dieser Passage auch mißverständlich von den »früher« deutschen Gebieten die Rede war, war man sich darüber einig, daß diese bis zum Friedensvertrag in völkerrechtlicher Hinsicht Teil Deutschlands in den Grenzen von 1937 bleiben sollten. Sein

Ziel, die Westmächte schon jetzt auf die Oder-Neiße-Linie als polnische Staatsgrenze festzulegen, hatte STALIN also nicht erreicht, doch immerhin hatten sich diese bereit gefunden, den polnisch verwalteten Bereich aus dem gemeinsamen Besatzungsberitt zu entlassen.

Hingegen war von der Vertreibung, Umsiedlung oder Ausweisung der Bevölkerung der Oder-Neiße-Regionen im Potsdamer Protokoll vom 2. August 1945 überhaupt nicht die Rede. In Abschnitt XIII. (»Ordnungsgemäße Überführung deutscher Bevölkerungsteile«) hieß es lediglich:

> »Die Konferenz erzielte folgendes Abkommen über die Ausweisung Deutscher aus Polen, der Tschechoslowakei und Ungarn: Die drei Regierungen... erkennen an, daß die Überführung der deutschen Bevölkerung oder Bestandteile derselben, die in Polen, Tschechoslowakei und Ungarn zurückgeblieben sind, nach Deutschland durchgeführt werden muß. Sie stimmen darin überein, daß jede derartige Überführung... in ordnungsgemäßer und humaner Weise erfolgen soll.«

Im folgenden war dann von der Verteilung dieser Deutschen auf die Besatzungszonen die Rede. Dieser Abschnitt bezieht sich nach seinem Sinn und Wortlaut nur auf die in den genannten Ländern – Polen, Tschechoslowakei und Ungarn – lebenden Deutschen, und eindeutig nicht, wie häufig behauptet wird, auf die Bewohner der polnisch verwalteten deutschen Ostgebiete. Denn die Kontrahenten der Potsdamer Konferenz wußten sehr wohl zu unterscheiden zwischen dem polnischen Staatsgebiet einerseits und dem nur polnisch verwalteten Bereich andererseits, war doch gerade in streitiger Verhandlung entschieden worden, daß letzterer völkerrechtlich nicht vor dem Friedensvertrag von Deutschland abgetrennt werden und es den Polen nicht erlaubt sein sollte, die westlichen Besatzungszonen mit Millionen Flüchtlingen aus diesen Gebieten zu belasten. Genau dem entsprach Abschnitt XIII. des Protokolls – ein ›redaktionelles Versehen‹ insoweit ist auszuschließen.

Auf einem ganz anderen ganz Blatt steht die Tatsache, daß die Westmächte eine spätere ›ethnische Säuberung‹ der deutschen Ostgebiete im Rahmen des beabsichtigten Friedensvertrages grundsätzlich durchaus befürworteten. Die Gleichgültigkeit, mit der sie zusahen, wie die polnischen Behörden die bereits angelaufenen ›wilden‹ Vertreibungen, unbeeindruckt vom Potsdamer Protokoll, fortsetzten, erklärt sich wohl vornehmlich daraus, daß die befürchtete Versorgungskatastrophe in Westdeutschland ausblieb. Aufnahme und Eingliederung der Millionen von Ostvertriebenen durch die auch hier hungernden und vielfach in Trümmern hausenden Einheimischen erwuchsen zum vorbildstiftenden Zeugnis des damals noch ungebrochenen nationalen Zusammenhaltes des deutschen Volkes.

Zu den Absichten der USA und Großbritanniens in der Frage der ›Westverschiebung‹ Polens ist zusammenzufassen: Nur vorläufig – allein für ihre Reparationsinteressen und zur Vermeidung politisch inopportuner Versorgungsprobleme in ihren Zonen und nur für die Dauer ihrer am 5. Juni 1945 rechtswidrig angemaßten obersten Regierungsgewalt in Deutschland – lehnten TRUMAN, CHURCHILL (und ATTLEE) es ab, sich bereits in Potsdam auf die Oder-Neiße-Linie als polnische Staatsgrenze festlegen zu lassen und das polnische Vertreibungsverbrechen zu billigen. Völkerrechtliche, humanitäre und moralische Bedenken, all' die hehren Grundsätze, für die die atlantischen Mächte zu stehen vorgaben, spielten dabei keine Rolle. Die von den Westmächten in den Jahrzehnten des Kalten Krieges wiederholt zum Ausdruck gebrachte angebliche Mißbilligung der Vertreibung sowie die stereotype Behauptung, die deutsche Frage einschließlich derjenigen der deutschen Ostgebiete offen halten zu wollen, waren reine Heuchelei.[9]

Die politisch-mediale Klasse Westdeutschlands übernahm, darin unterstützt von zahlreichen deutschen Historikern, diese Darstellung der Sieger teils aus Unwissenheit, teils aus unterwürfigem Opportunismus als geschichtspolitisch korrekte Wahrheit. Für lange Zeiträume war es tabuisiertes ›Herrschaftswissen‹ der in Bonn Regierenden, daß die westlichen ›Freunde‹ entgegen deren offiziellen Verlautbarungen eine Wiederherstellung Deutschlands in den Grenzen von 1937 oder auch nur Kompromisse in dieser Frage nicht wollten.

Einige Tage nach dem Ende der Potsdamer Konferenz schloß sich auch Frankreich dem Kommuniqué vom 2. August 1945 an, nahm dabei aber ausdrücklich alle Passagen aus, die auf die staatliche Einheit Deutschlands bezogen und den territorialen und hegemonialen Bestrebungen der zur Mitsiegerin aufgerückten ›Grande Nation‹ hinderlich werden konnten.

Bekanntlich ist es infolge der offensiven Expansionspolitik Moskaus und der Bildung der atlantischen Abwehr- und Eindämmungsfront nie zum Abschluß eines Friedensvertrages mit einer Regierung des deutschen Nationalstaates gekommen. Vielmehr führte die Logik des Kalten Krieges dazu, daß die Demarkationslinie zwischen der östlichen und den westlichen Besatzungszonen bald zur innerdeutschen Staatsgrenze wurde. Doch lag es in der Natur dieser Grenze, daß sie mit der Blockbildung des Kalten Krieges stand und fiel und nur für dessen Dauer Bestand haben konnte. Der Gang der Geschichte – der absehbare Zerfall der strukturell instabilen Sowjetunion und die aus ihm folgende staatliche Vereinigung West- und Mitteldeutschlands – hat das inzwischen bewiesen. Ohne die bereits gegen Kriegsende zutage getretene Frontstellung des expansiven Sowjetimperialismus gegenüber dem der atlantischen Mächte aber wäre die von ROOSEVELT und CHURCHILL geplante und von STALIN nur unter innerem Vorbehalt aus konferenztaktischen Gründen zunächst gebilligte Zerstückelung Deutschlands in Einzelstaaten zweifellos zur bitteren, kaum mehr umkehrbaren Wirklichkeit geworden. Hätte STALIN in Potsdam nicht weiterhin die Option im Auge gehabt, Deutschland als Ganzes seinem Imperium einzuverleiben, hätte er gemeinsam mit den atlantischen Mächten den deutschen Nationalstaat zertrümmert und neue Kleinstaaten an dessen Stelle gesetzt, so bestünden diese noch heute. Nur eine künftige Mächtekonstellation, wie sie zu Zeiten der Reichsgründung bestanden hatte – und ein neuer BISMARCK! – würden es dem deutschen Volk ermöglichen können, sich ein neues staatliches Haus zu errichten. Doch ginge die Wahrscheinlichkeit einer zweiten solchen Chance gegen Null. Zum Glück für die Deutschen aber wiederholte sich nach dem Zweiten Weltkrieg das höchst seltsame Phänomen ein weiteres Mal: Der russische Bolschewismus trug objektiv zum Überleben des deutschen Nationalstaates bei.

2. Die bitteren Früchte des Kalten Krieges: Kleindeutschlands Dreiteilung

Für den kleindeutschen Nationalstaat standen die Jahre des Kalten Krieges nach der Potsdamer Konferenz ganz im Zeichen der Dreiteilung. Im abgetrennten Ostdeutschland vollzogen sich – parallel zum fortlaufenden Verbrechen der ethnischen Säuberung von den eingesessenen Deutschen – der Aufbau fremder Staatlichkeit und die Ansiedlung fremder Bevölkerungen. Hinsichtlich Mittel- und Westdeutschlands trieb die Entwicklung – entgegen den Potsdamer Absichtserklärungen – auf eine Spaltung an der Demarkationslinie der Blöcke zu.

STALIN verfolgte hier eine zweigleisige Politik. Sein übergeordnetes weltrevolutionäres Etappenziel war die Ausdehnung der Sowjetmacht auch auf Westdeutschland. Diese ›gesamtdeutsche‹ Variante freilich stieß auf gewichtige Hemmnisse. Zum einen gelang es STALIN nicht, ideologisch und politisch in den Westzonen Fuß zu fassen, auch wenn seine Propaganda hier nicht nur auf die ›antifaschistische‹, sondern gezielt auch auf die nationale Karte setzte. Unter dem frischen Eindruck der Greuel der Roten Armee namentlich in Ostdeutschland, der Vertreibung vieler Millionen Deutscher und des Raubes der deutschen Ostgebiete verfingen die plakatierten Appelle wie »Deutsche an einen Tisch!« nur wenig. Moskau, STALIN, der Bolschewismus waren den Deutschen verhaßt – weit mehr noch als die arroganten alliierten Unterdrükkerregimes in den westlichen Besatzungszonen.

Zum anderen setzte US-Präsident TRUMAN der territorialen und ideologischen Expansion Moskaus zunehmend Widerstand entgegen. Seine Politik der Eindämmung veranlaßte STALIN, sich nicht auf das Ziel einer ›sozialistischen‹ Entwicklung und Vereinnahmung ganz Deutschlands zu beschränken, sondern vorsorglich für den Fall, daß diese fehlschlug, auch auf die Umgestaltung des von der Roten Armee besetzten Mitteldeutschland zu einem nach Westen hin abgeschotteten Gemeinwesen nach sowjetischem Muster hinzuarbeiten.

Solange ein Friedensvertrag der Siegermächte und Frankreichs mit einer gesamtdeutschen Regierung noch konkret zur Debatte stand, forderten die Sowjets für Restdeutschland einen ihrer Ideologie gemäßen zentralistisch organisierten Einheitsstaat, wohingegen die Amerikaner eine föderalistische Struktur befürworteten. Bald nach der Potsdamer Konferenz stand ein Friedensvertrag mit einer gesamtdeutschen Regierung indes nicht mehr auf der Tagesordnung der Weltpolitik, er wurde zur bloßen Propagandafloskel. Die Logik des Kalten Krieges trieb auf eine Zwei-Staaten-Regelung zu, die die deutsche Frage freilich nicht lösen, sondern sie – auf dem instabilen Boden des mächtepolitischen Status quo – nur bis auf weiteres einfrieren konnte. Die Führungsmächte der Blöcke begannen – eine jede auf ihrer Seite der Demarkationslinie – sich in Deutschland gegeneinander militärisch, politisch und ökonomisch mit dauerhaften Strukturen zu etablieren.

Was lag als Ergebnis dieser Entwicklung näher als die Einrichtung zweier deutscher Staaten, die den rivalisierenden Siegern als Instrumente der Auseinandersetzung zu dienen hatten? Nicht partikulare, unbedeutende Rückstände einer geschlagenen, endgültig zerstückelten Großmacht lagen dabei im Blickfeld der US-Amerikaner und der Sowjets, sondern starke, hochgerüstete, kampfbereite Bastionen und Grenzstützpunkte ihrer Blöcke. Solcherlei staatliche Gebilde auf deutschem Boden aber umschlossen – anders als es bei mehreren kleinen Partikularstaaten der Fall gewesen wäre – schon von ihrer eingeschränkten Zweckbestimmung her die Chance, die Einheit des kleindeutschen Nationalstaates zu reorganisieren, sobald künftige tektonische Brüche der globalen Machtstrukturen der konfrontativen Zweistaatlichkeit den Boden entzogen.

[1] Hellmut DIWALD, *Geschichte der Deutschen,* fortgeschrieben von Karlheinz WEISSMANN, Bechtle, Esslingen–München 1999, S. 115.

[2] Im folgenden zitiert aus der *Mitteilung über die Berliner Konferenz der Drei Mächte,* herausgegeben vom Verlag ›Tägliche Rundschau‹ 1945.

[3] David IRVING, *Deutschlands Ostgrenze – weder Oder noch Neiße; die Rückkehr des deutschen Ostens,* Arndt, Kiel 1990, [5]1995, S. 223 f.

[4] IRVING, *Deutschlands Ostgrenze,* ebenda, S. 225

[5] IRVING, *Deutschlands Ostgrenze,* ebenda, S. 226.

[6] IRVING, *Deutschlands Ostgrenze,* ebenda, S. 213.

[7] IRVING, *Deutschlands Ostgrenze,* ebenda, S. 214 f.

[8] IRVING, *Deutschlands Ostgrenze,* ebenda, S. 227.

[9] Siehe dazu den historischen Abriß von Rolf KOSIECK in: *Der Große Wendig – Richtigstellungen zur Zeitgeschichte,* Bd. 1, Grabert, Tübingen [5]2011, S. 782–786.

Geschichte als Notwendigkeit
Vom Wert der Überlieferung

Rolf Kosiek

Wir leben in einer Welt, in der die Geschichte keine große Rolle spielt, sondern zur politischen Propaganda mißbraucht wird. Besonders im Rahmen der Umerziehung der Deutschen wurde sie nach 1945 benutzt.[1]

In früheren Zeiten war es eine Selbstverständlichkeit, daß ein politisch urteilender oder handelnder Mensch gute Geschichtskenntnisse aufweisen mußte. Geschichte des eigenen Volkes wie die seiner Nachbarn war wichtiges Ausbildungsfach für Staatsmänner und Diplomaten. Dichter und Denker unterstreichen die Bedeutung der Geschichte für Staats- und Volksbewußtsein. Aus der Fülle derartiger Äußerungen seien nur wenige Zitate großer Deutscher hervorgehoben. So stammen von Goethe die bekannten Worte:

> »Wer nicht von 3000 Jahren sich weiß Rechenschaft zu geben,
> bleibt im dunkeln unerfahren, mag von Tag zu Tage leben.«

Schiller befaßte sich ausführlich mit Geschichtsstudien und urteilte:

> »Fruchtbar und weit umfassend ist das Gebiet der Geschichte; in ihrem Kreis liegt die ganze moralische Welt... Selbst in den alltäglichsten Verrichtungen des bürgerlichen Lebens können wir es nicht vermeiden, die Schuldner vergangener Jahrhunderte zu werden... Aus der Geschichte erst werden sie lernen, einen Wert auf die Güter zu legen, denen Gewohnheit und unangefochtener Besitz so gerne unsere Dankbarkeit rauben: kostbare Güter, an denen das Blut der Besten und Edelsten klebt, die durch die schwere Arbeit so vieler Generationen haben errungen werden müssen.«

Eine Generation später schrieb Adalbert STIFTER:

> »Ein Volk, das seine Geschichte nicht kennt, versteht sich selbst und seine Gegenwart nicht. Erst durch die Geschichte wird ein Volk sich seiner selbst vollständig bewußt.« Und in der Gegenwart erklärt der Philosoph Helmuth PLESSNER: »Es ist Gesetz, daß im letzten die Menschen nicht wissen, was sie tun, sondern es erst durch die Geschichte erfahren.«[2]

Zum richtigen Verstehen der Geschichte und zum Erkennen ihrer großen Linien gehört ausführliche Beschäftigung mit ihren Tatsachen, aber auch wesentlich eigene Lebenserfahrung. Geschichte ist mehr als ein Wissen von Daten. Bedeutende Zusammenhänge und tiefgründig wirkende Kräfte in ihr erschließen sich erst nach gehörigem Nachdenken und Durcharbeiten. Ein richtiges und umfassendes Geschichtsbild bildet sich somit erst im Laufe von vielen Jahren heraus, wenn die eigenen Lebenserfahrungen sich mit dem Überlieferten verbinden. Das ist sicher mit einer der Gründe dafür, daß es in den meisten alten Kulturen eine Art ›Rat der Weisen‹, der Alten, gab. Darum durfte in Rom niemand unter 40 Jahren Konsul werden; darum schreiben viele heutige Verfassungen zwingend vor, daß ein Staatsoberhaupt mindestens 40 Jahre alt sein muß. Nicht von ungefähr liegt das Durchschnittsalter der führenden und sehr erfolgreichen sowjetischen Politiker über 60 Jahre. Deshalb war die Herabsetzung des Wahlalters in Westdeutschland vor einigen Jahrzehnten auch nicht sinnvoll.

Moderne Wissenschaften zur Bedeutung der Geschichte

In wachsendem Maße haben die Ergebnisse der Naturwissenschaften auch auf die Geisteswissenschaften eingewirkt. Auch sie liefern heute Begründungen und ein vertieftes Verständnis für kulturelle Fragen. Kein Geringerer als der Nobelpreisträger Konrad LORENZ bekannte sich zu der Auffassung, »daß menschliche Kultur und menschlicher Geist mit Fragestellung und Methodik der Naturwissenschaften untersucht werden können – und müssen«.[3] So liefern die modernen Naturwissenschaften auch wertvolle Beiträge für ein zeitgemäßes Verständnis der Bedeutung der Geschichte.

Die noch junge, aber schon mit großen Erfolgen verbundene Verhaltensforschung hat den Menschen als »historisches Wesen« erkannt.[4] Sein ganzes Verhalten, seine bewußten und unbewußten Handlungen sind ohne die Kenntnis ihrer geschichtlichen Entwicklung nicht zu begreifen. Der Mensch ist ohne seine Geschichte nicht zu verstehen, und er kann auch seine kennzeichnend menschliche Aufgabe, Kulturträger zu sein, ohne Geschichtskenntnisse und Geschichtsbewußtsein gar nicht erfüllen. Kulturen beruhen auf den geistigen Leistungen vieler Generationen. Deshalb ist der Traditionsverlust, das Abreißenlassen der geistigen Bindungen zur Vergangenheit, für LORENZ eine der »acht Todsünden der zivilisierten Menschheit«.[5] Wenn eine Generation ihrer Aufgabe und Verpflichtung nicht nachkommt, die Traditionen ihrer Vorfahren zu erhalten und weiterzuentwickeln, muß die Gesellschaft praktisch wieder bei der Steinzeit anfangen. Andere moderne Anthropologen, vor allem Arnold GEHLEN, weisen auf die Bedeutung der Institutionen hin,[6] die auch nur aus ihrem geschichtlichen Wachstum und ihren geschichtlichen Hintergründen zu verstehen sind. Geschichtsloser Kritizismus kann ihren Wert nicht erkennen und bewirkt ihre Zerstörung, wie es die letzten Jahrzehnte in erschreckender Weise zeigen. In GEHLENS Werk *Moral und Hypermoral* finden sich sarkastisch angeführte Beispiele dieser sogenannten fortschrittlichen Haltung, die Kultur und Leben eines Volkes zerstört. Zur Methode der Geschichtszerstörung urteilt LORENZ sehr treffend:

> »Zu den wichtigsten Methoden der wahrhaft diabolischen ›Gehirnwäsche‹ gehört es, den Opfern diese Sicherheit (aus der Tradition) zu rauben, indem man ihnen alles zweifelhaft macht, was sie sicher zu wissen glauben.«[7]

In der modernen Biologie spielt der Entwicklungsgedanke, die Evolutionstheorie, und damit eine geschichtliche Dimension, eine wichtige Rolle. Alle biologischen Formen und Systeme bis hin zu den großen Ökosystemen unter Einbeziehung des Menschen sind nur aus ihrer geschichtlichen Entwicklung verständlich. Die Möglichkeiten sinnvoller Einflußnahme sind durch die in ihnen angelegten Anpassungsfähigkeiten beschränkt, die wieder nur aus der ganzen vorherigen Entwicklung erkennbar und ableitbar sind. Die ganze Anatomie im Pflanzen- und Tierreich, alle sinnvollen Klassifikationen im Bereich des Lebendigen sind geschichtlich begründet. Ein moderner Biologe kommt ohne die Geschichte einfach nicht mehr aus. das hat ausführlich der führende Biologe Ernst MAYR in seinen Standardwerken *Die Entwicklung der biologischen Gedankenwelt* (1984) und *Das ist Evolution* (2001) beschrieben. Und da der Mensch auch ein Teil dieser Natur ist, gilt dasselbe für ihn.

Rückständige Geschichtsverächter

Die in den letzten Jahrzehnten sich fachübergreifend entwickelnde Systemtheorie (Kybernetik) hat als einen ihrer wesentlichen Grundsätze erkannt, daß kein System allein aus der Kenntnis der Gegenwartsbedingungen heraus richtig beschrieben und in seinem Zukunftsschicksal vorherbestimmt werden kann. Die Kenntnis der Vergangenheit des Systems ist dazu unbedingt nötig. Geschichtskenntnisse sind daher systemtheoretisch eine unverzichtbare Informationsquelle, insbesondere auch für soziale menschliche Gruppen bilden sie die Voraussetzung einigermaßen vollständiger Beurteilung. Ohne Geschichtskenntnisse fehlt eine Erkenntnisebene für die vielfältig vernetzten Systeme menschlicher Wechselwirkung in Gemeinschaften.

Auch die moderne Physik kann Beiträge zu unserem Thema liefern. In einem Vortrag über »Die Physik im Kampf um die Weltanschauung« erklärte Max PLANCK, als Begründer der Quantentheorie einer der Geistesheroen des vorigen Jahrhunderts:

> »Denn jeder Einzelne gehört zunächst einer Gemeinschaft an, seiner Familie, seiner Sippe und seinem Volke, einer Gemeinschaft, der er sich ein- und unterordnen muß und von der er sich niemals ungestraft loslösen kann. Daher ist auch jede Wissen-

schaft, ebenso wie jede Kunst und jede Religion auf nationalem Boden erwachsen. Daß man dies eine Zeitlang vergessen konnte, hat sich an unserem Volke bitter genug gerächt.«[8]

Und der Physiker-Philosoph Carl Friedrich VON WEIZSÄCKER stellte vor einiger Zeit, auf die Gefahr der heute drohenden Bewußtseinsverengung hinweisend, bei einer Diskussion fest:

»Nicht eine glücksorientierte, nur eine wahrheitsorientierte Gesellschaft kann existieren.«[9]

Ohne Geschichte gibt es aber keine Wahrheit. Die heute sich noch stolz fortschrittlich nennenden Geschichtsverächter sind daher nicht nur nicht modern, sondern ausgesprochen rückständig. Sie stehen nicht nur nicht auf der Höhe unserer Zeit, sondern noch auf der längst überholten Stufe des 19. Jahrhunderts und huldigen der heute als falsch erwiesenen Auffassung der damaligen Physik, daß alles ohne Kenntnis der Vergangenheit aus den Gegenwartsbedingungen für die Zukunft berechenbar sei.

Daß moderne Historiker die Bedeutung der Geschichte zur Bewältigung unserer gegenwärtigen Krise hervorheben, ist nicht sehr verwunderlich, doch als Bestätigung zu erwähnen. So schreibt beispielsweise Professor Dr. F. WAGNER:

»Die moderne Krise des Menschen kann nur gesamthistorisch geklärt und beurteilt werden, d. h. durch Erschließung aller historischen Quellen seiner Geschicke und Geschichte. seines Wesens und seines Unwesens, seiner Größe und seines Verfalls.«[10]

Die besondere Bedeutung der Geschichte für ein besiegtes Volk

Sind Geschichtskenntnisse und Geschichtsbewußtsein im Grunde für jedes Volk und jeden Staat schon wichtig, so sind sie besonders unverzichtbar für ein besiegtes Volk, das eine neue geistige Grundlage sucht. Die Völkerbiologie weist darauf hin, daß verlorene Kriege nicht nur wegen ihrer Verluste an Menschen und Gütern schwerwiegen, sondern daß gerade moderne Kriege in erster Linie soziale und geistige Auseinandersetzungen sind, bei denen es entscheidend darauf ankommt, ob der Besiegte seine geistige Haltung, sein Selbstbewußtsein, seine Tradition und Sprache, kurz seine Identität, sich erhält.[11] Wenn in der Geschichte Völker starben und langsam verschwanden, lag es meist daran, daß sie sich geistig aufgaben und die Art des Siegers, seine Kultur und Sprache, seine Weltsicht, annahmen und sich dann mit ihm vermischten. Die Völkerbiologie spricht von einem psychogenen Völkertod.[12]

Diese Gefahr ist noch größer geworden, seitdem systematisch und wissenschaftlich untermauert die psychologische Kriegführung sich in unserem Jahrhundert ausgebreitet hat und nach dem Zweiten Weltkrieg gegenüber Deutschland nicht etwa aufhörte, sondern, wie es der große Jurist Dr. Friedrich GRIMM erschrekkend schildert,[13] nach Kriegsende erst richtig anfing. In dieser Umerziehung spielte die Zerstörung des Geschichtsbewußtseins eine wichtige Rolle, und es ist deswegen um so mehr zu bedauern, daß auch deutsche Politiker sich voll in ihren Dienst stellten.

Schon 1919 hatte man versucht, die geistige Umerziehung im Versailler Diktat durchzusetzen: Deutschland mußte unter dem Druck der andauernden Hungerblockade die Alleinschuld am Ersten Weltkrieg anerkennen und die Auslieferung Hunderter von sogenannten Kriegsverbrechern, darunter Kaiser WILHELM II. und viele Heerführer und U-Boot-Kapitäne, unterschreiben. Doch nach dem Ersten Weltkrieg erreichten die Sieger ihr Ziel nicht. Denn die Reichsregierung gab einer unabhängigen Kommission den Auftrag, die Ursachen und die Schuldfrage des Krieges zu ergründen, und bald zeigte sich dann, daß die Behauptung der deutschen Allein- oder Hauptschuld eine Propagandalüge der Sieger gegenüber dem wehrlosen Deutschland war. Hollands standhafte Haltung verhinderte die Auslieferung des Kaisers, und der passive Widerstand deutscher Stellen ließ es nicht zu Kriegsverbrecherprozessen vor alliierten Gerichten nach dem Ersten Weltkrieg kommen.

Daß diese Methode der geistigen Vernichtung des Unterlegenen auch schon früher von Liberalen mit Erfolg angewandt wurde, zeigt unter anderem Joachim Fernau bei der Schilderung des amerikanischen Bürgerkrieges in seinem großartigen Buch *Halleluja.*[14]

Der Ausstieg aus der Geschichte ist für das besiegte Deutschland auch aus anderen Gründen völlig sinnlos und widernatürlich. Einmal können gerade die Deutschen auf eine lange und reiche Geschichte zurückblicken. Fast ein Jahrtausend war das deutsche Kaiserreich eine prägende Kraft für ganz Europa und ein Ordnungsmoment für das ganze Abendland. Deutsche Denker, Dichter und Wissenschaftler haben zu allen Zeiten Wesentliches geschaffen, wovon auch andere Völker erheblichen Vorteil hatten. Dieser Anteil an der Entwicklung der Kulturvölker ist einfach nicht zu übersehen, sein Fehlen in der Zukunft würde eine schmerzliche Lücke aufreißen. Eine derartige Geschichte vergißt man einfach nicht, einer derartigen Verpflichtung entzieht man sich nicht.

Geschichtsfälscher entlarven!

Seit den Zeiten der alten Griechen hat es keine derartige Blüte der Geschichtsschreibung in irgendeinem Land gegeben wie im Deutschland des 19. Jahrhunderts. Namen wie Treitschke, Ranke, Droysen, Mommsen sind Zeugen einer Klassik von Historikern, die wir heute schmerzlich unter den Lebenden vermissen, weil sich die heutige Geschichtswissenschaft fast durchweg ängstlich auf nichttabuisierte Spezialthemen beschränkt.

Das besondere Verhältnis der Deutschen zur Geschichte und Geschichtsschreibung ist wohl eine Eigenart ihrer germanischen Herkunft: die Suche nach der Wahrheit, für die Odin im Mythos ein Auge hergab, nach dem eigenen Ursprung, nach dem Erkennen der eigenen Eigenart im Vergangenen. Die Nähe zur Philosophie, auch weithin eine deutsche Hochburg im europäischen Konzert der Geister, ist sicher nicht zufällig, sondern hängt mit dieser Herkunft zusammen.

Wenn daher ein Volk mit solcher Tradition der Geschichte und Geschichtsschreibung und solcher Fähigkeit dazu sich dieser entledigt, kommt das einer Selbstentmannung nahe und kann nur als Ausfluß einer Haltung verstanden werden, die dem Volk schaden will. Deutlich drückt das Friedrich HEBBEL so aus:

> »Es gibt nur eine Sünde, die gegen die ganze Menschheit mit allen ihren Geschlechtern begangen werden kann: das ist die Verfälschung der Geschichte.«

Das zu erkennen und die dahin wirkenden Kräfte zu entlarven, ist eine Aufgabe der Zeit.

Sodann kann gerade eine Geschichte wie die deutsche in Zeiten der Not und des Niederganges Kraft für einen neuen Aufstieg geben. Die Erhebung 1813 wurde wesentlich mit gespeist von dem vaterländischen Geist der Romantik, die die deutsche Reichsgeschichte neu entdeckt hatte. Ohne diese geistige Erneuerung wäre es kaum zur Befreiung Deutschlands und Europas von der Herrschaft des Korsen durch das Volk gekommen. Das Nachfühlen der eigenen Geschichte mit ihren Höhen und Tiefen erweckt unwillkürlich und ganz natürlich den Stolz auf sein Volk, den jeder Bürger haben sollte. Auch darum ist die Geschichte, wie zu Beginn unseres Jahrhunderts Gustav KOSSINNA schon lehrte, »eine hervorragend nationale Wissenschaft«. In den dunklen Zeiten eines vielfach geteilten Volkes kann die Geschichte Hoffnung geben aus der Erkenntnis, daß es früher noch schlimmere Zeiten gegeben hat, etwa am Ende des Dreißigjährigen Krieges. Oft wurde das finis Germaniae, das Ende Deutschlands, vorausgesagt oder gar erwartet. Doch nie trat es ein. Nach tiefstem Sturz erstand meist in erstaunlich kurzer Zeit wieder eine neue kulturelle und auch staatliche Blüte, so daß manche großen Geister von einer besonderen Jugendlichkeit unseres Volkes gesprochen haben. So erklärte Gerhart HAUPTMANN 1932 an Bord der ›Europa‹ bei seiner Überfahrt nach USA:

> »Deutschland ist jung, wenn es sich für jung erklärt. Ich glaube an Deutschlands ewige Jugend.« Manches deutet darauf hin, daß auch heute in Deutschland Neues sich ankündigt und die Welt wieder einmal hierher blickt und von hier die rettenden

Ideen erwartet, nachdem andere Völker die Welt an den Rand des Unterganges gebracht haben.

Geschichte im Nachkriegsdeutschland

Nach 1945 übten die Deutschen weitgehend den Austritt aus der Geschichte. Das Jahr 1945 wurde als das Jahr Null betrachtet, das Vorhergehende wurde verdrängt, danach bewältigt. Man glaubte lange, durch reinen Pragmatismus aus der Gegenwart allein die Zukunft gestalten zu können, was nun einmal nicht geht.

Gefördert wurde diese Haltung dadurch, daß die Vernachlässigung und Verdrängung der Geschichte ein wichtiges Ziel der Umerzieher war. Sie wußten, daß die Zerstörung und Herabsetzung der Geschichte den geistigen Bestand eines Volkes im Kern trifft, besonders eines so moralisch empfindenden Volkes wie des deutschen, und das war gerade ihr Wollen. Deutsche Geschichte wurde so zu einer Folge von Verbrechenstaten, von ARMIN DEM CHERUSKER über FRIEDRICH DEN GROSSEN und BISMARCK bis zum sogenannten größten Verbrecher des vorigen Jahrhunderts. Zutreffend beurteilte der Erlanger Historiker Hellmut DIWALD diese Methode:

> »Wer die Geschichte eines Volkes kriminalisiert, macht es krank.«[15]

Er veröffentlichte Bücher mit bezeichnenden Titeln: *Mut zur Geschichte* (1983) und *Geschichte macht Mut.* Ähnliches schrieb vor 170 Jahren Turnvater JAHN:

> »Ohne die Geschichte des Vaterlandes, ohne die Kenntnis seiner Vorteile kann der Bürger sein Vaterland nicht lieben; ohne die Tugenden seiner Väter zu wissen. kann er ihnen nicht nacheifern; kurz, ohne die Kenntnis der vaterländischen Geschichte ist der Bürger ein Spielball in der Hand eines schlauen Betrügers.«[16]

Leider haben sehr viele Westdeutsche, vor allem Jugendliche, in den letzten Jahrzehnten dieses Schicksal erlitten.

Die Angst vor persönlichen Nachteilen ist auch im wesentlichen der Grund, warum im Nachkriegsdeutschland von den Historikern fast nur enge Spezialprobleme, meist mit soziologischem oder ökonomischem Hintergrund, behandelt wurden. Große Würfe mit Wertungen, ganze Geschichtsbilder wurden ängstlich vermieden, obwohl gerade das die Stärke und Tradition der großen deutschen Geschichtsschreibung war. Die ganze richtungslose Trostlosigkeit spiegelt sich auch auf den deutschen Historikertagen der letzten Jahrzehnte wieder.

Und die junge Generation?

An den Schulen wurde der Geschichtsunterricht zusammengestrichen, umfunktioniert oder in ganz ›fortschrittlichen‹ SPD-Ländern völlig abgeschafft. Statt eines zusammenhängenden Überblickes von den Anfängen kultureller Entwicklung bis zur Gegenwart wurden im Geschichtsunterricht meist einige ›Konfliktsituationen‹ herausgegriffen und dann teilweise klassenkämpferisch in marxistischem Sinne gedeutet. Als Ergebnis ist die Tatsache festzuhalten, daß ein Historiker auf dem Hochschullehrertag 1979 erklärte, 18 von 20 Studienanfängern der Geschichte wüßten nicht, wer Napoleon sei.[17] Eine Kenntnis der deutschen Kaiser des Mittelalters und ihrer europäischen Ordnungsaufgabe darf man überhaupt nicht mehr voraussetzen. Selbst ein betagter CDU-Landtagspräsident erklärte vor vier Jahrzehnten, daß die Geschichte der Staufer uns nichts mehr zu sagen habe.

Doch trotz Umerziehung und behördlicher Verdrängung der Geschichte bricht sie seit einiger Zeit wieder durch. Diese Erscheinung bildet einen Teil der ›Tendenzwende‹ seit Mitte der siebziger Jahre. Zunächst wurde versucht, diese Haltung als Nostalgiewelle zu belächeln und verächtlich zu machen. Doch sie gründet tiefer. Als 1977 Hunderttausende zur Staufer-Ausstellung nach Stuttgart strömten, ähnlich 1978 zur Parler-Ausstellung nach Köln, da zeigte sich der Unterschied zwischen veröffentlichter und wirklich öffentlicher Meinung: Geschichte war plötzlich wieder ›in‹. Die Abstimmung mit den Füßen hatte jahrelange Manipulationsversuche vom Tisch gewischt. Eine Umfrage von Professor Dr. FIPPINGER an der Pädagogischen Hochschule Rheinland-Pfalz ergab im Jahre 1977, daß 81 Prozent der Jugendlichen der Meinung waren, Geschichte sei zum Verständnis der Gegenwart notwendig. 93 Prozent hielten Geschichte für wichtig als Teil der Allgemeinbildung, obwohl Geschichte nur für 33 Prozent zu den Lieblingsfächern gehörte. Als Untersuchungsleiter zog Professor FIPPINGER daraus die Folgerung:

> »Auch in unserer Zeit bleibt die zweifache Aufgabe der Geschichte, nämlich das Verständnis der gesellschaftlich-geschichtlichen Welt und die Selbstauslegung des Menschen zu erarbeiten, ohne jede Einschränkung erhalten.«

Und er schrieb warnend weiter:

> »Es bleibt festzustellen, daß das Geschichtsbild der jungen Generation in vielerlei Hinsicht Veränderungen zeigt, die für alle Verantwortlichen Signale zur Besinnung auf das existentiell notwendige Geschichtsbewußtsein eines Volkes sein sollten. Dies zu sehen und daraus die Konsequenzen zu ziehen, erscheint um so erforderlicher, als das Geschichtsbild der heutigen jungen Menschen, wie zu jeder Zeit, in hohem Maße mitgestaltet ist von uns allen, die wir deutsches Vaterland und deutsche Geschichte mitzutragen und mitzuverantworten haben.«[18]

Im selben Jahr 1977 rafften sich auch die hessischen Historiker zu einer Entschließung gegen die Abschaffung der Geschichte in den hessischen Rahmenrichtlinien für die Gymnasien auf und nannten diese Pläne einen »zutiefst beschämenden Vorgang«.[19]

Langsam erkennen nun auch die Politiker, daß das Blatt sich wendet, und versuchen jetzt, im Gegensatz zu ihrer früheren Politik der Geschichtslosigkeit mit der neuen Richtung zu gehen und sie für sich in Anspruch zu nehmen. Mit guter Witterung für den Zeitgeist veranstaltete Ministerpräsident FILBINGER 1977 die Stuttgarter Staufer-Ausstellung, wurde 1980 an die Wittelsbacher in Bayern erinnert, kam 1981 die Preußen-Ausstellung in Berlin, der in den nächsten Jahrzehnten weitere folgten. Bei der Eröffnung der Staufer-Ausstellung erklärte der damalige Bundespräsident SCHEEL in Stuttgart:

> »Die Nationen leben aus ihrer Geschichte. Dies gilt auch für die Bundesrepublik Deutschland... Wir haben in den Jahren des Wiederaufbaus und der Modernisierung die eigene Geschichte mehr und mehr aus den Augen verloren. Aber ein Volk, das seine Geschichte vergißt, vergißt, was es zusammenhält. Ihm geht das Bewußtsein gemeinsamen Schicksals verloren... Wer verantwortlich für die Gemeinschaft handelt, muß mit der Geschichte vertraut sein. In der Demokratie sind alle berufen, am politischen Handeln mitzuwirken. Deshalb geht Geschichte in der Demokratie alle mündigen Bürger an.«

Das ist sicher richtig; es hätte nur 20 oder 30 Jahre früher betont und vorgelebt werden müssen. Doch es ist ein Zeichen einer langsam sich abzeichnenden Normalisierung, zumal auch der Bundespräsident CARSTENS in seiner Antrittsrede 1979 dieses Thema aufgriff und erklärte:

> »Meines Erachtens sollte stärker als bisher an den Schulen die deutsche Kultur und namentlich die deutsche Geschichte behandelt werden.«

Schluß

Die Geschichte kennt keine völlig neuen Anfänge. Eine Stunde Null gibt es nie. Immer entwickelt sich Neues aus schon Vorhandenem, oft allerdings schneller als vorher erwartet und manchmal sprunghaft erscheinend. Alle Änderungen brauchen treibende Kräfte, und diese werden von der Vergangenheit getragen, auch wenn sie auf die Zukunft ausgerichtet sind. Von nichts kommt nichts her. Auch kleine Kräfte können große Wirkungen erzeugen, und immer noch und sicher auch auf die Dauer sind geistige Kräfte die ausdauernderen Gewalten. Das zeigte sich auch bei der kleinen Wiedervereinigung 1989/90.

Es scheint so, als ob nach Jahren des scheinbar vollkommenen Erfolges der Umerziehung ein natürliches Erwachen sich wieder

Bahn bricht und damit sich auch das Geschichtsbewußtsein neu entfaltet. Das Fragen der Jugend nimmt glücklicherweise wieder zu. Diese Kraft gilt es für unser Volk und seine Zukunft zu nutzen. GOETHE hatte erkannt:

»Ein Volk, das seine Geschichte nicht ehrt, hat keine Zukunft!«

Für den politisch Handelnden und für den sich um sein Volk Sorgenden erwächst daraus die Verpflichtung, das Geschichtsbewußtsein und die Geschichtskenntnisse für eine bessere Zukunft unseres Volkes nach Möglichkeit zu fördern.

[1] Vor mehr als dreißig Jahren erkannte der Erlanger Historiker Hellmut DIWALD: »Deshalb zerstören alle diejenigen, die unser Geschichtsbewußtsein verrotten lassen oder absichtlich verwüsten, die Wurzeln unserer Existenz. . . Heutzutage sollte auch der letzte begriffen haben, daß ohne Geschichtsbewußtsein unser Lebensboden verkarstet.« (*Mut zur Geschichte,* 1983, S. 31)

[2] H. PLESSNER. zit. von A. Heuss in *Kulturanthropologie,* 1973, S. 192.

[3] K. LORENZ, *Die Rückseite des Spiegels,* 1973, S. 30.

[4] I. EIBL-EIBESFELDT, *Der vorprogrammierte Mensch,* 1973.

[5] K. LORENZ, *Die acht Todsünden der zivilisierten Menschheit,* 1973.

[6] A. GEHLEN, *Moral und Hypermoral,* 1909.

[7] K. LORENZ, *Die Rückseite des Spiegels,* 1973. S. 269.

[8] M. PLANCK, *Vorträge und Erinnerungen,* 1965, S. 298.

[9] C. F. V. WEIZSÄCKER, nach *FAZ* vom 28. 11. 1978.

[10] F. WAGNER, in: *Kulturanthropologie,* 1973, S. 220.

[11] I. SCHWIDETZKV. *Grundzüge der Völkerbiologie,* 1950.

[12] I. SCHWIDETZKV, Das Problem des Völkertodes, 1955.

[13] F. GRIMM, *Mit offenem Visier,* 1961, S. 249.

[14] J. FERNAU, *Halleluja,* 1977.

[15] H. DIWALD, in: *Die Welt,* Sonderdruck XII, 1978.

[16] F. L. JAHN, *Vom deutschen Volkstum,* 1938, S. 47.

[17] REU, in: *FAZ* vom 29. 5. 1979.

[18] F. FIPPINGER, zit. von K. Rother in *Deutschland-Journal* 7, 1977.

[19] REU, in: *FAZ* vom 28. 3. 1977.

Entschließungen der GFP

1 Als einen Schritt in die richtige Richtung begrüßt die ›Gesellschaft für freie Publizistik‹ (GfP) das am 25. März 2014 ergangene Urteil des Bundesverfassungsgerichts zur Zusammensetzung der Aufsichtsgremien der öffentlich-rechtlichen Rundfunkanstalten in Deutschland. Danach muß zur Vielfaltsicherung und Staatsferne der Anteil der staatlichen und staatsnahen Mitglieder in den jeweiligen Gremien auf höchstens ein Drittel beschränkt werden. Derzeit liegt dieser Anteil bei knapp der Hälfte. Zudem ist es nicht länger statthaft, nur Vertreter großer, das öffentliche Leben bestimmender Verbände in die Aufsichtsgremien zu entsenden; auch kleinere Gruppierungen sind zu berücksichtigen, so daß »die Vielfalt der bestehenden Meinungen möglichst breit und vollständig Ausdruck findet« Dies ist bislang nicht annähernd der Fall.

Nach Auffassung der GfP hätte das Urteil allerdings noch konsequenter ausfallen dürfen, wie es auch in der abweichenden Stellungnahme des Bundesverfassungsrichters Prof. Dr. Andreas Paulus zum Ausdruck kommt. Paulus lehnt die Mitwirkung von Regierungsmitgliedern in den öffentlich-rechtlichen Aufsichtsgremien grundsätzlich ab und begründet dies:

> »Eine der wichtigsten Aufgaben von Fernsehen und Rundfunk in einem demokratischen und gewaltenteiligen Staat besteht darin, die Bürgerinnen und Bürger durch möglichst vielfältige, tiefgehende und ausgewogene Information zu einer eigenständigen Meinungsbildung zu befähigen. Damit übernehmen Rundfunk und Fernsehen auch eine zentrale Kontrollaufgabe. Wenn nun die Aufsichtsgremien von Rundfunk und Fernsehen von denen beherrscht werden, deren Kontrolle sie unter anderem ermöglichen sollen, ist damit eine Beeinträchtigung ihrer Funktion verbunden. . . Die Zusammensetzung der Räte muß an dem

Ziel orientiert sein, die Möglichkeit einer politischen Instrumentalisierung weitestgehend auszuschließen.«

Die GfP teilt diese Sichtweise und bewertet es als einen politischen Skandal sondergleichen, daß die öffentlich-rechtlichen Sender seit Jahrzehnten verfassungswidrig organisiert sind und erst jetzt zur Beachtung des Grundgesetzes angehalten werden. Mit ihrem unzulässigen Einfluß auf Fernsehen und Rundfunk haben die herrschenden Parteien und die ihnen nahestehenden Verbände Machtmißbrauch betrieben und die freie Meinungsbildung nachhaltig geschädigt. Dazu zählen Personaleinstellungen und Ämterbesetzungen, die noch lange wirksam sind. Leider läßt das Verfassungsgericht dem Gesetzgeber auch diesmal einen breiten Spielraum zur Umsetzung des jüngsten Medien-Urteils. Deshalb sind Neuregelungen zu befürchten, die sich nur ›kosmetisch‹ von den bisherigen Zuständen unterscheiden. Die GfP als ebenso unabhängige wie sachverständige Stimme wird den Reformprozeß besonders aufmerksam und kritisch begleiten.

2 Mit Bedauern und Sorge nimmt die Gesellschaft für Freie Publizistik (GFP) die zunehmende Anzahl von Fällen zur Kenntnis, in denen Personen wie der Bestsellerautor Thilo Sarrazin oder der Journalist Jürgen Elsässer bei öffentlichen Auftritten von Aktivisten des linksliberalen ›Tugend-Terrors‹ gestört, beschimpft und körperlich angegriffen wurden. Die gleichen Kreise sind bemüht, die Vermietung von Sälen an ihnen unliebsame Referenten zu verhindern. Wo dies mißlingt, sehen sich die Veranstaltungsbesucher immer öfter einem Spießrutenlaufen ausgesetzt. Die GFP verurteilt diese Methoden auf das schärfste und fordert die Durchsetzung des grundgesetzlich garantierten Rechts auf Meinungs- und Informationsfreiheit für alle – auch für Autoren, deren Bücher und Veröffentlichungen aus linker Sicht als politisch unwillkommen gelten.

Personenverzeichnis

T

U

V

W

Y

Z

Die Autoren

James Bacque, geboren 1929 in Toronto (Kanada). Studium der Geschichte und Philosophie in Toronto. Bachelor of Art Grad 1952. Ab 1989 Befassung mit dem Schicksal deutscher Soldaten als Kriegsgefangene der Alliierten nach dem Zweiten Weltkrieg. Bücher in deutscher Sprache: *Verschwiegene Schuld. Die alliierte Besatzungspolitik in Deutschland nach 1945,* Pour-le-Mérite-Verlag), Selent 2002; *Der geplante Tod. Deutsche Kriegsgefangene in amerikanischen und französischen Lagern 1945–1946,* Pour le Mérite-Verlag, Selent 2008.

Ernst von Heydebrand, geb. 1939 in Berlin. Nach Abitur 1958 Eintritt in die Bundeswehr als Offiziersanwärter bei Heer. 1960: Beendigung der Ausbildung zum Berufsoffizier; als solcher bis 1962 tätig. 1962–1966: Jurastudium in Göttingen, Berlin und Hamburg. 1970: 2. Staatsexamen, 1970-1971 Rechtsanwalt in Mannheim, 1972 Eintritt in den Dienst des Verteidigungsministeriums (BMVg), tätig beim Bundesamt für Wehrtechnik und Beschaffung in Koblenz; in dieser Zeit vier Jahre abgeordnet beim Deutsch-Französischen Programmbüro in Frankreich. Ab 1994: Referatsleiter im BMVg für wirtschaftliche Fragen beim Marineschiffbau. Seit 2002: Ruhestand; Beschäftigung mit Militärgeschichte.

Dr. Albrecht Jebens, geb. 1946 in Hamburg. 1970–1975: Studium der Geographie, Geschichte und Politikwissenschaft an der Universität Tübingen, 1975–1980: Assistent am Lehrstuhl für Geographie Osteuropas. 1976–1978: Forschungsaufenthalt und Promotion über Nordafghanistan. 1982–1997: Geschäftsführer des Studienzentrums Weikersheim und pers. Referent Hans Filbingers. 1996–1998: Chefredakteur der Monatszeitschrift *Kameraden.* 1998–2002: Geschäftsführer des Ostdeutschen Kulturrats in Bonn und danach der Ost- und Westpreußenstiftung in Oberschleißheim. 2003–2014: Freier Mitarbeiter für den Brockhaus-Verlag. Seit 2013: tätig als Autor und Lektor. Umfangreiche Vortragstätigkeit, zahlreiche Aufsätze in Zeitschriften und Büchern, darunter in sechs Festschriften. Veröffentlichungen: *Wirtschafts- und sozialgeographische Untersuchung über das Heimgewerbe in Nordafghanistan (1983); Mut zu einer gesamtdeutschen Zukunft* (1988); Hg: *In Verantwortung für die Berliner Republik* (2002).

Dr. Rolf KOSIEK, Diplom-Physiker, geb. 23. 9. 1934 in Herford/Westfalen, Bündische Jugend, Abitur 1955 (Herford), Studium der Physik, Chemie u. Geschichte in Göttingen (1955–57) und Heidelberg (1957–1960), Diplom (1960) und Promotion (1963) in Heidelberg in Kernphysik, 1963–68 wiss. Assistent am 1. Physikalischen Institut der Universität Heidelberg; 1968–72 wiss. Mitarbeiter des Duden-Verlages, 1972–80 Dozent für Mathematik, Physik und Statistik an der Fachhochschule Nürtingen, ab 1981 wiss. Mitarbeiter u. a. im Grabert-Verlag, 1968–72 MdL in Stuttgart, 1968/69 Stadtrat in Heidelberg; verheiratet, drei Kinder; ab 1991 Vorsitzender der Gesellschaft für Freie Publizistik e. V. **Bücher:** *Marxismus? Ein Aberglaube!* (1972, [4]1977); *Das Volk in seiner Wirklichkeit* (1975); *Mathematik für Wirtschaftswissenschaftler,* Bd. 1 (1975, [4]1988), Bd. 2 (1976, [2]1982); *Deutsches Land in fremder Hand* (1982, [2]1987); *Historikerstreit und Geschichtsrevision* (1987, [2]1989); *Lexikon-Deutsche Geschichte im 20. Jahrhundert* (Hg. W. Schütz, 1990); *Völker statt ›One World‹* (1999); *Die Frankfurter Schule* (2001, [7]2009); *Deutsche Geschichte im 20. Jahrhundert* (2004); Mitherausgeber von *Der Große Wendig. Richtigstellungen zur Zeitgeschichte,* Bd. 1 2006 ([4]2009), Bd. 2 (2006, [4]2009), Bd. 3 (2007, [2]2009). Bd. 4 (2011, [2]2012); vier Bücher unter Pseudonym; 20 naturwissenschaftliche Artikel in in- und ausländischen Fachzeitschriften; viele Zeitschriften- und Zeitungsbeiträge.

Gerd SCHULTZE-RHONHOF, geboren 1939 in Weimar. 1947 Flucht mit seiner Familie nach Kassel. Abitur 1959, danach Berufssoldat. 1980–1984 Lehrgangsleiter an der FüAkBw, 1985–1989 als Brigadegeneral Kommandeur der Panzergrenadierbrigade 19 in Ahlen. Nachfolgend war er Kommandeur der Panzertruppenschule in Munster und nach Beförderung zum Generalmajor von September 1991 bis September 1994 der 3. Panzerdivision in Buxtehude und von September 1994 bis März 1996 der 1. Panzerdivision in Hannover.1996 wurde er auf eigenen Wunsch verabschiedet. Bücher: *Wozu noch tapfer sein?,* Verlag Ingo Resch, Gräfelfing 1997; *939 – Der Krieg, der viele Väter hatte. Der lange Anlauf zum Zweiten Weltkrieg,* Olzog Verlag, München 2003; Zusammen mit Götz Kubitschek: *Deutschland auf Augenhöhe,* Edition Antaios, Schnellroda 2007; *Das tschechisch-deutsche Drama 1918–1939. Errichtung und Zusammenbruch eines Vielvölkerstaates als Vorspiel zum Zweiten Weltkrieg,* Olzog Verlag, München 2008.

Ulrich SCHWARZE, geboren 1940 in Halle/Saale, gestorben im Juli 2014. 1947: Nach Entlassung des Vaters (Erster Staatsanwalt) aus US-amerikanischer Internierung (›automatischer Arrest‹) in Westdeutschland:

Flucht mit Mutter und vier Geschwistern aus der SBZ über die ›Grüne Grenze‹ in die amerikanische Zone. 1960–1968: Studium der Rechts- und Staatswissenschaften sowie Gerichtsreferendariat in Münster/ Westfalen. Ab 1970 Richter, ab 1983 Vorsitzender Richter am Landgericht Bochum; Vorsitz einer Großen Strafkammer für Wirtschaftsstrafsachen. 1995–1998: Vorsitzender einer Jugendstrafkammer am Landgericht Bochum. 1998: Pensionierung (vorzeitig wegen Herzkrankheit). Danach weithin Beschäftigung mit historischen Studien. Veröffentlichung: ***Die Deutschen und ihr Staat,*** 5 Bde., Hohenrain-Verlag, Tübvingen 2013.

Dr. Franz Uhle-Wettler, geb. 1927 in Eisleben. 1943–1945: Flakhelfer und Soldat bei der Kriegsmarine, danach Gefangenschaft bis 1947. 1949–1956: Bergarbeiter, Müllfahrer, 1952 Fahrradfahrt nach Indien zum Studium, 1954 Rückkehr nach Deutschland zu Pferd durch Afghanistan und Ostpersien. Studium in Marburg/Lahn, in den USA und Indien, 1956 Promotion in Geschichte, danach Eintritt in die Bundeswehr (Panzertruppe), Kommandeur des NATO-Verteidigungskollegs in Rom. 1987 als Generalleutnant pensioniert. Zahlreiche Veröffentlichungen meist militärhistorischen Inhalts : *Höhe- und Wendepunkte deutscher Militärgeschichte. Von Leuthen bis Stalingrad* (2006); *Alfred von Tirpitz in seiner Zeit* (2008); *Erich Ludendorff. Soldat – Feldherr – Revolutionär* (2013).

Alfred Zips, geb. 1938 in Raase (Sudetenland), Vertreibung März 1946. Aufgewachsen in Hirzenhain (Oberhessen), Abitur in Büdingen 1958. Eintritt als Offizieranwärter in die Bundeswehr (Panzeraufklärungstruppe). Beförderung zum Leutnant 1960. Anschließend verschiedene Verwendungen als Zugführer, Kompaniechef und stellevertretender Bataillonskommandeur. Im Rahmen des Personalstrukturgesetzes Ausscheiden aus der Bundeswehr auf eigenen Antrag 1987 mit dem Dienstgrad Oberstleutnant. Anschließend bis 1998 geschätsführender Vorstand einer Hilfsorganisation, Bis 2003 Referent im Büro von Dr. H. Kappel (›Bund Freier Bürger‹). Seitdem Studium der jüngeren deutschen und europäischen Geschichte. Verfasser der *Zitatensammlung Kriegsursachen, Kriegsschuld, Kriegsverbrechen, Kriegsfolgen.* Vorträge zum Thema »Das Schicksal der Kriegsgefangenen des Zweiten Weltkriegs« sowie zum Thema »Vertreibung – ein Genozid?«

Wahrheit und Freiheit für das Wort

Niemals wurden Freiheit, Wahrheit, Menschenwürde so oft wie heute im Munde geführt. tatsächlich aber vermehrt sich die Intoleranz. Vom ›Zeitgeist‹ abweichende Meinungen werden kaum noch geduldet. Wer Unerwünschtes mündlich oder schriftlich zum Ausdruck bringt, muß damit rechnen, ehrenrührig angeprangert zu werden. Rufmord, gesellschaftliche Ausgrenzung, Berufsverbote, Boykottkampagnen und sogar strafrechtliche Sanktionen nehmen in besorgniserregender Weise zu und widersprechen dem Bild vom »freiesten Staat deutscher Geschichte«.

Gegen die Gebote des Grundgesetzes werden von Politik und Medien Denkvorschriften entworfen und Sprachregelungen durchgesetzt. Der Austausch unterschiedlicher Meinungen ist nur noch begrenzt möglich. Ein mehrfach verschärfter ›Volksverhetzungs‹-Paragraph behindert insbesondere die zeitgeschichtliche Forschung und widerspricht fundamental den Vorgaben des UM-Menschenrechtsausschusses. Aber auch aktuelle Fragen und Probleme können nur noch eingeschränkt diskutiert werden. Sogar Texte der Weltliteratur werden nachträglich von ›falschen‹ Begriffen und Formulierungen ›gesäubert‹. Zensur und Bevormundung machen sich breit.

Zu Pfingsten 1960 trafen sich in Neustadt/Weinstraße Verleger, Redakteure, Schriftsteller, Buchhändler und Freunde einer freien Publizistik, um sich gegen eine unheilvolle Entwicklung zu verbinden und zur Sammlung aller aufzurufen, die für die Freiheit des Worters eintreten wollen. Anläßlich der Frankfurter Buchmesse 1960 wurde die ›Gesellschaft für Freie Publizistik‹ als eingetragener Verein gegründet.

Nach über 50jährigem Bestehen und mit Hunderten von Mitgliedern in vielen Ländern der Erde kann die GFP auf eine vielfältige Tätigkeit und erfolgreiche Maßnahmen zurückblicken. In Arbeitskreisen finden öffentliche Vortragsveranstaltungen statt, bei denen Redner zu Problemen der Gegenwartspublizistik Stellung nehmen.

Die GFP hat sich insbesondere die folgenden Aufgabeb gestellt:

- ⇨ wahrheitswidrige Medienaussagen aufzugreifen und mit Leserbriefen und Gegendarstellungen zu korrigieren und strafbare politische Handlungen auf dem Mediengebiet juristisch prüfen zu lassen,
- ⇨ Stellungnahmen zu wichtigen Geschehnissen in der Vergangenheit und der Gegenwart in den Medien anzustreben,
- ⇨ das Geschichtsbewußtsein in regionalen und überregionalen Vortragsveranstaltungen zu stärken,
- ⇨ politische Organisationen zu unterstützen und zu fördern, die gleichen Zielen dienen.

Die GFP braucht dazu die Unterstützung aller, die sich dieser Auf-gabe verbunden fühlen.

Helfen Sie uns! Werden Sie Mitglied!

Seit 1975 wurden folgende Kongresse durchgeführt und dazu Sammelbände veröffentlicht (Sammelbände ab etwa 1995 noh erhältlich je € 3.-)

1995 · Deutschland 50 Jahre nach Kriegsende (XI)
1996 · Deutschland im Europa freier Völker (XII)
1997 · Sind wir noch zu retten? (XIII)
1998 · Mut zur Freiheit (XIV)
1999 · Deutschland und Europa (XV)
2000 · National 2000 (XVI)
2001 · Deutschland wird leben (XVII)
2002 · Wege aus der Krise (XVIII)
2003 · Freiheit bewahren – das Volk erhalten (XIX)
2004 · Die neue Achse – Europas Chancen gegen Amerika (XX)
2005 · 60 Jahre Kriegsende – Befreiung von der ›Befreiung‹ (XXI)
2006 · Sturmauf Europa (XXII)
2007 · Meinungsfreiheit (XXIII)
2008 · 40 Jahre Volkszerstörung (vergriffen) (XXIV)
2009 · EU – Europas Unglück (Kongreß fand nicht statt)
2010 · Die Deutschen – bevormundet und entsouveränisiert (XXV)
2011 · Deutschland läßt sich nicht abschaffen! (XXVI)
2012 · Das Volk befragen! (XXVII)
2013 · Deutschland zahlt immer! (XXVIII)

Verbreiten Sie die Kongreßbroschüren!

Wege aus der Krise (2002)
176 Seiten, brosch., € 3.-

Die Deutschen –bevormundet und entsouveränisiert (2010) *192 Seiten, brosch.,*
jetzt nur € 3.-

Noch lieferbar sind die früheren Hefte ab 1991 (mit Ausnahme der vergriffenen Hefte 1993, 1995, 1996, 1997 und 2008) zu je 3.- Euro.

Deutschland zahlt immer! (2013)
208 Seiten, brosch.,
jetzt nur € 9.90

Festschrift für Rolf Kosiek, einen der deutschlandweit renommiertesten nationalkonservativen Historiker und Publizisten

Rolf Kosiek ist von seiner Schul- und Studienzeit her ein politischer Mensch gewesen und hat sich über alle diese Jahrzehnte hinweg vorbildhaft für die Belange seines Volkes eingesetzt. Er hat deswegen auch ein bezeichnend deutsches Nachkriegsschicksal erlitten, als er nach der Berufung als Dozent an die Fachhochschule Nürtingen vom Kultusministerium Baden-Württemberg wegen angeblich mangelnder Verfassungstreue entlassen wurde. Anschließend hat er noch stärker als vorher an der Aufklärung der Deutschen über ihre Geschichte im vorigen Jahrhundert gewirkt.

Eine Reihe von Büchern ist neben vielen Zeitschriften-Beiträgen daraus hervorgegangen, in denen er das deutsche Schicksal in den letzten hundert Jahren richtig stellt und er sich mit der deutschen Zukunft befaßt. Auch diese Themen werden von anerkannten Fachleuten in der Festschrift behandelt. Der in dem Werk behandelte Themenbereich umfaßt Vergangenheit, Gegenwart und Zukunft der Deutschen, die gegenwärtige Umvolkung durch Masseneinwanderung, die Zerstörung der deutschen Kultur und Geistigkeit, die Reue- und Sühnekultur der maßgebenden Politiker, den Mythos des Reiches für ein neues Europa bei Kritisierung der EU-Versuche, die Völker und Nationen abzuschaffen. So liegt ein Sammelwerk über die deutsche Not, aber auch die Hoffnungen der Deutschen vor.

Mit 30 Beiträgen, unter anderen von Franz und Reinhard Uhle-Wettler, Hans-Hellmuth Knütter, Josef Schüßlburner, Thor v. Waldstein, Fred Duswald, Michael Nier, Alain de Benoist, Claus Nordbruch.

Albrecht Jebens (Hg.)

Eine Feder für Deutschland

Festschrift für Rolf Kosiek

*448 Seiten, Leinen € **22.80***

ISBN 978-3-89180-142-0

Beitrittserklärung

Hiermit beantrage ich die Aufnahme in die GESELLSCHAFT FÜR FREIE PUBLIZISTIK e.V.

Als persönlichen Beitrag – als Firmenbeitrag – werde ich jährlich . . . . Euro leisten. (Mindestbeitrag für persönliche Mitglieder Euro 50.-, für Firmen Euro 60.- jährlich. Ermäßigung oder Befreiung kann auf Antrag erfolgen.)

Vorname	Familienname
Beruf und Titel	Geburtsdatum
PLZ, Ort	Datum
Straße	Unterschrift

Verbreiten Sie die Kongreßbroschüren!

Referate und Arbeitsergebnisse der Kongresse der Gesellschaft für Freie Publizistik
Bitte liefern Sie mir (Preis einschließlich Porto)

____ Expl. **Mißbrauchte Geschichte** (2014)
216 Seiten, brosch., € 12.80

____ Expl. **Deutschland zahlt immer!** (2013)
208 Seiten, brosch., € 12.80

____ Expl. **Das Volk befragen** (2012)
212 Seiten, brosch., € 9.80

____ Expl. **Deutschland läßt sich nicht abschaffen!** (2011)
200 Seiten, brosch., € 3.-

____ Expl. **Die Deutschen – bevormundet und entsouveränisiert** (2010)
192 Seiten, brosch., € 3.-

____ Expl. **Geschichte und Justiz im Würgegriff der Politik** (2007)
160 Seiten, brosch., € 3.-

____ Expl. **Sturm auf Europa** (2006)
192 Seiten, brosch., € 3.-

Absender

PLZ/Ort Datum Unterschrift

Bitte ankreuzen!

- [ ] Ich möchte zu den Kongressen und Veranstaltungen der Gesellschaft für Freie Publizistik eingeladen werden.
- [ ] Ich will Mitglied werden.
- [ ] Ich möchte das ›Freie Forum‹ beziehen (Euro 16.- jährlich).

Absender

PLZ/Ort

Straße

Telefon

(Bitte deutliche Schrift)

An die

Gesellschaft für Freie Publizistik e. V.

– Sekretariat –

Postfach 2136

D-63623 Bad Soden-Salmünster

Absender

PLZ/Ort

Straße

Telefon

Senden Sie Informationen an:

An die

Gesellschaft für Freie Publizistik e. V.

– Sekretariat –

Postfach 2136

D-63623 Bad Soden-Salmünster